[法] 弗朗西斯·梅蒂维尔 著
赵英晖 译

摇滚与哲学

复旦大學 出版社

前 言

摇滚赢得了一代又一代观众，取得了毋庸置疑的成功。今天，14岁的少年像45年前他们的祖父辈一样，聆听着滚石和谁人乐队的音乐——有时甚至是同一张唱片。摇滚为什么是一种永不过时的音乐？的确，它给我们带来一种群体的欢乐，令我们心荡神驰，让我们放松下来。但摇滚也是并且尤其是意义的载体：它探讨的常常是重要的哲学问题。

笛卡尔的《第一哲学沉思集》和小妖精乐队的《我的精神在哪里？》提出了同样的问题：真实是否如我所见？"我在"是否因为"我思"？帕斯卡的《思想录》和涅槃乐队的《少年心气》传达出相似的信息：自我是可憎的。披头士乐队的《一起来》让人联想到聚集的概念，如同发现了卢梭"社会契约"的端倪。齐柏林飞艇乐队的《天堂之梯》带着怀疑主义的烙印，与古希腊哲学家皮浪相呼应。BB布鲁内斯乐队的《尼科少年之恋》提到对烟草和肉体情爱的贪恋，阐明了托马斯·阿奎纳所谓的"错误"。

《摇滚与哲学》并不是在存在层面对摇滚的抽象思考，也不是从摇滚的诞生讲到其社会意义的摇滚社会学。不是的。必须敢于这么说：摇滚是一门艺术，而非随便什么东西。这样，对摇滚创作和作品进行思考,就是把它置于艺术哲学的焦点。理解摇滚的超越层面,就是谈论其表现(即乐曲)的本质。

摇滚像哲学一样,帮助我们理解世界,帮助我们更好地生活。那么,摇滚这个如此哲学的声音到底是什么?尼采主张听觉思维,主张用锤子来批评。我们更喜欢用"哲学的拨子"来击打摇滚的精神之弦……如果摇滚的主题常常包含哲学观点,那这些观点是什么?这种艺术形式通过其内容所包含的意义和承载的信息,能够提高听众的道德、社会或美学理解力吗?摇滚能帮助我们更好地理解人、社会和自然吗?摇滚有益于我们的行动吗?摇滚形式中包含的音乐技巧(流派、声音、节奏、结构)如何增强信息的表达?

诚然,摇滚并非只有一种,不能把它归为一个封闭的、界限分明的类别。流行、说唱、放克、朋克、雷鬼、民谣、灵歌,甚至香颂,这些都是源自摇滚并与之相近的音乐类型。总之,就像尼采喜欢说自己不是哲学家,摇滚也总是故意说自己不是摇滚。摇滚像哲学一样,也在二重性中发展:它是个人的,也是跨文化的;它是批判的,也是建设的力量;它是不疾不徐的空想家,也是行动的发起者;它是颠覆的手段,也是凝聚的力量。艺术总是具有这样的模糊性,必须承认那些伟大摇滚音乐的艺术地位。我们正是要关注这些音乐,发现其全部的哲学精髓……

目 录

第一部分　主体

意识

笛卡尔："我思故我在"　　　　　　　　　　003
——小妖精乐队,《我的精神在哪里?》

帕斯卡："自我是可憎的"　　　　　　　　　013
——涅槃乐队,《少年心气》

知觉

从柏拉图的洞穴到理念的世界　　　　　　　022
——谁人乐队,《我们不会接受》

无意识

弗洛伊德："梦的解析是通往潜意识的大道"　　033
——艾薇儿·拉维尼,《爱丽丝》

拉康：俄狄浦斯与大他者 　　　　　　　　　　043
———大门乐队，《结局》

他者

黑格尔：自我意识的殊死搏斗 　　　　　　　055
———埃米纳姆 VS 医生爸爸，《决战》

欲望

与伊壁鸠鲁一起控制欲望 　　　　　　　　　065
———布鲁斯·斯普林斯汀，《我如火中烧》

柏拉图的半边人与阴阳人神话 　　　　　　　074
———U2 乐队，《一》

存在与时间

克尔凯郭尔：反讽与存在的诸阶段 　　　　　085
———艾拉妮丝·莫莉塞特，《反讽》

第二部分　文化

语言

维特根斯坦："不可说的，必须沉默" 　　　097
———海盗之心乐队，《弗朗西斯》

艺术

德勒兹与摇滚艺术 106
——琼·杰特与黑心乐队,《我爱摇滚》

亚里士多德与作为"净化"的摇滚 118
——玛丽莲·曼森,《摇滚死了》

劳动与技术

马克思:"人对人的剥削" 129
——阿克谢尔·鲍尔,《货船》

海德格尔与技术批判 139
——米基 3D 乐队,《呼吸》

宗教

莱布尼茨论信仰和善恶 149
——滚石乐队,《同情魔鬼》

尼采与彻底无神论:"上帝死了" 159
——尼娜·哈根,《在墓地》

历史

康德论历史的终结 169
——蝎子乐队,《变革之风》

第三部分　理性与现实

证明与解释

休谟与经验论　　　　　　　　　　　　　　　　181
——海滩男孩,《美好的共振》

德里达与后现代解构主义　　　　　　　　　　　191
——老鹰乐队,《加州旅馆》

生命

克洛德·贝尔纳论生命、疾病与死亡　　　　　　202
——伊基·波普,《生之渴望》

物质与精神

柏格森：大脑与精神　　　　　　　　　　　　　211
——舞韵乐队,《性犯罪》

梅洛-庞蒂：我的身体与有机主体性　　　　　　223
——平克·弗洛伊德乐队,《舒适的麻木》

真理

皮浪与怀疑主义　　　　　　　　　　　　　　　234
——齐柏林飞艇乐队,《天堂之梯》

萨特论谎言与自欺　　　　　　　　　　　　　　245
——阿兰·巴雄,《夜里我撒谎》

第四部分　政治

社会与交换

叔本华的豪猪与社交　　　　　　　　　　　　257
　　——电话乐队,《对讲机》

卢梭与社会契约　　　　　　　　　　　　　　266
　　——披头士乐队,《一起来》

正义与权利

洛克：抵抗的权利、公民不服从　　　　　　　277
　　——尼尔·杨,《俄亥俄》

马基雅维利与权力　　　　　　　　　　　　　286
　　——黑色欲望乐队,《匆忙的人》

国家

施蒂纳：无政府主义与政治虚无主义　　　　　297
　　——性手枪乐队,《天佑女王》

霍布斯：战争与利维坦　　　　　　　　　　　307
　　——鲍勃·迪伦,《战争大师》

第五部分　道德

自由

与斯宾诺莎一起感受自由　　　　　　　　　　319
　　——埃尔维斯·普雷斯利,《监狱摇滚》

巴什拉与想象的自由 329
——帕蒂·史密斯,《大地:马 / 千舞之地 / 大海(的)》

责任

托马斯·阿奎纳:服从的责任与犯禁 342
——BB 布鲁内斯乐队,《尼科少年之恋》

尼采与有罪的道德 355
——电台司令乐队,《爬行》

幸福

斯多葛主义者的冷漠 364
——鲍比·麦克费林,《别担心,开心点》

音乐词汇表 373

第一部分　主体

意识

笛卡尔:"我思故我在"

——小妖精乐队,《我的精神在哪里?》

怀疑直至失去理智

> 你脚朝上头朝下 / 试试这一招让它转起来 / 你的头会晕眩 / 但是里面什么也没有 / 你问自己 [1]

在哲学中,还有什么比寻求真理更普通呢?还有什么比寻求真理更让人头晕目眩呢?开始时,我什么都不知道。苏格拉底说:"我知道我什么都不知道。"这样说,已经是思考了。这就是所谓的自我意识,首先是意识到自己的无知。"意识"(conscience)源于拉丁语 cum- 和 scientia,前者的意思是"与",后者的意思是"科学"。"与"指的是我思维的对象和我的思维本身组成的统一体。当我想知道我是谁的时候,我是我自己的思维对象,我自己既是思维的主体也是被思维的客体。换句话说,意识就是关于自我的科学,是从精神的角度把握外部现象(太阳、一部画作)、把握这些现象引发的感觉(温度、颜色)以及把握我内心现象(我的情绪、我的存在、我的思

---

[1] 小妖精乐队(Pixies),《我的精神在哪里?》("Where is My Mind?"),专辑《冲浪者罗莎》(*Surfer Rosa*),1988 年。

想）的能力。因而知觉和思维是联系在一起的。假如我不知道这是树的话，我真的看见树了吗？假如意识不先于感情存在的话，我真的痛苦或者快乐吗？我的内心状态难道不是建立在我对它的意识的基础之上吗？如果从未意识到一种情感，似乎难以感受到它：意识的状态与意识本身共存，它们是一体的。

那么，意识首先是关于自我的意识吗？

从哲学上来说，自我意识的概念涉及笛卡尔的"我思"，也就是笛卡尔在《方法论》(*Discours de la méthode* 1637)中说的"我思故我在"，"Cogito ergo sum"。罗素（Bertrand Russell）对这个方法的解释是这样的：

> 笛卡尔（1596—1650）是现代哲学的奠基人，曾创出一种理性的思考方式，我们今日用来依然有益，这种思考方式就是系统的怀疑法。他决心只相信他没有任何理由怀疑的东西。凡是他没曾看得十分清楚明白的事物他绝不相信是真的。任何事物，只要他认为可以怀疑的他就怀疑，直到无可怀疑为止。运用这种方法，他逐渐相信他所能完全肯定的唯一存在是他自己的存在。他想象有一个骗人的魔鬼以连续不断的幻景把不真实的事物呈现给他的感官。在他看来，这种魔鬼的存在虽然是难以置信的，但是仍然是有可能的，因此，对于评介感官所觉察到的事物加以怀疑，也就是可能的。但是，怀疑他自己的存在则是不可能的，因为如果他不存在的话，就没有魔鬼能够骗他。如果他怀疑，那么他就必然存在；如果他有过什么经验，那么

他也必然存在。这样，他自己的存在对于他便是绝对可靠的了。他说："我思，故我在。"他就在这种真确可靠性的基础之上重新着手建立起被他的怀疑所摧毁了的知识世界。[1]

"我思故我在。"笛卡尔定是在他生命中一个奇特的时刻写下了这句话。他在寻找一个"清晰的"且"不可怀疑的"真理，对精神来说是显见的、不容置疑的。知识不是确信，确信不是真理。怀疑于是开始发挥作用，彻底的、无情的怀疑，由对物理学和自然科学发起攻击开始：感觉具有欺骗性，物质是变化不定的。如果被截肢的人感觉到了他失去的那条手臂的感觉，那么感觉到自己的身体能作为自己存在的证明吗？就像一块融化的蜂蜡，它能告诉我不变的、坚定的真理吗？不能。我怀疑。物理学，即通过感觉来证明物质现实存在的科学行不通。那么，通过抽象呢？数学？即便是最杰出的数学家也不会同意某些运算的结果。他们弄错了吗？数学也行不通。日常现实的真实性呢？但是，这时我想到，通常而言，当我做梦时，我不会意识到我在做梦。当我觉得我没有做梦的时候，我并不是在对自己说"我不是在做梦"。而且，如果没有任何东西能让我区别醒和梦的状态，那么什么能够证明我现在不是在做梦呢？还有一个怀疑：既然我能够自己找到一种真实，那怎么证明不是一个邪恶的精灵、狡黠的魔鬼在引导我犯错并尽力让我

---

[1] 译文参考罗素：《哲学问题》，何明译，商务印书馆，1960年。——译注

相信我是对的?

怀疑是个漩涡,是精神的迷醉:为弄清是否有真的东西而怀疑一切,我难道不会最终连自己都怀疑吗?因为每样知识都有缺陷,所以我把它们一个接一个地抛弃掉,我的态度近乎冰冷,因为这些知识都不是我的。随着我把它们一样样抛弃,一个问题逐渐显露出来,同时还伴随着一份不断增长的忧虑:我,在真与假之间做了如此重大抉择的我,是否也是被抛弃者中的一员?反过来,我是否会被这台由我开动起来的怀疑机器碾压?我害怕自己被我无法掌控的思想猎获。当我怀疑的时候,我迷失了。怀疑是一场灾难。灾难(catastrophe),古希腊语作 katá,意思是向下,或作 strephein,意思是翻转。它是一个突发事件,搅乱了确定性的进程,导致它的覆灭。

思维是危险的,必须懂得如何从中摆脱出来。这几乎是在体验迫近的死亡。以下是哲学史上最可怕的段落之一:

> 因此我假定凡是我看见的东西都是假的;我说服我自己把凡是我装满了假话的记忆提供给我的东西都当作连一个也没有存在过。我认为我什么感官都没有,物体、形状、广延、运动和地点都不过是在我心里虚构出来的东西。那么有什么东西可以认为是真实的呢?除了世界上根本就没有什么可靠的东西而外,也许再也没有别的了。可是我怎么知道除了我刚才断定为不可靠的那些东西而外,还有我们不能丝毫怀疑的什么别的东西呢?难道就没有上帝,或者什么别的力量,把这些想法给我放在心里吗?这

倒并不一定是这样：因为也许我自己就能够产生这些想法。那么至少我，难道我不是什么东西吗？可是我已经否认了我有感官和身体。尽管如此，我犹豫了，因为从这方面会得出什么结论来呢？难道我就是那么非依靠身体和感官不可，没有它们就不行吗？[1]

笛卡尔，《第一哲学沉思集》，"第二个沉思"，1641年

知识和现实的基础其实并不存在。知识和现实坍塌了，石块纷纷坠落，有人想要挽留些什么，但石块依然从他们指缝间滑下。在一种讲究方法但并不那么严格的怀疑中，有一瞬间，笛卡尔应当会对自己的企图感到后悔。当小妖精乐队《我的精神在哪里？》的乐声响起时，一切希望都已破灭。我们孤独地活在世上。的确，当我犯错时，我在也是因为我思。是的，但能持续多久？我置身汪洋，无所适从。什么也抓不住。除了抓住我自己。不是抓住我的身体，这样我会下沉，而是抓住我唯一的意志。一切都融化了。一切都消失了。

……我相信世界上什么都没有，没有天，没有地，没有精神，也没有物体；难道我不是也相信连我也不存在吗？

我在往水里沉。

---

[1] 译文参考笛卡尔：《第一哲学沉思集》，庞景仁译，商务印书馆，2017年。根据法语原文进行了修改。——译注

……就像我突然跌落深水，慌乱中，我的脚碰不到底，我也游不出水面。

什么都不存在。除了正在对我说这番话的我自己。我存在，因为我正在对自己说这番话。笛卡尔说："要把地球从原来的位置转移到另一个位置，阿基米德只需要一个固定、稳靠的点。"

我即是我自己的阿基米德支点，我即是自己的固定支撑。而后就是去找到一个巨大的杠杆撬起地球。我开始把头从水中抬起：因为，怀疑一切，不是怀疑我的怀疑能力，不是怀疑我的意识。所以，我其实并没有怀疑一切。这是一个模糊的希望。现在，我的意识很可能还在幻觉中……它不能同时也是幻觉。于是，两者择其一：存在还是不存在。下沉还是不下沉。存在？可以，但另一个问题会随之出现：存在什么？意识必须面对它的身份问题。这个身份是什么？是在思考的我。此时我还不确定自己是否有身体。

据创作者布莱克·弗朗西斯（Black Francis）说，小妖精乐队《我的精神在哪里？》的灵感来源是一次潜水经历。在空气和在水中，身体的定位方式不同，同样地，精神条件（即确信和怀疑，也即我们意识的条件）不同，真理的定位方式也不同。怀疑调转头来指向怀疑者，使他确信自己是思维着的存在，这首乐曲可以构成对这个特殊哲学时刻的注解。"你脚朝上头朝下"：可感知的显在事物和确信被推翻了，物理规律不再有意义。"试试这一招让它转起来"：这就是头晕目眩，是思考和怀疑的漩涡；布莱克·弗朗西斯建议我们好好体会。"你的头会晕眩"：你的精神担心自己只不过是个反射，是受某个魔鬼操纵的思想木偶；你的精神将被怀疑完全占据，再没有空间留给其他的想法。"但是里面什么也没有／你问自己／我的精神在哪里？"我有一种精神，但是我不知道它包含什么，可能它里面什么也没有。但是，如果我思考，那是因为它一定包含着什么，可能是知识、想法或回忆。但是，这个内容仿佛在我的精神之外，我的精神被怀疑和它的离心运动掏空了，如同一个陀螺，绕着自己旋转，钻向地底，把它曾拥有的一切都甩开。必须平静下来。

"我的精神在哪里？"初看来，这样的提问是荒谬的。要提出这样的问题，前提是，精神和脑袋都必须是正常的。答案就隐含在问题里。这其实是一个应该被克服的修辞问题：我有一种精神，甚至可以说，我就是精神，但是我对这个精神一无所知。好吧……我们还是限制了损失：我们凭借着那个我们直觉地认为是人的本质的东西，即凭借着自我意识而存在。我们本可以是没有思想的影子。但是，当知识的大厦坍塌后，等待我们的是怎样一片有待重建的工地！……只需再具备拯救之心——"在水之外／看它游泳"，自我与自我的疏离，自己与自己一分为二。我在水面之外看着我的精神游泳：这就是内省的形象表述，是思维主体自我审视时的形象表述。布莱克·弗朗西斯看到的不是含混的东西：先是对单数第二人称的"你"提出建议，而后是"我"的叙述，即在水中游泳的小鱼告诉"我"，"它"答应了要试着与"我"交谈。我们可以假设"它"

是精神，与笛卡尔那个对自己言说的"我"具有同样普遍的意义。我们也可以说，不论"它"是什么（"它"很可能是"我"），只有当"它"存在，小鱼才能跟他说话。此外，我们还知道这些歌词对应着布莱克·弗朗西斯的潜水经历。在他潜水的过程中，小鱼们总在驱赶他，他不是动物行为专家，所以不明就里。到这时为止，自我的内涵仍然是个谜。知道它在思考，这一点至关重要，因为最后一段主歌说，"你的头会晕眩 / 如果里面什么也没有"，而不再是第一段主歌中的"你的头会晕眩 / 但是里面什么也没有"。这是在请大家给自己的精神一个根底，也就是想法，这样才有意识。必须思维。"我思故我在。"如果我存在，那么我是作为一个思维着的存在。如果我不思考，则我不存在。那么，就去思考吧。哪怕是一个没有明显意义的想法，哪怕是一个值得商榷的断言。我弄错了吗？我在做梦吗？不要紧，我思考，所以我存在。

《摇滚怪客》杂志记者阿尔诺·德·沃比古尔（Arnaud de Vaubicourt）认为，小妖精乐队通过《我的精神在哪里？》表达了一种不寻常的对生活的看法，几乎形成了一个哲学流派，我们可以把它叫作"小妖精主义"（pixisme）。[1] "小妖精主义"从此可以指称那种古怪的、旨在揭示对理智而言是简单事实的音乐和文本创作。这些事实被我们用五花八门的复杂知识掩盖了，因而，要对这些知识进行质疑。就像笛卡尔的"我思"，这首音乐的编曲也是既体现了混乱也体现了简单。

---

1 《摇滚怪客》（*Les Inrockuptibles*），1999 年 12 月。

两个明确的音乐元素可以解释这种简单和混乱。第一个元素：饱和吉他的特性，连复段中的三个音简单到任何初学者都能弹，但是听起来恰到好处……接着，独奏暂时打断了这份朴实，那是为了把我们带进一种更加深层的陌生感。很奇怪，吉他的声部相对于主唱的声音来说并没有退居次要位置，而是音量水平相当；另外，吉他不是在间奏时，而是在歌词进行中介入的。吉他的出场已令人吃惊，像被同样不和谐的爆裂鼓声推落水中，并明显增强。吉他以让人震惊的方式达到最大功率。而那伟大的哲学语句既不比这更长，也不比这更复杂："我思故我在。"第二个元素，远处传来的贝斯手金·迪尔（Kim Deal）缥缈的呼喊声，乐曲由他开始，他从头至尾一直重复着两个同样的音符。在一首歌中，和声通常是在音乐的副歌部分进入；而在这里，唯一的和声音轨拉开了歌曲的序幕，这是对习惯的又一次挑战，造成令人不安的效果。

如同阵阵迅猛的海浪往来萦绕，吉他和和声似乎很快形成了一个声音环境，布莱克·弗朗西斯的歌声就在这样的环境中出现，形成了一片水域，精神（mind）沉入其中。精神就是那个尖厉、嘶哑的人声，由吉他弹出的连复段和不间断的呼喊声所承载，在节奏吉他和贝斯的平衡下，被鼓声推来搡去。旋律起伏，音色加强，如同在与潮水对抗：在一个自己不熟悉的世界中既充满渴望又疑虑重重地前行就是这样一种矛盾的方式。不论是笛卡尔的怀疑，还是布莱克·弗朗西斯的海底，都需要与最后的堤岸告别，走向未知的大海。在思想中，如同在水里，自我失去了依托，却逐渐被感觉到。必须放弃最后那个舒适的依靠，放弃我们可以抓住的一切。检验笛卡尔的怀疑就像从"迪安蓝洞"[1]边缘纵身一跃。必须给自己施加一个完全下潜的焦虑，以找到可以借之上升的唯一依托，唯一真正的思维：我。

　　如果我确信我不在，或者仅仅是我想到了什么东西，则我一定存在。

自我是思维，是意识。自我的意识。但是，现在，尽管意识被拯救了，可它还是形式化的、空洞的、无色无味的。可以说，它在水中是干瘪的。它继续螺旋式下沉，只看到它自己，在寻找自己的准则。

🎤　我下落下落下落 / 我原地打转原地打转原地打转 / 我寻找自己……清醒
　　——粉红佳人（Pink），《清醒》（"Sober"），专辑《摇滚乐园》（*Funhouse*），2009

1　迪安蓝洞（Dean's Blue Hole）是位于巴哈马群岛附近海湾的水下洞穴，因洞穴深邃、水质清澈而成为自由潜水爱好者的圣地。——译注

帕斯卡:"自我是可憎的"

——涅槃乐队,《少年心气》

为了存在招人厌

> 🎤 灯熄了,少些危险／我们来了,开始娱乐吧／我蠢得要命还会传病／我们来了,开始娱乐吧[1]

帕斯卡在《思想录》中说:"人不过是杆芦苇,自然中最脆弱的存在;但这是一杆在思考的芦苇。"如果我既弱又强,那么我究竟是谁?诚然,在知道我们是谁之前,我们意识到我们存在。换言之,自我认识预设了一个意识。这个意识首先关乎我们的存在:"我思故我在"……是的,但这是对"我存在吗?"的回答,而不是对"我是谁?"的回答。而且,我不只是一个思考着的我:我也是一个特殊的存在。我们必须继续回溯。

那么,如果我们在意识这面内心之镜里发现的是一个可憎的存在,那会怎样?我们会像帕斯卡一样,认为"自我是可憎的"。"我"在这里指自爱。自爱的意思是一个人对自己总体上积极的看法。但这并不意味着这个自我肯定的做法本身不消极、不自负、不该被批评。

---

[1] 涅槃乐队(Nirvana),《少年心气》("Smells Like Teen Spirit"),专辑《别在意》(*Nevermind*),1991年。

自我是可憎的。那些没有丢掉它，而是仅仅掩盖它的人永远是可憎的。大家可能会说，绝非如此，因为像我们这样尽力为所有人效劳时，我们没有理由恨自己。假如我们恨的只是自己因此而产生的不悦，则确实如此。然而，如果我们恨自己，是因为它不义，因为它将自身作为一切的中心，则我们就要永远恨自己。总之，自我有两重性质：就它使自身成为一切的中心而言，它本身就是不义的；就它想奴役别人而言，它对别人就是不利的，因为每一个自我都与其他一切人为敌，并且都想统治其他一切人。你可以消除它的不悦，却不能消除它的不义；因此，你并不能使它对那些恨它不义的人而言变得可爱。你只能使它对不义之人、对那些不与它为敌的人而言变得可爱。因此你始终是不义的，并且只能讨不义之人的喜欢。[1]

帕斯卡，《思想录》455，1670年

自我是可憎的，因为虚荣的后果是非正义的。实际上，当我想要取悦他者，想成为"可爱的"，也即是说想要把他者的爱吸引至自身，他者便被我心底的意图欺骗了，这个意图毫无利他性可言。

卢梭对帕斯卡的思想进行了补充，他区分了对自我的尊重的两种含义（他称之为自爱和自尊心）：

---

[1] 译文参考帕斯卡尔：《思想录》，何兆武译，商务印书馆，2017年版。根据法文原文做了改动。——译注

> 自爱只关乎我们自己，当我们的真实需求得到满足的时候，自爱就得到了满足；但是自尊心与之相比，从未满足也不会得到满足，因为这种情感喜爱自己超过喜爱他人，也要求他人喜爱我们超过喜爱他们自己，但这是不可能的。这就是为什么美好的情感是由自爱产生的，而仇恨和暴躁由自尊心引发。因此，少有需求并且不与他人攀比，能使人本质良善；而需求太多并且在意别人的看法则会使人心地邪恶。
>
> 卢梭，《爱弥儿》，第四卷，1762 年

换言之，自爱与自尊心成反比。低估自我的原因在于不能积极地进行自我建构，也就是说，不能如己所是的那样估量自己并将自己的欲望限制在自己可及范围之内。我对自己的看法会影响别人对我的看法，反之亦然：我越是蔑视我自己，我就越感到别人蔑视我自己，为了回应这种蔑视，我就越会努力得到别人的认可。例如，自卑感使人总是具有报复的倾向。而丑小鸭，即使它变美并回到天鹅群里，仍然被最初的心理烙印制约，在它心里，它仍然是一只背负着伪谦逊烙印的丑小鸭，而这种伪谦逊其实是真正的傲慢。

这个关于自我意识的特殊看法在摇滚乐中颇为流行。例如，涅槃乐队的《少年心气》表达了由对自我的憎恶而产生的低自尊感。《少年心气》探讨的是自我贬低及其影响。这些后果是内在的（对自我较弱的评价），也是外在的（或者通过对内心状态的模仿，表现为冷漠、沉默；或者相反，通过行动

来表现,即权力欲和攻击性的增强)。这位垃圾摇滚(grunge)的明星将自己置于他眼中的世界中央,置于他的参照系统的中央,自私、自恋,他的自我是可憎的。自恋很复杂,难以说清。一方面,他感染了帕斯卡所说的"心灵疾病",爱自己胜过爱任何人;另一方面,他把自己视为所有人中的最末流,"混血儿/白化病人/蚊子/力比多/否定"。主体视自己为失败者,"我的佳绩也只是末流"。他认为自己得了蠢病,但是,感染的载体正是荣耀:"我蠢得要命还会传病"。

在这里,主体把自己置于社会秩序的首位,也置于内心世界和命运的末位。他自知不如人但把自己呈现为超人。在帕斯卡看来,想象是"谬误与虚妄的主人",是极具欺骗性和娱乐性的力量,它让人构建一个肤浅的自我,其矛盾在于表达了一种苦恼,将自己视为一个弱小的存在,同时又像一个至高的存在那样要人敬仰。自恋的伤口就这样矛盾地助长着歌手的自我,他的表现既是自我蔑视的结果也是得到大众喜爱的原因。这是艺术家升华的真正途径:"失败与伪装都很好玩"。

垃圾摇滚的主体就其所表现出来的样子而言,代表了一种变成了成功的失败。所有的不确定性都在于由缺乏认可而产生的认可。"垃圾"一词所指的污垢成了一种真菌感染。在人群前像挥舞战利品那样宣扬自己的内心畸变。"我的佳绩也只是末流/这份天资乃老天馈赠"——无用成了天赐的礼物。垃圾摇滚主体的真菌感染比不上犬儒主义者第欧根尼的落拓——第欧根尼也声言自己不卫生,并以自己的身心疾患为乐。第欧根尼的行径是一种暴露癖,他有意在公共广场冒犯众人,如同一些摇滚歌手在舞台上和在宾馆房间中的所作所为。第欧根尼随地吐痰，尤其是向那些认为自身无处不洁净的人吐痰，以此证明这个人错了。

《少年心气》似乎体现了如下"寓意"：如果你要做一个永远的失败者，不妨超越失败的命运，将其变成帕斯卡意义上的娱乐，即让自己不再关注自我的真实，不再关注自己真正的本性、弱点，不再关注自己有朽的一面。充满犬儒主义味道的"失败很好玩"，一定会通过歌迷与反英雄人物之间的认同，在歌迷采取病态行动之前把他们带入消沉。问别人"你好吗"，其实预设了他人状况不佳，通过这句约定俗成的问候把自己的神经官能症强加于他人："嗨……怎么情况不好？"消沉的结果是最终放弃任何对意义的找寻："怎样我都不在乎"。虚无主义即是一切都不再有价值。

"她无聊至极"，科特·柯本[1]这样唱道。在帕斯卡看来，懒惰和无聊驱使着我们的行动。意识更喜欢想象，即更喜欢社会形象的简单诱惑，而不是直面真理和理智的严苛要求。如帕斯卡所说的那样，意识选择"舒服地挖瞎自己的眼睛"（"失败很好玩"），并把心灵交给娱乐（"子弹上枪膛 / 带上你的朋友"）。有的强迫症患者和歇斯底里症患者喜欢待在整洁的家里，觉得这样有安全感，还有一些炫耀张扬的疯子喜欢在台上嘶喊、蹦跳、吼叫。垃圾摇滚主体是这两者的混合体，混合了自我封闭与炫耀、内与外：图像一如现实，感性变成了思想。

---

[1] 科特·柯本（Kurt Cobain）：涅槃乐队主唱。——译注

自我的深度和表面都迷失在了对自我矫揉造作的再现中，深度与表面混合在一起。垃圾摇滚歌手就这样将一个虚构的自我呈现给他人，以取得他人的信任。帕斯卡说：

> 我们不肯使自己满足于我们自身之中和我们自己的生存之中所具有的那个生命；我们希望能有一种想象的生命活在别人的观念里，并且我们为了它而力图表现自己。
>
> 帕斯卡，《思想录》147，1670年

垃圾摇滚的主体欺骗自己也欺骗别人。他的表象用他在别人眼中呈现的、别人反射给他的形象来填充他的真实存在。把空虚填满。"人们只是互相欺骗""他想要幸福，觉得自己很悲惨"。当舞台空寂，灯光熄灭，他赤裸着，焦虑（这份莫名的恐惧）重新袭来。

我们知道，"少年心气"这个表述受到一款青少年香水广告的启发，这款香水典雅又廉价。这是一种嘲弄那些让自己如此可笑的听众的方法。在这首歌的短片中，表现的是一场高中体育馆里举行的音乐会，狂舞的年轻人沉浸于其中。人群随着音乐的循环往复而摇摆，音乐中包含着对他们的批评。仿佛音乐的节奏掩藏了歌词的意义。总之，听众有意或者无意地赞同了这个实际上是在贬损他们的信息。帕斯卡的可憎的自我具有一种内生性的非正义，这种非正义在这里是对一个偶像——人们试图要效仿的理想形象——的无意识服从。那些承受着这种非正义的社会模仿论的人们看不到这个原型的害处，也看不到

认同这个原型、效仿他的穿着、说话方式、走路姿态、发型甚至生活方式都意味着自己潜在身份的丧失。

就音乐而言，《少年心气》如同涅槃乐队的很多音乐一样，具有一种环性人格障碍的性质，麻木和"爆破"状态的交替（先是假平静，而后被真打破），或者说是高峰和低谷的起落交替。整首音乐的结构如同俄罗斯的山脉。例如，开头部分：宁静的器乐声，清澈的吉他声，而后是猛烈击打的声音，贝斯沉重的滑弦，饱和吉他也响起来，最后又重归平静，吉他反复弹着两个清脆的音符。或者：主歌和副歌之间的桥段，展现出一种无精打采的状态，不断重复着"嗨嗨嗨怎么情况不好？"，同时通过吉他弹出的两个音符展现出戏剧性的上升，造成如同救护车笛声般的相位效果。再例如：旋律通常以两极对立的方式运行，旋律的结构让人想起环形人格障碍的心理图示以及这种疾病患者从躁狂（高）到抑郁（低）的重复性运动。

——不那么危险——开心享受吧
——黑着灯——我们到了

帕蒂·史密斯（Patti Smith）对《少年心气》的翻唱带给这种情绪变化另一种音乐表达，整首歌歇斯底里，音量逐渐增强。一开始是班卓琴、原声吉他和一把相当平静的小提琴的声音，整体显得很慵懒。很快，我们就预感到这种虚假的宁静不会持续很久。懒散逐渐演变成一场危机，歌唱声和器乐声都变得躁动、神经质、混乱不堪。

涅槃乐队不是唯一一个发出这种具有贬损意味的信息的乐队。后裔乐队（The Offspring）的《自尊》（"Self Esteem"）与之相同：我毫无可骄傲处，毫无尊严，这是一个非常差劲的自我形象。我的女朋友想怎么对我就怎么对我。我是她的物件，我对她着迷，如同沉迷毒品。我明白这一点。她欺骗我。我想抵制她的诱惑，离开她，摆脱她，告诉她这样的状况让人难以忍受，但是我不能，每当她来到我身边，我就匍匐在她脚下。自尊的缺失是一种病："她说我就像一种疾病"。这里，再一次地，主歌部分漂浮在一种表面的宁静中，宁静之后是耻辱，神经质的吉他每次总比预期更早出现，这个时间差造成了一种危机感，毫无缘由的危机，最终，这个最大的耻辱被表达了出来："当她说她只想要我的时候？我想知道她为什么和我的朋友睡觉"。

在歌如其名的《失败者》（"Loser"）中，贝克（Beck）用精神分裂似的双语歌词给这种自我蔑视以最后一击——"我是失败者/我是败将，宝贝/可你为什么不杀了我？"（Soy un perdedor/I'm a loser baby/So why don't you kill me？）有意令人头晕的重复与滑棒发出的尖锐金属声交替出现。最糟糕的是：歌曲的结尾是对几乎听不到的问题"你为什么不杀了我？"的回应。这些回应显示出异化的自我的不可交流性。例如，"奶酪的嘶嘶声把我逼疯"是用无意义的胡说来回答。"?em llik uoy t'nod yhw os, ybab resol a m'I rodedreP nu yos"是把前述问题反着读回敬对方。也有对不理解的直接表达："我无法相信你""你知道我在说什么"。用另一种语言嘲弄："宝贝，你们这里说德语吗?"最后,还有类似某种原始语言的"Nlehh..."。

简言之,我不足道,这就是我意识到的自己。我不明白对方为什么不试着摆脱我。或者,更确切地说,我对原因再清楚不过:我对他来说无所谓。那么,我宁肯被羞辱而不是被忽略。因此,科特·柯本在《践踏我》("Rape Me")中重复了26次他的要求:"来,再来"。这样一来,帕斯卡所说的非正义,即可憎的自我对他人的非正义,便转向了自身。这样一来,可憎之我的意识在人格的双重性中向自己显露出来。

🎙 我伤心但我笑 / 我勇敢但我是一只胆怯的鸡 / 我病了但我很美丽,亲爱的
——艾拉妮丝·莫莉塞特(Alanis Morissette),《上交我的收入》("Hand in My Pocket"),专辑《小碎药丸》(*Jagged Little Pill*),1995

知觉

从柏拉图的洞穴到理念的世界

——谁人乐队,《我们不会接受》

汤米,从洞里出来!
走向光明……

> 就在你身后 / 我看见人群 / 在你身上 / 我看见光荣 / 从你那里 / 我获得了观点 / 从你那里 / 我得到了这个故事[1]

转向自我可能是由于自恋,至少是由于个人主义。因而有时需要打碎镜子,不再目不转睛地盯着自我的幻象,而是向世界和他者敞开。那么我们感知到了什么?清晰的现实吗?既然我没有眼力看清自己,我怎么能有眼力认识非我的东西?现实出现在我眼前。但是真的如我所见吗?我难道不是根据我的信仰或我的想象向我展现的那样来看它的吗?总之,我可能是色盲。月亮在天顶时我觉得它小,而在地平线时我觉得它大。当我看到一些绝对静止的几何图形,却觉得它们在动。

如何知道我的知觉真实与否?

---

1 谁人乐队(The Who),《我们不会接受》("We're Not Gonna Take It"),专辑《汤米》(*Tommy*),1969 年。

柏拉图《理想国》[1]第 7 卷的"洞穴隐喻"探讨过这个问题。苏格拉底向格老孔（Glaucon）解释什么是善的理念，他将善的理念比作普照万物的太阳这个实在，而后，他讲了一个有象征意味的故事，根据这个故事，我们可从三个层面来理解知觉问题。

第一个层面——有些人生来就住在洞穴里，被捆绑着，动弹不得，面朝洞穴深处，不能扭头看身后高处的洞口和火光。火堆后是洞口。在火堆和囚众之间有一条路，靠近囚众的一端有一道矮墙。有人在走动，他们都高举着人造的假人假物，其中一些人在说话。物品的影子映在洞底的墙上，因为有矮墙挡着，所以映在洞底的只有物品的影子而没有那些走动者的影子。洞中囚人看见了这些影子，听到了那些人说话的回声，影子和回声对他们来说构成了唯一的真实。他们完全不可能想象出另一个世界。而他们的世界也仅是他们感知到的那个部分。设想现在其中一个人被放出来朝出口的方向走。他会因为运动和光亮炫目而感到难受。光亮太刺眼，他根本无法看清外面世界的真实事物，所以他会本能地再次顺坡而下，回到那令他舒适的洞底昏暗中，并认为自己刚才看到的不过是假象。要想让他真的走出去，必须有人迫使他逐渐朝洞口行进。他适应了火光，就会看到那些人造物品，而后，适应了月光和阳光，他就会越来越准确地看到并最终知道外面的世界才是真实的，事物本身比影子更有价值。他最终将知道，一

---

[1] 柏拉图，《理想国》，514a—519d，公元前 4 世纪。

切都是被太阳照耀而明朗的。然而,当他再回到那些囚禁于洞底的人身边,告诉他们这个真实世界的时候,他会被当作疯子杀死。

第二个层面——每一个隐喻成分对应着一个有关知识的哲学原则。有关知识的哲学探讨"我能知道什么?"和"我怎样能够知道?"的问题。洞穴和外面世界形成一组对比,一方面指的是无知[意见的无知,希腊语作 doxa,如在 paradoxe(相反意见)一词中一样]和偏见(不经思索而相信的东西)的晦暗,另一方面指的是光明(确切知识,希腊语作 epistēmē)、科学。让我们逐步走上这座洞穴的三个层次:首先,人造物品的影子以及人声的回响都是虚假的幻象;其次,人造物品是事物和存在者,是可由感官感知的现实;最后,火代表了感知得以发生的脆弱的条件。外部也有三个层次的真实:首先,自然物的映像代表来自感官的知识;其次,自然物本身,它们是不变的;最后,太阳,知识的永恒本原。

第三个层面——我们从关于知识的思考而达到了一种本体论。本体论是关于存在的研究,希腊语 ontos 是动词"存在"的现在分词,希腊语 logos 的意思是话语。这是柏拉图理论的核心,柏拉图的理论中心是两个世界的二分,一方面是可感知的人间的世界(即我们现在生活的洞穴),另一方面是理性的世界、理念的世界。柏拉图认为理念不产生于人的意识,而是在一个较高的世界中自为地存在着。灵魂在这两个世界之间往来,它在死亡到来的时刻离开人间,摆脱躯体和邪恶的激情,来到那个更高的世界,在那里它可以观看理念。最后,我们所谓"出生"是灵魂回到人间再次投胎。可感知的世界是我们可怜的视觉感知到的世界，我们那同样可怜的想象力，就是凭借这个可感知的世界进行创造的，创造出迷信和幻觉。可感知的事物是理念的复制品，而理念才是原型、范本。理念的世界包括低等可知世界，即数学概念和假设，也包括高等可知世界，即哲学理念。哲学理念包括可感知现实的理念（例如桌子的普遍概念，由此产生了所有特殊的桌子）、抽象价值的理念（例如正义的理念，由此产生出正义的决策和正义的行动）以及至高理念——善。如同太阳是至高无上的光明之源，照亮每一个事物一样，善照亮每一个理念并赋予其真理。所以，我们的灵魂包含这些理念，所以它能看到它们，但是回忆不起来。因此我们都是生在洞穴里的。要走出洞穴，我们需要一个向导、一种方法和一份希望。哲学家就是这个向导，他去寻找困于洞穴中的人，把他从阴暗和幻影中拉出来。苏格拉底的"助产术"意在帮助他人娩出思想[1]。使用的方法就是辩证法：对哲学家来说可以借助辩证法向对话者提问，让他一点一点地在揭示真理的道路上前进。他们的希望就是记忆的恢复，也就是说让意识清晰地回忆起那个我们曾经目睹但已经忘却的理念。在《美诺篇》中，苏格拉底帮助一个没有受过教育的青年奴隶完全凭借自己的力量表述出了毕达哥拉斯定理。[2] 换言之，对柏拉图来说，知识就是记忆；不知就是已经忘记。真理即揭示，揭示

---

1 柏拉图,《泰阿泰德篇》, 148e—150e, 公元前 4 世纪。
2 柏拉图,《美诺篇》, 80d—86d, 公元前 4 世纪。

（alèthéia）这个词由两个部分组成，一个是前缀 a-，意思是失去的，另一个是 lèthé，意思是遗忘。哲学使灵魂朝理智的世界上升。例如，法庭上那些可能从未看到过正义却自以为知道什么是正义的人高谈阔论、极力要区分的只不过是正义和非正义的影子，而哲学家却是在努力定义真正的正义。习惯了光明的哲学家回到洞穴中，他跟跟跄跄，像盲人一样到处碰壁、跌跤，引得洞中囚众发笑。但是他身上保留着光明。与之相反，当洞中人走出来的时候，他们只经历过晦暗，面对太阳的时候，他们感到害怕，他们会呼喊、流汗、哭泣。

谁人乐队的摇滚歌剧《汤米》（*Tommy*）提出了这个棘手的哲学问题：关于知觉、感觉的有效性、真实世界和我们与真实世界的关系，存在的就是我感知到的吗？我们的知觉、我们的表象和我们的想象出现在外部环境和我们的理性之间，如同一块时而透明时而不透明的玻璃。不要忘记，生活的伤痛也是精神事件，我们通常不自觉地以此为尺度来感知一切事物。汤米的感知能力建立在最初的创伤基础上。第一次世界大战结束三年之后，汤米的父亲、英国军队的沃尔克上尉回到家，而此前的消息称他已阵亡。母亲最终有了一个情人，小男孩汤米站在门口目睹了父亲杀死母亲的情人。在由导演肯·罗素（Ken Russell）改编的电影中，是沃尔克夫人的情人杀死了汤米的父亲。在这两种情况中，大人们都告诉汤米："你什么也没看见！你什么也没听见！你对任何人都什么也不要说！"听话的孩子严格地执行这些命令：他真的变成了瞎子、聋子和哑巴。他从此只用自己的触觉。他的视觉变成了内在的，他开始了精神旅行，在旅途中，汤米把自己的感觉转变成音乐。少年时期，他获得了电子弹球游戏冠军；他仅仅通过身体来感知球的运动和所有其他运动，如同第六感觉——"他靠直觉打球"。摇滚歌剧的标题《电子弹球天才》(*Pinball Wizard*)就是这个意思。

一天，汤米的母亲看到他总在盯着一面镜子看，她气坏了，便打碎了镜子。汤米从此恢复了视觉、听觉和说话的能力。汤米痊愈的消息传开了，他成了古鲁，要跟人分享自己得到灵启的经验。他建了一座营地，营地里的人闭着眼睛玩电子弹球。这部作品似乎把汤米比作了基督：相信他，就是跟他走。最后，他被请来的客人们抛弃，由此他又获得了一个新的灵启：他想要跟人分享的不再是内心的光明，而是太阳本身的光明，这种光明只能由个体独自体验到。

皮特·汤森（Pete Townshend）是《汤米》的编剧和曲作者，也是谁人乐队的吉他手，很难说他是否读过柏拉图的"洞穴隐喻"并从中受到启发。但是，"我们不会接受/看着我，感觉我"这个片段和洞穴的寓言表达了相似的思想：灵魂脱离了可感知的世界，飞升至精神的高度。

"我们不会接受/看着我，感觉我"中有一个三层结构：首先是物质的、无意义的世界；其次，灵魂的内在生活，它逃离可感知的世界而去寻找它的真理；最后是通达纯粹的、理想的世界。在此，柏拉图的象征可以做如下解释：外在世界的光明代表洞穴里虚假的光亮。而且，汤米沉浸其中的黑暗是一种虚假的黑暗，因为它隔离了可感知的世界，点燃了内在的光明。最后，电影中的一些元素，例如影片结尾的日出，象征着灵魂抵达了理念世界。柏拉图写道：

> 囚徒居住的地方就好比可见世界，而洞中的火光就好比太阳光。爬到较高的地方并观看的囚徒，就是上升到理智世界的灵魂。
>
> 柏拉图，《理想国》517b

汤米的经历构成了一首辩证摇滚，分5个阶段进行：1）在杀人案发生之前，汤米生活在仅仅由人工火焰照亮的洞穴中；2）他走出洞穴，受家里发生的事情影响，一部分知觉的丧失使他习惯了灵魂内在的、自然的光明；3）恢复知觉和说话能力之后，他没有倒退，而是经历了一次超越，变成了那个重返洞穴的哲学家，要拯救他人；4）他想让人们找到内在的光明，走出洞穴，但是人们拒绝；5）于是他独自走向了理念的世界。

《我们不会接受》是汤米和营地弹球玩家（相当于洞穴中的囚众）之间的对话。在第一段主歌中，汤米自我介绍道："我叫汤米／我今年明白了一件事"。"玩电子弹球吧／戴上耳塞／戴上眼罩／你们知道该把球放哪里"——电子弹球，"属于你自己的机器"，在这里是哲学行动、个人思想和自我皈依的象征。汤米通过去除他们的感觉，让他们走出洞穴。"嗨，你们醉了，对不起！／我知道你们在想什么／嘿，抽烟的那位！／突击搜捕！"——这不是真正的幸福，只是害人的表象，不是真正的安逸，只是对安逸的可怜幻想。电影里，弹球玩家们按照他说的那样开始打弹球，汤米的灵启在他们之间传递着。可

是,突然,其中一人提出抗议,接着,很多人都开始喊:"我们不会接受!"柏拉图说:

> 要是有人硬拉着他走上那条陡峭崎岖的坡道,直到把他拉出洞穴,见到了外面的阳光,你难道不认为他会很恼火地觉得这样被迫行走很痛苦,等他来到阳光下,他会觉得两眼直冒金星,根本无法看见任何一个现在被我们称作真实事物的东西?(……)他想要把囚徒们解救出去,把他们带出洞穴,要是那些囚徒能抓住这个人,他们难道不会杀了他吗?[1]

谁人乐队唱道:

我们不会接受,从不接受,永不接受
我们不会接受,还是摔了它,摇散它,忘了它
还是离开你,揍你,忘了你

所以,弹球玩家们不准备服从汤米的指令,语言和身体暴力开始了。通向洞口之路太险峻,真理太过强烈。皮特·汤森站在他们的角度解释说:"我们想要的只是一条带我们摆脱我们自己问题的捷径。""我们不会接受"一句在吉他和弦的伴奏下反复出现,不协和的和弦象征着心烦意乱。"门徒们"砸碎

---

[1] 柏拉图,《理想国》,516a—517a.

弹球，杀了汤米的家人，放火烧了营房。音乐营造了一种有些夸张的氛围。开始时，罗杰·达尔屈（Roger Daltrey）的声音出现在歌唱和对玩家生活方式越来越响的指责之间。而后，玩家们的合唱占了上风，意见暂时战胜了真理。

"我们不会接受／看着我，感觉我"，接下来的部分呈现出一种上升的辩证，可感知的世界被完全摒弃，感性知觉转变为理性知觉，而后是理性知觉转变为对理念的注目。此时，音乐由悲伤的变奏和弦组成，而之前的部分只包含辉煌的大调和弦。

感觉的重要性被突出出来，"看着我／感觉我／击中我"。这并不矛盾，因为这些动词象征和隐喻了精神生活。视觉，柏拉所谓的"看到"理念，指的是灵魂的视觉。"感觉我"应当理解为内在感觉，"击中我"应当理解为对我的情感触动。而"医治我"这个要求最终导致痊愈。

"听你们说……就在你们身后"……这几段歌词不断重复，直到结尾的渐强音：这说明上升不可抑制。音乐重归大三和弦，但是这次的和弦在充满希望的和声和风琴的配合下，显得和悦庄严。汤米的"看着我"显然是唱给他母亲听的，但此处这几段的接受对象却不明确。"听你们（你）说……看着你们（你）……跟着你们（你）……在你们（你）身上……来自你们（你）"：无论如何这里的你们（你）都不是指人群，因为他是在对一个更高的层次说话；此外，很难决定应该把"you"翻译成"你"还是"你们"。那它指的是太阳还是被太阳照亮的美好事物？然而，歌词的深意是清楚的："我感觉到了音乐……和激情……"首先，汤米获得了属于自己的特质，即音乐和激情，两者的共同点都在于律动。这些内在特质使得朝向普遍维度的内在运动得以发生。这个普遍维度是自然的维度，汤米融进这个维度中："我爬山……我拜倒在你们（你）的脚下"。这个普遍维度也是臣服于他的人的维度——"我看到人群……光荣……我得到了观点……故事"。

在肯·罗素执导的音乐影片的结尾，汤米的攀升如同一场穿越四元素的启迪之旅。所谓四元素，即古代哲学所说的构成世界的四种物质，水、土、气、火。汤米就是按照这个传统顺序攀升的。音乐力度再次增强……汤米经过的第一种元素是具有净化和过渡作用的水。就在跳进湖水之前，他脱掉T恤，象征着摆脱了肉体负累。他洗去所有假象，离开湖水，沿一条急流和瀑布向上游，来到一座小山谷。土是他最终的依凭物，是他通往天空的跳板。斜坡变得更加崎岖陡峭，空间变得更为开阔。他在与空气和地平线（使人依稀看见无限）的关系中从行走到攀爬。来到山顶，伟大的阳光照亮了他的脸庞。这是激动人心的时刻，是与至高的善融合的时刻。面对上升的太阳，汤米慢慢张开双臂和十指，仿佛要紧紧抓住太阳。他抓住运动中的太阳，任由它把自己带上天。在这个部分，最后一句"听你们说……就在你们身后"逐渐减弱消失。最后的"you"拖长并归于沉寂。这是一个可感知的物质生命的结束：其一切后续都是不可见的。汤米的死就像苏格拉底的死，值得庆幸：他将要发现理念，真正地离开洞穴，离开那个幻影重重的屏障和那些在屏障前睡着的人。

🎤 她紧盯银幕／但影片无聊得令人沮丧

——大卫·鲍伊（David Bowie），《火星上的生活?》（"Life on Mars?"），专辑《一切都好》（*Hunky Dory*），1971

无意识

弗洛伊德:"梦的解析是通往潜意识的大道"
——艾薇儿·拉维尼,《爱丽丝》

少女梦见了什么?……

> 🎤 我身在奇境/重新站起来/这是真的吗?/这是不是戏?/我会坚持到底[1]

存在的、合理的、理智的部分要求我们清醒,要求我们渴求真正的感知,并且我们的意识可以满足这种渴求。然而,我们也有一种非逻辑的生活。与大部分理性哲学家的看法相反,来自我们内在的东西并不一定都是理性的。我们并不总能控制自己。抽动、口误、遗忘、失误等事实都证明了这一点。还有一个例子:我们做梦的时候,既决定不了做不做梦这件事,也决定不了梦的内容。不然,我们怎么会做那么不真实、那么荒谬的梦呢?我们身上似乎有什么东西比我们的意识更加强大,它与我们的意志对抗,让我们无法成为我们想要成为的样子。

我是我所意识到的那样吗?

我对我自身的表象与我真实的情况一致吗?弗洛伊德提出

---

[1] 艾薇儿·拉维尼(Avril Lavigne),《爱丽丝(地下)》["Alice(Underground)"],2010年。

了无意识，即不受意识掌控的心理活动，这是对意识至上论的质疑。无意识的德语是 Unbewusste，字面意思是"不可知的"。但这个不可知者就在我们身上，并且在我们没有察觉的情况下引发我们的行动。弗洛伊德认为心理活动是矛盾的。为什么呢？在《精神分析论》（1920）中，他建立了心理结构的活动图解——我们身上有相互冲突的三个层面："本我"，是生物性的一极，我们寻找当下的快乐的冲动由此而来；"自我"，是对冲动的道德管理，在允许冲动做什么和禁止冲动做什么之间建立平衡，给冲动建立一个可以被社会接受的表达方式；"超我"，是道德禁令内化而成的机制，以罪恶感来抑制一切冲动，不论其表达方式如何。冲动理论解释了最后一个层面。生命冲动（Eros）是以享乐为目的的性欲，死亡冲动（Thanatos）是毁灭和自我毁灭的倾向，两种冲动构成了相互冲突的两组力量。死亡冲动控制生命冲动。弗洛伊德的思想出现在多灾多难的二战之后，他认为暴力是人的本质的组成部分，这一点无法改变，战争只是暴力的一种合法的、被允许的形式。此处必须说明的是：弗洛伊德认为所有冲动都有意识地或者无意识地、直接地或间接地是性冲动。人类能够存活，在于他们能够控制自己的攻击性，但这种控制是以一种普遍的不安为代价的，弗洛伊德在《文明与缺憾》中分析了这种不安。因而我们是未获满足的存在，并且我们的精神在本我的冲动和超我的克制之间撕扯：这就是一切精神疾病的起源。

所以，必须承认三个预设：1）性是万物的尺度；2）我们的欲望天然是病态的；3）我们对以上两点均没有意识。我们甚至感知不到那些可以带我们走出这条死路的机制，比如梦。梦是面对无情挫折时的逃避方式，是一种补偿过程。主体产生了针对某"客体"（这个词指的是冲动指向的对象，该对象也可以是人）的冲动。超我的压制引发了内化冲动的运动，这就是"压抑"，与"放纵"相反。但是，冲动并不因此消失，它在无意识中发挥作用：就像我们说的，"那东西"[1]在干扰我。当道德意识松懈的时候，冲动便伺机寻求出口，就像我们等父母入睡之后私自外出……这就是所谓"压抑的复归"。睡眠是一个特殊时刻：冲动将会在这个时候实现道德意识禁止它做的事。如果是儿童的梦，则醒时没有被满足的欲望会在梦中被满足：一个小男孩因为肚子疼，而被禁止吃樱桃，那么他就会梦到自己吃了一篮樱桃。过程简单、直接、明确。但是，成年人的梦表面看起来要复杂、荒谬得多：因为补偿不是直接的，自我的压制不如在儿童那里宽松，而是警觉地监视着，所以必须乔装改扮骗过它、分散它的注意力。于是冲动披上了象征的外衣。莎士比亚说过："同一块布料造就了我们和我们的梦。"梦与冲动是一样的，但它们衣衫有别。梦是一种代用品、替代物。例如，飞翔是一种腾举的动作，所以是阴茎的象征；所有凹陷的形态都是阴道的象征；果实象征乳房，因为乳房能够哺育。梦中景象经常是真实事件或事物的不真实的合成，这叫作浓缩过程；或者是一个事物替代另一个事物，这叫作迁移过程。你可以回想一下你做过的最离奇的梦……从弗洛伊德所谓

---

[1] 本我，法语为 ça。ça 通常用作指示代词，可以指任何事物，译为"这东西""那东西"。——译注

梦的"显性内容"（即梦让我们看到的东西）到梦的"潜在内容"（即梦隐藏起来不让我们看到的东西），这当中还要经过一番巨大的努力进行阐释以及与羞耻心抗争。梦的解析是探索无意识的一把重要的钥匙，是精神分析治疗中的关键因素。在精神分析治疗中，患者躺在躺椅上，分析师在他身后，按照自由组合的原则，鼓励他想说什么就说什么，逐渐揭开他的无意识面纱，从而找到原初的创伤，并承认这个创伤。这个创伤就是解释焦虑状态和某些失常行为的关键。

因而，梦创造了一场不由自主的、多变的精神演出，就像所有无意识都可以掌握的一门艺术。弗洛伊德认为，艺术也能起到同样的补偿作用，但是以一种更罕见的、艺术家专有的升华方式，通过这种方式，主体将自己的冲动转化为一种高尚的情感，给它设定一个目标和一种可以接受的表达范式。换言之，最高级的升华很可能是在梦中放纵冲动，在艺术作品中表达这个梦或者说创作一件艺术品，这件艺术品就相当于在梦中的表达。例如，刘易斯·卡罗尔（Lewis Carroll）的《爱丽丝漫游奇境》就是一个梦，或者至少是一则具有梦境氛围和象征意味的奇幻叙事。我们不必过分强调查尔斯·路特维奇·道奇森（Charles Lutwidge Dodgson，即刘易斯·卡罗尔的本名）与小姑娘爱丽丝·利德尔（Alice Liddelle，爱丽丝这个人物是在她的启发下被创造出来的）之间的关系，也不要过分强调卡罗尔对年幼女子的迷恋，在这个例子中，关于梦和艺术是冲动向一个恰当的、公众认可的文学目标的转化这一假设也成立……

这本书最初的书名《爱丽丝地宫游记》（*Alice's Adventures*

Under Ground）也将无意识比作一个地下的世界，那只白兔向好奇的爱丽丝指明了她的无意识之路。艾薇儿·拉维尼的歌曲《爱丽丝（地下）》是为蒂姆·波顿（Tim Burton）的电影创作的主题曲，歌曲展现了第一次漫游之后已归家数年的爱丽丝。歌曲呈现的漫游经历不是奇妙的而是幽暗神秘的，不是光辉灿烂的而是隐匿不彰的，奇境变成了一场噩梦。

前奏部分的环绕立体声电子合成音效造成了一种混音效果，使人联想到跌落洞中的情景（入睡或者快速眼动睡眠阶段）。接着，急促的镲片声响起，又突然被钢琴的和弦中断。和弦的低音表达了跌落造成的强烈突然的效果。同样的音符再次响起，紧接着是沉闷的打击乐声，就像在敲打地面，让人联想到爱丽丝撞击洞底的声音。

然后，贝斯和艾薇儿的歌声一同响起，贝斯增强了身处地洞深处的感觉，艾薇儿开始如临其境地讲述爱丽丝的跌落过程。她从一层来到了另一层——从地面，也就是那个清醒的、理性的、世俗的世界来到了梦幻的、神奇的、毫无逻辑的世界。这个过渡是由惊恐高音中突发的八度转换表达出来的。爱丽丝说她的下落线路呈螺旋形"盘旋"，即失去了方向。"我在地下／我跌落／嘿我跌落"。她对未知世界的恐惧，"我要疯了，我现在在哪？"她只有天翻地覆的感觉，"颠倒"，以及无可挽回、无法控制的梦中的运动，"我无法让它停下来／我停不下来"。这个过程戛然而止，突然的沉寂更增添了神秘感，不知道将要发生什么。一连串混合了"现在"和"我"的流畅感叹表达了人物内心经受的折磨。此处，就在歌声激昂时，一个变调导致了停顿，它带来一个桥段，其中的乐器组为两把节奏吉他所强化，分别是原声吉他和加饱和音效电吉他。这个变化表达了爱丽丝面对未知世界的动力、她的勇气和她的能力，她将凭借这份勇气和能力去经受这场突如其来的考验，在并不知道将会发生什么的情况下去面对她的无意识："我会渡过难关，我会活下来"。这里体现了一种灾难哲学：她梦想着世界和自身的毁灭，"当世界坍塌／当我跌落地面"。而后，是自我的分裂：她看到自己绕着灾难盘旋，"我旋转"。她完全投入到这场经历中："不要让我停下／我不会哭泣"。

副歌部分使这场旋转得以暂停片刻，镲片的声音形成反转效果，制造了时间上的错乱：开始变成结束，结束变成开始。所有乐器都停下来，只有钢琴在弹奏。歌声制造出回声效果，增添了这个未知之地的神秘。爱丽丝利用了"我在奇境找到了我自己"这句话的双重含义，她一方面意识到自己身处奇境，另一方面她在这奇境中发现了自己。动词"找到了"指明一个过去的动作：爱丽丝可能醒了，也可能是在回忆被抑制在无意识中的东西。回忆（anamnèse）一词由古希腊语 aná（意思是"在高处"）和 mnénè（意思是"记忆""回忆"）组成。这样一来，爱丽丝的自我分裂就很像一个真正的精神分析过程：主体的无意识被主体自己揭示出来，分析师的工作是鼓励患者说话，而不是产生话语。"我重新站起来"：她又站起来了，她的跌落显然不是头一次，而是频繁地做相同内容的梦。"我会坚持到底"这句话增强了在不稳定的环境中要坚持稳定、拒绝被表象欺骗，想要看到梦和无意识的意愿。诚然，知觉到的是否是真实的，这一点尚不确定，但是，在梦中，意识并不知道自己在做梦，因而做梦的习惯引发了如下问题："这是真的吗／这是不是戏？"这个问题表达了某种程度的清醒，尽管是部分的清醒，就如同我们在梦中自问是不是在做梦，并希望确实如此。但是任何理性在现实与想象、真实与虚构之间做出的绝对区分都是徒劳的，主体应当始终面对它自己的这种混淆状态。

对以上部分进行重复之后，结尾时又在吉他的反转回声中出现了对经典时间模式的又一次颠覆，堪比披头士乐队最梦幻的乐段，尤其是那句"我不过是在睡觉"。这句讲的就是睡眠，结尾时也通过录音对吉他声做了反转处理。

歌曲并没有沿用爱丽丝故事里的那些段落。也就是说，摇滚乐就像哲学一样，能用表达纯粹本质的概念来表述一种广泛的人类经验（在这里是梦境），并剔除其中的偶然因素。另一方面，这首歌的短片则是由图像组成的，展现出卡罗尔原著中那些众所周知的人物。

"梦是绝对自私的。"《梦的解析》的首要原则：出现在梦中的是做梦者本人。不论形式如何，他者是自我的投射，是"表面人物"。因而，我们可以说爱丽丝就是卡罗尔，被隐匿起来的身份认同恰恰流露出了这位数学老师对小姑娘们的喜爱。实际上，这产生了一个问题：爱丽丝不是自发地做梦，而是卡罗尔让她做梦。推而广之，如果说是无意识促使我们做梦，那么卡罗尔的幻想是要成为爱丽丝的无意识，在她身上发挥作用。这样就形成了连环套的结构，可以说是一个梦中梦，卡罗尔梦见了爱丽丝，爱丽丝梦见她自己。

此外，在歌曲和短片中，我们能够找到一些传统的、对于所有做梦者意义相同的象征符号，以此可以对梦进行解析。弗洛伊德指出了一种他称作"梦的图像手段"或者"梦的典型图像"的现象，长期的临床经验表明这一现象在大量患者身上都有，我们由此可以肯定爱丽丝故事包含强烈暗示性的梦境象征：

跌落——入睡，即一种下沉。我们几乎都有这样的体验：在入睡的那个时刻，感觉到一脚踩空并随后吓了一跳。常见的关于跌落的梦大致都是如此。弗洛伊德认为，对深渊的恐惧即是对入葬的恐惧、对死亡的恐惧，所以跌落对爱丽丝来说好像没有尽头。另一个梦中的符号，**飞翔**，是颠倒了的跌落。并且，跌落也隐含了回升。弗洛伊德认为，所有向上或者向下的运动都是对被压抑的性活动和未实现的性高潮的无意识再现。

森林、动物和植物——弗洛伊德认为，动物象征着做梦者的冲动、象征着他隐藏的野蛮，或者象征着做梦者害怕的人，做梦者觉得这些人身上有令自己害怕的动物性。而他们周围的环境，即森林，被设想为母亲（大自然母亲）的保护，可以保护纯洁的孩子不受任何性威胁。以此，卡罗尔的动物都是穿着衣服的、文明的、拟人化的。就像那只猫一样，动物们都会说话。除非是关于重归动物本质的人，在这种情况下，我们就会看到对儿童化退行状态（即对成人期的种种不利进行逃避的渴望）的展现。一切都是多义的、不明朗的。在艾薇儿和蒂姆·波顿的《爱丽丝》中，爱丽丝回到森林里，是为了寻找原因。卡罗尔故事里的人物在短片结尾处以化装过的状态出现，动物性的冲动掩藏在梦的形式中。最突出的动物象征符号无疑是那只白兔，它是爱丽丝的向导，为她开启了"通向无意识的大路"，它是精神分析师的象征。这只兔子总说自己迟到了，而我们并不知道它在什么事情上迟到。它被时间困扰着。这是强迫症和神经官能症的体现。而且，一次精神分析不就是分析师在整个过程中要计时的仪式吗？

君主和王后——"君主和王后通常代表做梦者的父母"。在《爱丽丝》中，王后（母亲）具有一种施虐式、阉割式的权威。这种情形类似于一个儿童屈从于控制欲很强的母亲，而父亲的力量却很微弱，母亲取代了本由父亲承担的角色。王后会以砍头的方式处决人，这象征着小女孩的阉割情结，即小女孩认为自己是一个失去了阴茎的男孩。

向口欲阶段的退行和对被吃掉的畏惧——这个想法来自德勒兹（Gilles Deleuze）"爱丽丝讲的是一个向口欲阶段退行的故事"[1]，被理解为吃和说的合成。在《爱丽丝》中，人们说的和吃的都多于正常。短片中展现了爱丽丝跟疯帽子喝下午茶的情景，疯帽子由约翰尼·德普（Johnny Depp）扮演，茶杯和茶点的量都太多了。孩子们担心将要发生的事情，比如被食人妖、狼或者其他什么东西吃掉，所以他们总在叽叽喳喳不停地说话。他人的贪吃引发了对吸收、咀嚼和对与他人融为一体的恐惧。但是只要爱丽丝用甜言蜜语稳住那条大狗，大狗就不会吃了她。最后，如果要总结整个作品的话，则必须承认这首歌

---

[1] 吉尔·德勒兹，《意义的逻辑》（*Logique du sens*），午夜出版社，1969年。

和这部短片包含了一个阴茎象征：运动如同阴茎，艾薇儿深入一座茂密的森林，并跌入洞中；形状也如同阴茎，比如那些竹子、树根、肥大的虫子和大蘑菇。但是，根据短片中和卡罗尔书中这些元素的出现，我们是否可以认为卡罗尔在为爱丽丝编写这个描绘她的虚构故事时，同时也把这些象征作为一次启蒙，甚至作为一次（转弯抹角，或至少也是过头的）引诱的演练一样强加给她呢？性真的是万物的尺度吗？关于精神分析最大的争论就在于此。

无论如何，从现在开始，当你关掉床头灯，对身边的人说"做个好梦"的时候，你会斟酌再三。

"梦的解析是通向潜意识的大道。"爱丽丝在这条充满暗示的路上获得了成功。

🎤 在她空洞的眼神和苦艾酒色的虹膜中 / 我读出了洋娃娃的邪恶 / 我想到了刘易斯·卡罗尔
——塞尔日·甘斯布（Serge Gainsbourg），《玛丽露变奏曲》（"Variations sur Marilou"），专辑《卷心菜头人》（L'homme à tête de chou），1976

拉康：俄狄浦斯与大他者

——大门乐队，《结局》

解除俄狄浦斯情结！

> 🎤 走西边的大路，亲爱的／骑上蛇骑上蛇／直到那座古老的湖泊，亲爱的／蛇长七英里／骑上它……它老迈，它冰凉 [1]

精神分析和理解无意识学说的另一个重要元素是"俄狄浦斯情结"，这个概念既耸人听闻又颇具魅力。耸人听闻的原因有二。首先在于它的内容：它借鉴了古希腊神话里德尔斐的神谕。德尔斐神庙的女祭司对俄狄浦斯说："你将杀父娶母。"弗洛伊德对此进行重新阐释：小男孩在无意识里想跟母亲发生性关系，因而父亲成了他的障碍和对手，必须除掉他。小女孩也一样，受到厄勒克特拉情结的掌控。其次在于它的形式：俄狄浦斯情结是普遍的，是心理决定论最贴切的表现，它如同一种命运，我们的冲动必然具有的命运。没有人能逃过。但是这个概念同时也颇具吸引力，原因也有两层：对精神分析强加给人类的这种性变态是有解释的，甚至可以说是道德的。解释层面如下：借用康拉德·劳伦兹（Konrad Lorenz）的动物行为学概

---

[1] 大门乐队（The Doors），《结局》（"The End"），专辑《大门》（*The Doors*），1967年。

念,即精神烙印。[1] 就像一只刚刚破壳而出的鹅,它看到的第一个生物,比如是一只成年的鹅(不一定是它母亲),这只成年的鹅给了它积极的刺激,比如保护或者喂食,一种情感关系就产生了,并被认为在某种意义上是永恒的。现在,设想小鹅首先看到的不是成年鹅,而是你正对着它友好地微笑并且温柔地说,"它太可爱了……",则情感关系同样会建立。这种情感的对象具有任意性。通常而言,也是出于必然,母亲(或者是父亲)是新生儿感知到的第一个对他充满感情的人。接下来就是男童/母亲、女童/父亲这个性别游戏发挥作用了。道德层面如下:这个情结被视为个体形成过程中的必要阶段,是对不可逾越的界限的体会,以及对禁忌的体会,没有这种禁忌,我们就不会知道什么被允许、什么不被允许。与母亲或者父亲发生性关系是不被允许的,但是要体会到这一点,必须先要有对此事的欲望。要压制冲动,必须先有冲动。道德得到了保全……我们遭受了挫折,但是几乎毫发无损地走出了这场考验。如果欲望再次控制我们,对被对手阉割的忧惧以及由此产生的情结迫使我们保持冷静。小女孩呢?她认为自己失去了阴茎,因而没有性别。这样,事情就解决了。这一切充满了亵渎的意味。

让我们再回到神话的一个重要因素,弄清"心理命运"这个概念:俄狄浦斯越想摆脱他的命运,则他的命运就越发地成为了现实。他不知道自己的生身父母(忒拜的国王和王后)是谁,在得知预言之后,他离开了自小收养他的养父母(科林斯

---

[1] 康拉德·劳伦兹,《行为的演变和修改》,1965年。

的国王和王后），但他不知道这是他的养父母，以为就此可以摆脱自己的双重罪恶。但他正是在逃亡途中犯下了罪行，因为争夺道路杀死了忒拜国王，在机智地回答了斯芬克斯的谜题之后，进入忒拜城，娶了忒拜国王的遗孀。从精神分析角度来说，整个过程都是无意识的。设想一天晚上，做了君主的俄狄浦斯躺在床上，看着他的王后——母亲伊俄卡斯忒，终于心生疑窦，并暗自思忖，心潮翻涌，手心汗湿："我贴近你的胸口，低声询问，你到底是谁？"拉康说过："本我在言说时，是在享受，它什么也不知道。"[1] 当我们看着一个可能正在做梦的人对他言说的时候，拉康的这个思想会产生什么结果呢？情结……正是这个词。对这位法国精神分析学家来说，一切都跟说出来的词语有关的方式："无意识与语言的结构相同。"[2] 只有语言可以揭示我们的无意识。

拉康认为："性关系并不存在。"[3] 性关系首先是一个目的、一种欲望，而这种欲望是由我们所见之物引发的，所以，它是一种想象。尤其当我们思考它的时候。存在一个中间步骤：我们看到一个我们对之心存欲念的人，于是我们就靠近并触摸他。我不是真的触摸他，不是直接的，因为接触是由我对他的想象引导的。我们只是在跟表象、跟意念的投射做爱。欢迎来到性的洞穴。那么，孩子看到了谁？他的欲望由谁的形象滋

---

[1] 雅克·拉康，《再来一次——第二十期研讨班》(*Encore—Le Séminaire livre XX*)，瑟伊出版社，1999 年。
[2] 雅克·拉康，《文集》(*Écrits*)，第一卷、第二卷，瑟伊出版社，1999 年。
[3] 雅克·拉康，《晕》("L'Étourdit")，《即是》(*Scilicet*) 1973 年第 4 期。

养?母亲,因为身体的接触(哺乳、温情等等)已经存在。既然我的性倾向是母亲或父亲的形象向我自认为的选择对象迁移的结果,那么,我就不是真的和他或她发生性关系。不是。那么是跟谁?谁也不是。因为拉康告诉我们性关系不存在!最高的语言想象,或者说拉康认为语言能指的核心词语是"菲勒斯"(phallus),也就是巴雄(Alain Bashung)所说的"夫人梦想"之物,至少是象征意义上的。在性关系中,女性假装成为"菲勒斯"(象征性的女性伪装),男性假装拥有"菲勒斯"(想象出的男性化表现)。或许这一思想的极端呈现是色情描绘,即某些人认为抓住了性的规则,因而全力创造的纯粹画面。这样一来也就证明了拉康的说法。弗洛伊德认为性是万物的尺度,而拉康认为刺激是一切性的尺度。拉康甚至说女性不存在。拉康的逻辑如下:"菲勒斯"即是一切,但女人没有。"菲勒斯"不是父亲的阴茎,它就是父亲,是男性。俄狄浦斯和厄勒克特拉使得它不可接近。拉康在"L 图式"[1]中称之为"大他者",或者 A。大他者即是那个我们不能与之建立关系者。而且,我们想要的也不是和它建立关系,而是菲勒斯本身。这个图示的作用之一是解释了俄狄浦斯情结的结构,这个图示是什么意思呢?"主体的构成总是具有一个四角结构。"主体"Es"或"S"是个体,是弗洛伊德的"本我",是冲动及其不可避免的挫折,是面对现实而发展出来的神经官能症,即俄狄浦斯情结和难题,从普遍形式的角度看到的幼年创伤。它只存在于

---

[1] 雅克·拉康,《康德对萨德》("Kant contre Sade"),选自《文集》。

"难以描述且愚蠢的存在"中，不知不觉地陷入了语言的圈套，无法接近大他者，也无法从中摆脱出来。大他者是"菲勒斯"。解释再清楚不过了。S/A 的关系是无意识的。小"a"，即自我，是伪装过的主体，是主体自以为的形象，是他想要成为的理想状态，是一个精神上的叠加产物。"a′"小他者，也是同样的道理。它属于化身，是 A 的复制品，"a"相对于可怜的 S 来说是一个夸张，"a′"相对于大他者来说是一种曲言法。迁移在"a′"身上实现，A 被迁移到它身上。折中迁移是被"a"实现的——如果我把大他者迁移到他者身上，则我必须达到他者的高度。"a"与"a′"的关系是幻想出来的，且建立在"a"与"a′"的想象关系上。所以，性关系也是想象出来的。"没有性关系。"论证完毕。

摇滚、说唱、金属乐或香颂演绎俄狄浦斯主题的时候，通常会指出这当中有肮脏的东西，指出这是我们想要洗去、清除的污渍。谁人乐队在《代替》("Substitute")中这样唱道："代替我母亲／至少有人给我洗衣服"。埃米纳姆（Eminem）唱道："对不起，妈妈……／衣橱空了，是我弄的"。皮提亚（Pythia）在《俄狄浦斯》("Œdipus")中唱道："让时间倒流，让水／再把你洗净／你的父亲爱你"。或者蕾吉娜·史派克特（Regina Spektor）在同名作品中唱道："我妈妈是个疯狂的王后／但是根本不喜欢性／她喜欢保持身体干净、干净"。只有大门乐队在《结局》中似乎进入了弑父和乱伦的游戏，这段音乐尤以极端闻名：

> 父亲……（怎么了，儿子？）我要宰了你
> 母亲……我想……哇啊啊啊啊！！！……

只有在少数几次对该唱段的演绎中，女歌手唱的是"I want to f*** you"，而不是模糊的喊叫声。

我们知道，吉姆·莫里森（Jim Morrison）读过弗洛伊德，并对内在经验感兴趣。《结局》是他的一次无意识探秘。

大门乐队的这位主唱曾明确指出：

> 我每次听到这首歌，觉得意思都不同。这首歌的开头像有关告别的歌，很可能是跟一个女孩告别，但是，我也看出它完全可以是跟童年告别。我真的不知道它究竟表达的是什么。我觉得它描述的景象复杂而普遍，可以是你想到的任何东西。

"复杂而普遍"，这个说法很恰当。乐队的制作人表达的意思与之一致，他说这首歌是一场内心之旅，杀死父亲通常意味着摧毁权威和等级制度，与母亲的性关系意味着抓住那些丰盈的、膨胀的东西。乐队键盘手雷·曼札克（Ray Manzarek）认为这首歌是对古希腊戏剧——索福克勒斯的《俄狄浦斯王》——的重塑。这里所谈的"结局"是为了绝对的自由而牺牲童年，为所欲为，包括杀父娶母。矛盾的是，这种自由却建立在既定的心理解构基础上……

这首歌的录音室版时长 11 分 42 秒，几乎复现了俄狄浦斯

生命的各个阶段。让我们一起走走这条从科林斯到忒拜的路。

乐曲开始时是吉他手罗比·克雷格（Robbie Krieger）的一段器乐演奏，其中夹杂着吉他琴颈尽头发出的一些外围音和轻盈的镲片声，让人联想到向未知之境的过渡，如同一场冒险的开始，一个出发点。踩镲发出几个切分音，贝斯重复着起伏的旋律。铃鼓先是发出清脆的丁零声，继而是有规律的敲击声。仿佛在干旱地区行走。

第一部分："这是结局"像坏消息一样突然出现，这句话所传达的信息与它在歌曲中所处位置的矛盾令人吃惊。结局是一段时间、一个空间的结束，但"结局"却出现在了歌曲的开头。俄狄浦斯告别了一位亲爱的朋友——"佳人"——或者说一位女性朋友，因为接下来他称之为"宝贝"。他想摆脱他的命运，在这一渴望的迫使下，他也必须承受另一个不得不承受的诅咒，即离开他者。这里是他们的未来，却被无情的命运打破。"结束"和表示强调的镲片声反复出现在歌词的句末，以打断一首充满幻灭意味的歌曲对一些项目的枚举（伴以雷·曼扎克的风琴声）——"我们精心的计划，结束""一切坚挺的东西，结束""没有安宁没有惊讶，结束"。友谊的破裂——"我唯一的朋友，结束"，及其可怕的后果——"我再也不能注视你的双眼……再也不"。

第二部分：接着，在想象中，朋友与旅行联系在了一起，自由的旅行，"你能想象是什么样子吗／无拘无束"。音乐变得更加拖沓，旅行真的开始了。在表达遗憾之情的准备阶段后，打击乐器开启了无意识的运动，节奏镲的切分音制造出碎片飞舞的感觉，低音嗵鼓制造出坚定和沉重感，边击制造出规律性。他不知道去哪，但是他必须去，这是对一份矛盾重重的自由的肯定，因为对于那只帮助他摆脱命运掌控的手，他一无所知："无望地需要一只陌生的手"。他只知道一件事：去一个绝望的地方，一个空荡荡的、干燥的地方。

第三部分：一阵慌乱的乐器桥段，鼓声和镲片声过后，吉他先弹出一个挂留和弦，继而是不协和的、扭曲的、神秘的旋律。然后疲惫地回到近живает点："迷失在罗马的荒漠……痛楚的荒漠"。荒漠的居民可以说都是"俄狄浦斯人"。他们的冲动有着注定的命运，他们的需要被诅咒纠缠，他们已经因此而疯狂（"所有的孩子都疯了"）。他们等待降雨，也等着母亲、丰饶来将他们浸润（"等待夏天的雨"）。尽管这片荒漠与古希腊不同，但是依然把我们带入了古代："古老的湖"和后面出现的"古老的走廊"。此外，渡过科林斯海湾之后，自东向西从科林斯通往忒拜城的路（"西边的大路"）营造出尘埃滚滚、行路艰辛的氛围。来到一座丘陵的高处，一片新的风光展现出来。可以感觉到是一座城池，但却有险境："城边有危险"。是忒拜城吗？"走君主的大道，宝贝"。好了，我们到了。到哪里了？到了梦幻谵妄、精神分析象征和语义迁移的世界，拉康喜欢的世界。"君主的大道"又可以翻译成"蜥蜴王的大路"，因为吉姆·莫里森自称为"蜥蜴王"。总之，君主、蜥蜴王、大路都是男性性器官的象征。总之，都是要骑上它、驾驭它、把它归为己有，而后识破地下迷宫的秘密："金矿里的奇景"。风琴声起伏，交织在说出的词语中，如同一缕青烟缠绕在一个不可见的长方体周围。接着，蜥蜴变形、长大，成了一条蛇，变成了生殖器："骑着蛇骑上蛇"。莫里森用单调、飘忽的声音重复着。一头七英里长的巨兽。它一直走到一座湖边，湖是女性丰沛的体液，是她在最初近乎沉默的呻吟中体验到并无法控制的快感。"骑上它……它老迈，它冰凉"，蛇老了，盛年已过。醒醒，冲上去！取代它！在君主的大路上，跟它相逢，你不想放过它，它也不想放过你。那么就杀了它！去吧！吉姆·莫里森对萨满教感兴趣，萨满教有一种神秘的习俗，用树藤炮制出一种混合物服用下去，便能让人产生幻觉，由此，一条蛇出现在了幻觉中，这条蛇是我们身上那个魔鬼的化身，必须杀死。这个魔鬼是菲勒斯的象征，即大他者，是母亲身边或者更确切地说是母亲身上那个必须被消灭、必须被取而代之的父亲。在弗朗西斯·福特·科波拉（Francis Ford Coppola）执导的电影《现代启示录》（*Apocalyse Now*）中，插曲《结局》响起时，加入了直升机的声音，这是对这一主题的又一次阐发。《现代启示录》讲了这样一个故事：越战期间，根据美方秘密机构的命令，维拉德上尉要去寻找并杀死可怕的科茨上校。但是，在一场通往幽暗内心的漫长旅程之后，维拉德的心理发生了转变——杀死科茨也意味着杀死自己心魔的化身，杀死象征性的父亲。一个模范军士如何变成了嗜血魔鬼？或者，更一般性地说：我崇拜并认作是自己化身的这个父亲、这个权威怎么同时也是我的敌人、我的对手？回西方去吧，那里是"最好"的地方。"来这吧，剩下的交给我们"：俄狄浦斯，去忒拜城吧，一到那里，命运就会带着你走上你的悲剧。坐上那辆"蓝色的公交车",什么也别说,任它带你走。公交车为什么是蓝色的?什么也别说,任它带你走。"司机,你带我们去哪?"

第四部分:乐器继续演奏,但歌唱变成了独白(spoken word),一种摇滚宣叙调,用拉康的两个概念来说,就好像从"空的话语"(parole vide)变成了"满的话语"(parole pleine)[1]。空的话语,即这里的歌声,是自我对他者说的话,使用的语言是比喻性的,其中包含隐喻、语义转移的手法,在想象的关系线路上传达谎言,粗鲁被提升为一种美学的、艺术性的精雅。满的话语,以生硬的、直接的方式传达意义,没有蛇或者湖,没有大路,没有金矿……只有"父亲,我想"和"母亲,我想",甚至是主体无意识的表达,表达对大他者的冲动。时间、地点、人物身份似乎都残缺不全,我们只是在黑夜尽头的走廊里发现了一个凶手。他在走廊里闲逛时,发生了几件事,他先是到姐姐的房间去看了姐姐,然后看了哥哥,我们不知道这些事件的细节,因为每一件都没有任何描述,而是马上被"接着他"打断,转入下一件事,就好像话语在自我限制。我们只知道这是家庭中的另外两个对手。他穿过长长的走廊,然后,悬念揭晓……他打破了最大的禁忌,打开了父母卧室的门——"他沿着走廊……来到一扇门前……他朝里看"。接下来的事情我们知道,人声和乐器都达到最大音量,表达了最疯狂的扭曲:恐惧。

第五部分:独白部分结束,歌唱重新开始,尽管是单调的

---

[1] 雅克·拉康,《语言的作用与场域》("Fonction et champ de la parole"),选自《文集》。

歌唱声。父母的作用在于提醒那个绝对禁忌的存在，父亲重复着说，"来呀，孩子，试试看"，这既是挑衅也是一个非法的邀请，还有一句是，"到蓝色公交车后部来找我"，来进行一场所谓的"舞蹈"，也即一场战斗："来吧"。

第六部分：节奏很快，打击乐的敲击声快得像飞奔的马，吉他弦上弹出的闷音配合着这飞快的节奏。节奏逐渐加快，如同逐渐加速的心跳。莫里森的歌声以不平稳的气息唱出，节奏变得疯狂，好像快感的增强。再也没有了旋律，只有越来越强的混乱的声响，就像是即兴演奏出来的一样，这种方式被称为实验摇滚。就在这段合奏达到高潮时，人声变得低沉甚至冷漠，这一次，唱词有了明确的意义并且是开放性的，重复着"杀……杀……杀……杀……杀……"，并伴有镲片和嗵鼓疯狂的声响。后来，这场狂热的宣泄在吉他的拉尔森效应中减弱并平静下来。接着是一个强音，死前的最后一次颤栗，弥留前的最后一声叹息，最后一次生的努力，然后曲终。

第七部分也即最后一个部分：重归开始时的情形，重归歌唱和乐声，回到在前一个阶段消失了的三和弦，和弦的再次出现如同一次新的呼吸。最后，我所去处，你莫跟随。"笑声和温柔的谎言结束／我们想死的夜晚结束"。是什么的结束？纯洁状态的结束和青春年华的结束。恐惧的开始。如科茨对维拉德所言："你知道吗，生活是做梦人的噩梦。"弑父（或弑母）其实就是这场噩梦的开端。

🎤 柠檬的乱伦 / 乱伦柠檬 / 我爱你爱你，我爱你胜过一切 / 爸爸爸

——甘斯布（Gainsbourg），《柠檬乱伦》（"Lemon Incest"），专辑《合拍的爱》（*Love on the beat*），1986

他者

黑格尔：自我意识的殊死搏斗
——埃米纳姆 VS 医生爸爸，《决战》

在他者中肯定自我……

> 🎤 我自豪地说，我是个不可救药的废物 / 这场决斗我不想赢，我根本不在乎，谁也打不着我 / 关于我的事，这些人还不知道，告诉他们[1]

与他者合二为一只是相爱之人的事。除此之外，我们不喜欢这样。我们也不喜欢别人与我们相像。有人与自己酷似或有一个自己的克隆人，这样的设想令我们不安，让我们发憷，并产生自我迷失感。身份问题遭到了动摇：如果我会和另一个人发生混淆，那么我是谁？存在，即是在特殊性和差异中存在。存在，即是被视作一个独一无二的人。只是，我若能这样存在，必须由他者作为必要条件：那么由谁来承认我的独一无二呢？不是他者又能是谁？承认自己的价值是一种自我赞扬，是独自站在卧室的镜子前。自恋，就是这样没有距离地面对自己。此外，承认并不是通过要求就能得到的："你承认我是一

---

1 埃米纳姆（Eminem），《决战》（"Final Battle"），节选自电影《八英里》（8 Mile）。

个有价值的人吗？"如果当我要求他人承认的时候，他人也要求我的承认，那又会怎样？"我承认你，作为交换，你也承认我"，这类解决办法过于简单也过于虚假。不是这样的。要获得承认，人要经历悲剧、冒险、战斗。血会流，必须接受这一点。如果承认意味着获取某项利益或者名义，并且两人当中只有一人能够获得这项利益或者名义，那会发生什么？赢得一场比赛、取得一次职业晋升、赢得一次政治选举：这些行动促成了对自己的承认。有人为此不惜一切代价，包括使用非道德的或违法的手段压倒对手。有人选择光明正大的斗争，宁可光荣地失败也不要耻辱地获胜。但如果代价是死亡呢？

为了他人承认我的价值，我准备走多远？

黑格尔关于这个问题的论述通常被称作"主奴辩证关系"，这是哲学思想的一座丰碑，它的思想力量在于它具有将所有关于重要概念的深层追问都囊括在一个严密体系中的能力，这些概念包括意识、他者、欲望、生命、死亡、自由、工作、科学……主奴关系在黑格尔的分析中是意识的一个阶段，黑格尔并不把意识视作一种僵化了的能力，而是将其视作正在形成中的现实，一种辩证法，其生命经历了各种不同的发展阶段。这位德国哲学家的辩证法大致可以这样表述：1）正题，2）反题，3）合题。或者1）肯定，2）肯定之否定，3）否定之否定。这是一种冲突和超越的哲学，1）与2）之间存在冲突，3）是对冲突的超越。例如：1）存在；2）存在的反题，虚无；3）发展，是存在和虚无的合题，因为它包含了每个阶段的现实以及曾经和将来的现实。再例如：1）我承认世界是一；

2）你承认世界是多；3）我、你、我们，或者一个第三者承认世界是多样的一。最后一个例子：1）我攻击，2）你防御，3）我反击。因而，辩证法在这里构成了一种思维方式，也构成了现实的运动："存在的即是合理的，合理的即是存在的。"[1] 黑格尔如是说。在思想论争中，冲突是理论的、修辞的、意识形态的（也就是说是合乎理性的），同时也是现实的、物质的，在论争双方的情感、身体、社会形象方面都是一场产生了具体影响的斗争。就像任何力量的对比一样。作为动物，就是要准备好自卫。作为人，就是要准备好斗争。

《精神现象学》著名的 B IV 导言和 B IV A 部分要告诉我们的是什么？就是如下这些辩证发展的阶段：

自我意识——意识先是以对非自我的事物的知觉和感性确定性的方式出现。黑格尔在这里将这种非自我的事物称作"这"，在此时此地可见，但是没有反思，也就是说没有运动，没有意识向自我的回归。"由于自我意识，我们进入了真理的故乡。"我对于我自己来说就是我自己的确定性。他者，黑格尔称作"对象—他者"在这里被取消了。意识是"自在的"，意思是说意识是潜在的精神，尚未揭示出来的精神，这样的意识是意识到了自己的意识，但并没有朝向或由他者导致的移动。意识是"我就是我"[2]。"对象—他者"被否定了，也就是说被设定为否定、独立于我并因此是被我所欲求的。"自为"指的是意识的完成，即意识通过对他者进行思维而不仅仅是对他

---

[1] 黑格尔,《法哲学原理》,"序言",1820 年。
[2] 德语是 "Ich bin Ich"，字面意思为"我是我"。

者进行感知的时候，意识就是精神。也就是说当意识是对他者的意识和在他者身上认出自己的时候，意识就是精神。

生命——独立于自我，它的运动是自发的，因而对象—他者是有生命者的一部分。意识成为了对生活的意识，也就是说是一个循环，是一切事物经历的普遍过程，我是这个过程的一部分，对象—他者也是这个过程的一部分。

欲求——"因此，自我意识对自己之确信，只能通过压制那个在它面前呈现为独立生活的他者；自我意识即欲求。"对承认的欲求已经暗含在其中了，他者作为另一个自我意识出现。另一个自我意识不是由我制造出来且我能在其中认出自己的那样一种假象，它的价值来自它的自由，来自它能够将我承认为一种"自我意识"。我欲求它，是把它看作能够意识到我的特殊性的一种积极的、活生生的方式："自我意识只有在另一个自我意识中才能得到满足。"

双重的自我意识——这是自我意识与其差异统一的时刻，面对面地，在场地统一。意识"只有被承认的时候才存在"。它想要承认什么？它的自由。对他者的欲望，即想把它作为被承认的意识而消灭掉，因为我想要它成为对我进行承认的意识。但是，因为我和它相同，所以我也准备好要消灭我自己，以向它显示出我有多么自由。关系建立在相互性之上：我欲求于它的正是它欲求于我的，都是承认。"每个意识都看到对方在做和它自己同样的事；每个意识本身都在做它想要对方做的事；每个意识做它做的事只是因为对方也在做这样的事。""力量的游戏"便不可避免了。

对立的自我意识间的斗争——如果说自我意识认为自己是绝对的和自由的,那么它在对方看来只是活生生的事物而已。如果想要他者承认自己有绝对的、纯粹的自由,则必须向它表明我不依赖任何事物,我可以脱离一切事物而存在,尤其是脱离生活中最重要的事物,即生命本身,生命本身已经承认了我,但我却可以从中脱离出来。我必须冒着生命危险去向他者证明这一点,以生命来冒险做一场殊死决斗。他者也会这样做。"它们以生死决斗的方式向对方证明自己。""同样,每个个体当它以自己的生命来冒险的时候,也是在促成他者的死亡。"但是一个断裂出现了:"在这个经验中,自我意识知道了生命对它来说与纯粹的自我意识一样重要。"所以,自由有一个条件:生命。尸体的自由是什么?对尸体的承认是什么?在这里,杀人可以说是象征性的、心理的、社会的,是建立一种不平等关系。因而,其中的一个意识应该放弃搏斗,把自由交到胜利者手中,以此来换取自己的生命。它变成了物,奴隶;奴隶的状态即是"物性"。

主奴关系——最后的时刻本身就是辩证的,按照三个阶段发展:控制、恐惧和种植。控制是这样一种情形,在这种情形中,"主人被另一个意识承认的欲求实现了"。控制同样也是主奴关系,奴隶用劳动改变自然,主人享受这个劳动的成果。主人吃掉(毁灭)并不是由他种植得来的果实。因而,奴隶有主人不曾经历过的两种经验:恐惧的经验和种植的经验(劳动)。恐惧是对死亡的恐惧。"在这种忧惧中,奴隶意识在内心消解了,在自我的内心深处颤抖,一切固定的东西在恐惧中都动摇了。"恐惧保障了生命，而生命是自由的首要条件。最后是种植，或者培训，是奴隶为主人进行的活动，主人依赖这一活动，黑格尔研究专家让·伊波利特（Jean Hyppolite）认为通过这个过程，"主人变成了奴隶的奴隶，奴隶变成了主人的主人"。奴隶的劳动对欲望构成了一种约束和限制，从而培养了奴隶，确立了他的精神独立并实现了他的自由。

现象学的关注点在于，通过抽象和普遍性将原本属于个人的、有时无法交流的人类经验推而广之。黑格尔的语言确实比较复杂，但是，一旦弄懂，就能明白与他者关系的本质。关于自我意识之间殊死搏斗的那句话，在广义的摇滚乐领域，或者确切地说在说唱领域，对应于那种两位歌手的较量（battle）方式，两人的冲突都是心理和社会戕害的象征，麦克风就像一把手枪，而歌词就是子弹。电影《八英里》中有一定数量的说唱，由埃米纳姆饰演吉米·史密斯（Jimmy "B-Rabbit" Smith）。用戏仿黑格尔的话来说，我们发现与手握话筒的他面对面，就好像主体通过自己在自己身上为了自己而对自己有所把握、对自我意识有所把握。"说唱乐"的自我意识通常是以第一人称叙述直接谈论自己。黑格尔指出，"我就是我"。我谈论自己，自我谈论自我，就像影片中的那个激烈时刻，吉米·史密斯在最后的说唱决赛中赢了医生爸爸（Papa Doc），从自由世界那伙人手中夺走了冠军。在最后一轮冲突之前，吉米·史密斯与里克蒂·斯布利特（Lickety Split）和洛托（Lotto）对战。洛托的强项和惊人之处首先是他低沉的嗓音，但吉米·史密斯在对他的回应中对他的唱段进行了戏仿。他还有一个强项是胸肌，但被吉米·史密斯几乎不加掩饰地比作硅胶胸垫。这些冒险手段助长了竞争的必然性，展现了其价值。波澜不惊地取胜无甚光彩。你获得的承认与你所冒的危险成正比。洛托知道这一点，尽管他是以讽刺的手法说出来的（"我要按洛托的风格做，你胡扯／这让我觉得你根本不在乎死活"），他承认对手的价值和自由，就像吉米·史密斯证明了他对生命不在乎一样。双方都在抵制对方，不是用物质机械地抵制，而是依靠意志去抵制。每一束目光都显示出意志的坚决，绝不让步，告诉对方自己不怕并准备好了投入不可避免的战斗。他们也在试图让对方放弃（"我很喜欢这场秀，现在你会看到我进入战斗模式／但是，如果你想走，那就走吧"），用威吓对方的口气让对方"叫我主人"，这同时也是在预告自己的胜利。

在最后的决斗中，吉米·史密斯要对抗的是医生爸爸，这家伙在对手团里最不可小觑，还与海地的专制君主[1]同名。但只有吉米·史密斯一人说唱，即他就是自我意识，不仅仅是活生生的、准备战斗的自我意识，而且也是被承认为绝对的自我意识，即否定他者直至将他者毁灭的那个胜利者。吉米·史密斯的说唱由辩证的三个阶段组成：1）正题，2）反题，3）合题，或者说是1）肯定，2）否定，3）否定之否定。

主题——吉米·史密斯从肯定开始，他和他的"3，1，3乐队"（"现在，'3，1，3'的所有人／举起手跟我走"）的所

---

[1] 这里指的是海地前总统弗朗索瓦·杜瓦利埃（François Duvalier），他的绰号是 Papa Doc。——译注

有人举起手臂，跟着节奏挥动。这个对自我的肯定同时也是对他者的否定。医生爸爸无动于衷。他这样做其实错了，因为他因此就把自己排除在活的自我的普遍性之外："这时节，他僵立在那里，那家伙没有举手"。"他"代替了"你"，并且用"这"来指称他，把他当作一个事物，孤立的事物，无运动的事物。接下来对方团队被完全否定：所谓"自由世界"只是故弄玄虚，是一派谎言，吉米·史密斯将在第三阶段表明这一点。他否定了医生爸爸的所有说唱，否定了他在说唱界的地位，否定了他的"麦克风操控大师"的荣耀。"1 2 3 and to the 4/1 Pac 2 Pac 3 Pac 4/4 Pac 3 Pac 2 Pac 1/You're Pac he's Pac you're Pac/None"。这段说唱可以有如下解释：派克（Pac），也叫图派克，（Tupac、2Pac）是1994年被杀害的一个说唱乐手，他代表死去的说唱乐手。吉米·史密斯先是数数，接着把每个数字与一个"派克"（Pac）联系起来，同时用手轮流指着"自由世界"的四位成员，意思是说："一个死去的说唱乐手，两个死去的说唱乐手……"接着，他开始倒数，从4数到0，数到无。最后，他直勾勾地盯着医生爸爸，用"无人"（none）这个词和抹脖子的动作消灭了他，因为医生爸爸撒了谎。

反题——第二部分本该轮到医生爸爸说唱，但我们看到的却是吉米·史密斯代替了他，把他的权利窃为己有。在说唱对唱中谈论他者，用黑格尔的话来说，谈的是"感性确定性"，也就是谈他不想让别人谈及的外貌、情感或社会特征、他对一些现象的依赖、他无法摆脱的现状、他无法自拔的过往经历、他特异的性格等等。

我知道他会怎么说我

我是白人,可怜虫,完蛋了

我和我妈一起住在房车里

我儿子的未来是汤姆叔叔

我曾经有个傻瓜朋友,人们叫他切达·鲍勃

他用枪把一颗子弹打进自己腿中

你们一伙六个笨蛋打了我

温克干了我的女人

吉米·史密斯颠倒了正常的程序,自己承认了蒙羞垢耻的缘由。他不仅在策略上、在哲学上对反对意见做出回应,并且,从道德上说,他成了一个诚实、正直、毫无隐瞒的人。尽管蒙受了屈辱、尽管有缺点和错误,他仍然勇敢地站在那个暴烈的医生爸爸面前:"我一直站在这,我高喊'妈的自由世界'"。"别想评判我伙计/你不知道我经历了多少苦难"是一句转折,从此之后处境更差……

合题——吉米·史密斯说他要揭开一个谜……"这家伙是个恶棍?"他要说的不是这个,他的反击如下:实际上,他姓克莱伦斯,有体面的家庭出身,他和父母住在一起,他在一家很好的私立学校受教育,他总是为成绩单害怕得要死。不知羞耻!他每揭示出一点,都迎来观众对医生爸爸的一片倒彩。吉米·史密斯继续揭穿谎言,并越来越赢得观众的支持:"蹩脚的骗子!"他疯狂地唱道,让人想到暴徒二人组(Mobb Deep)的说唱《颤抖》("Shook Ones II"),而 DJ 正是借用了这首说唱乐的节拍。吉米·史密斯被接纳，而医生爸爸不被接纳。但是吉米·史密斯不想依赖任何事物、不想依赖任何人——"去他妈的""去他妈的决斗""我并不想赢，但你打不着我"。他不在乎，所以无所挂碍。

吉米·史密斯的一段说唱使得对方无言以对。"关于我，跟他们说点他们不知道的"，他把麦克风扔给医生爸爸，该他唱了。音乐响起，单调且不断重复，就像它应该的那样。只有一个单词："骗子！骗子！骗子！骗子！"医生爸爸什么也没说。他僵在那里，一动不动。他不再是一个有意识的人，他变成了物。物不会说话。他无言以对，因为该说的都被说了，因为他的思想干涸了、空了。即便他还能补充几句，也无济于事，因为无论他说什么，都会被看作谎言。他的精神无法超越他的恐惧，他完全被他的情感控制了。他不自由。社死以后，医生爸爸放弃战斗，退隐江湖了。

🎤 避开吧，避开，没别的 / 没人喜欢失败 / 让他们瞧瞧你的战斗多么伟大 / 谁对谁错都没关系 / 就避开，避开
——迈克尔·杰克逊（Michael Jackson），《避开吧》（"Beat it"），专辑《战栗》（*Thriller*），1982

欲望

与伊壁鸠鲁一起控制欲望

——布鲁斯·斯普林斯汀,《我如火中烧》

抑制欲望之火而灰烬不熄

> 我半夜醒来被单尽湿 / 一辆货车经过 / 穿过我的头颅 / 只有你能平息我的欲望[1]

除了要求他者承认自己这一欲望之外,欲望尤其是一种朝向他者的倾向,这个他者可以是有生命者也可以是物,可以是我们知觉到的也可以是想象的,是我们缺乏且以获取它为满足者。欲望中包含着一对矛盾:满足的投射与缺乏之感同时出现。希望与失望不可分离。所以,如果我们对某事物没有欲望,则我们不缺乏该事物。

哲学上有这样一句经典的说法:人只对自己缺乏的事物有欲望。当欲望的主体与被欲求的客体之间有距离、被欲求的事物尚未被获取时,这种说法是对的。然而,对于已拥有的事物,人仍然可以继续欲求。首先,对所欲求事物的拥有并不会消灭欲望,即不会消灭缺乏。再者,人要保有该事物。如果我

---

[1] 布鲁斯·斯普林斯汀(Bruce Springsteen),《我如火中烧》("I'm on Fire"),专辑《生于美国》(*Born in the USA*),1984年。

没有吉他，但想要一把，那么我就缺乏那把吉他。我买了它。但是拥有它既没有让弹奏吉他的欲望消失，也没有让保有它的欲望消失，简言之就是没有让对吉他的欲望消失。

如果欲望就是缺乏，也即痛苦，那么还会有欲望吗？诚然，某些欲望的满足对于生命或者对于我们的幸福是不可避免的。但是，我们也确实感觉到有些欲望是可有可无的，其中有些把我们带向那些空幻之物，例如那些我们一旦上前便会消失的水幕、一旦触碰便会碎裂的古董花瓶。

那么，我们是否应该满足自己的欲望呢？

我们应当区分欲望和需要。需要是生物性的、动物性的，我们在自然的驱使下去满足这些需要，以免死去。但是，当我们说"我需要你跟我一起去买东西"或者"我需要这本书"的时候是什么意思呢？是想说如果没有你的帮助或者没有这本书我就会死去吗？当然不是。一切需要都是生物性的，但并不一定是自然形成的。我们可以称之为"第二需要"。此外，有些欲望并不是关乎生死的需要，而是赋予了我们的存在以意义，比如爱的欲望。还有一些欲望是愿望，是自我肯定的表达，例如占据某个职位或者登上某个峰巅。我们并不准备放弃这些欲望。

"花园哲学家"[1]伊壁鸠鲁在《致美诺西斯的信》中提出了一种欲求理论：

1　伊壁鸠鲁于公元前 306 年在雅典创建了花园学派。

也要注意到某些欲望是自然的，有些则毫无意义，有些自然欲望是必需的，有些则只是出于自然而已。在那些必需的欲望中，有些是幸福必需的，有些是身体的持久安宁必需的，有些是生命本身必需的。

因而，存在三类欲望：自然且必需的欲望、自然但非必需的欲望、非自然且非必需的欲望。

第一类欲望与需要相同，是自然施加于人的，必须满足它们，生命才能继续，例如我们不能摆脱渴与饥。从哲学上来说，必然性是某一存在、状态或事物的不能不存在这一属性：如果我不想死，我不能不喝水。这些欲望的满足对什么而言是必需的？目的有三：幸福、身体的安宁、生命。伊壁鸠鲁认为幸福与快乐是一致的，或者以做减法的方式来说，幸福是痛苦的缺失。这是一种快乐主义（hédonisme）哲学：幸福与快乐没有分别（希腊语都是 hédonè）。通达幸福的途径是哲学，哲学给我们有关幸福的建议，就像伊壁鸠鲁给他的这位学生美诺西斯的建议一样。身体的安宁指的是健康、卫生、照料，也就是生存。

第二类欲望与第一类一样，也是由自然施加于人的，但第二类欲望并不一定要被满足，或者说并不一定要像我们有时满足它们时那样做，即以过分的、冲动的或者奢侈的方式。吃喝满足饥渴是自然的，但是，喝得太多或者饱饮那些复杂合成的饮料，吃得太多或者吃过分考究的、太甜的、太油腻的菜肴就不是必需的，尽管这样的菜肴令人馋涎欲滴。

最后，第三类欲望并不是自然施加的，也并非一定要满足它们才能生活。它们被称作无意义的，因为要满足这类欲望注定会失败。这类欲望会迅速膨胀，不可能填饱它们，人越想满足这类欲望则缺乏就会越严重。这类欲望就像达那伊得斯姐妹的水桶，底是漏的，但她们要不停地往里装水把它装满。[1]对奢侈、财富或者荣耀的欲望只会带来焦虑和痛苦。

就我们提出的问题，即是否要满足所有的欲望，伊壁鸠鲁给出了明确的答案，认为应当摒除第二和第三类欲望。

> 我们说快乐是主要目标，不是指花天酒地之人的快乐，也不是以享乐为最终归宿，有些人出于无知、偏见或由于误传所致就是这么认为的。我指的是身体无病痛、灵魂无搅扰。因为纵酒狂欢、盛宴不散、男女美色、珍肴美馔都不是幸福生活的来源。快乐是一种节制的、清晰的理性，它探究我们所作的一切选择背后的根据，它驱散给灵魂带来困扰的信念。

但是伊壁鸠鲁的回答并不仅仅是理论上的，它还具备实际意义，是一种生活哲学。思考，尤其是对欲望的分类，应当促成决定和行动：问我欲望的本质，我应当描述它，并根据它的类型来满足它、改变它或者打消它。这种欲望观念是由不动心、自给自足和审慎的原则决定的。不动心（ataraxie）一词由否定前缀 a- 和表示混乱、躁动的 taraxis 组成，不动心指

---

1 柏拉图，《高尔吉亚篇》，493a—c，公元前 4 世纪。

的是心灵的宁静，没有任何烦恼，不会受困于"别人会喜欢我吗？"或者"我还能赚到更多的钱吗？"之类的问题。自给自足（autarcie）一词包含"autos"（自我）和"archè"（命令），指的是个体能够独自满足自己，能够只依靠自己的资源，而不依赖他人。如果我想要一道美馔，我必须依赖一名好厨师。而荣耀，也不是我自己在房间里对着镜子就能得到的，我在这件事情上也要依赖他人。他人不是我欲望的对象，而是我的欲望得以实现的条件。最后，还有审慎：伊壁鸠鲁的伦理学是结果主义和情境主义的。必须三思而后行，在急于投入某种快乐时先想清楚欲望的本质。要运用"felicific calculus"，即对快乐进行计算，对某个行动带来的快乐的量和痛苦的量进行预估。对不可能的东西的欲望太危险。不要把时间浪费在不能给你带来任何快乐的行动上。此外，要结合环境来评估欲望：一个事物开始是好的后来可能成了坏的，或者开始是坏的后来成了好的。在一个环境中好的东西在另一个环境中可能是坏的。

>一切欢乐，就其本质而言，都与善是近亲，但并不意味着所有的欢乐都应当被获取。与之相对，一切痛苦都是恶，但并不是说所有的痛苦都应当被逃避。通过对比和分析损益，才能做决定。

在所有的欲望中，性欲很重要。伊壁鸠鲁只是在"男女美色"这个例子中提到性欲，把它夹在"盛宴不散""珍肴美馔"的例子中间，被视为应当摒弃的肉体欢愉。但这位花园哲学家进一步指出，戒除盛宴这条规则可以允许例外，因为盛宴有利于友谊的维系。伊壁鸠鲁似乎将味觉享受和性享受置于同等层面对待，那么，是不是由此可以推断有利于维系爱情的活动也不应当完全戒除呢？性欲是自然且必需的欲望，是自然但非必需的欲望，还是非自然且非必需的欲望呢？换句话说，应当满足它、控制它还是消除它？如果这个欲望是必需的，那么它对于什么是必需的？从生物和个体的角度来看，没有人因为没有性活动而死去，性欲是一种自然的欲望，但是对生命来说并不是必需的。那么性欲对幸福或者健康是必需的吗？如果缺乏是痛苦，因而也是不幸（因为快乐是幸福），那么我们应当忍受性的缺乏吗？我们难道不是经常谈论性健康的问题吗？那么，性欲是不是完全无意义的？

布鲁斯·斯普林斯汀（Bruce Springsteen）的《我如火中烧》与伊壁鸠鲁有着同样的看法，认为应当控制性欲。但是在何种程度上控制？开头两段歌词听来可能有些刺耳：

> 嘿，姑娘，你爸爸在吗
> 他走了，只留你一人
> 我有个罪恶的欲望
> 我如火中烧
> 告诉我他对你好吗
> 他能对你做我做的事吗
> 我可以带你飞得更高
> 我如火中烧

"姑娘"的确切年龄有多大？布鲁斯问她父亲是否能做他对她做的事情，是什么意思？好了……让我们冷静些，这是幻想。你会对我说：可毕竟他这样说了！是的，他毕竟这样说了……摇滚是充满挑衅、不拘习俗的。这是在玩火。但是，幻想的产生不是为了实现幻想，而是为了划分出一条不可跨越的界限。那么，性幻想对于控制性欲来说不是像防线一样不可或缺吗？想法如果还是停留在想法层面，那么想法有罪吗？《我如火中烧》涉及一种我们出于伦理的原因或策略的考虑而不能急于投入的欢乐。如果我们审慎地采取环境主义的态度，思考行动可能产生的后果，那么会发现屈从于欲望带来的当下之益（性快感）少于长久之损（至少是良心败坏）。不动心即是没有这种由非法的、违背道德的关系引起的不安。在这首歌的短片中出现的不是小姑娘，而是一个女人。短片讲的是一个修理工的故事，一个女顾客来找他，请他修理自己的奔驰车。由另外两名修理工的对话中，我们了解到这人是常客，总把她的奔驰车开来修，这很蹊跷。布鲁斯正在一辆车下进行修理工作。女顾客跟他打招呼，他钻出来，躺在修理汽车专用的滚板上。她请他修车。他答应修好之后把车开还给她。她回答说还是她自己来取，因为她家不好找。她摸车身的时候，布鲁斯不经意地瞥见了她的婚戒。欲望就这样模模糊糊地出现了。后来，半夜里，欲望之火越烧越旺，他很可能是一时受邪念所驱，决定把车开到她家。来到她家门前，他想摁门铃，但是没有。他把车钥匙放进信箱，面露微笑，离开。她很美，而他的手很脏。可怜的、孤独的修理工……

女性听众很喜欢这首歌。为什么？这段乐曲表达了对欲望的克制，这是对他人的尊重，他人因此感到被欲求而没有被冒犯。克制同样也是自控能力的表现，而如果关系进一步发展，则自控能力是关系发展的重要素质。可是，灼热的欲望还在。由滚烫的内心和平和的外表之间对比之强烈可以看出这种克制是多么不易。热烈的歌词和冷静的音乐也体现了这种对比。这首歌的节奏很快，如同心脏的搏动，但表面上仍然相当单调，旋律和缓，只有几处散漫、低沉的变化。吉他弦如同欲望一样被压抑，声音清晰，带有混响，像贝斯一样唤起了内心的矜持。鼓手敲击小军鼓的鼓边（而不是敲击鼓面），发出了一种由皮质音和金属音相混合的轻微声响。踩镲是闭合的，所以没有发出共振。键盘的演奏连续而流畅。没有突然的断拍，没有炫技的表现，用哲学术语来说，就是没有暴力的激情，如犯罪或强暴。没有突然的爆发。只是一种被文明驯化的欲望。可以说整个音乐都是朝有节制的、节奏适度的、温和良善的方向发展。这首歌从头到尾都是如此，它不加速，也不爆发，在高亢而轻柔的呼喊声中结束。布鲁斯的阳刚气中带有一种女性的柔美……女人很喜欢这一点。这呼喊也有些像狼嗥。狼的眼睛湿润，喊出它的不幸和期待，把脸转向空中的满月，压抑着自己的兽性。这也很能激起观众的喜爱，让人对它心心念念……

　　缺乏是一种强烈的痛苦，通过按道德行事而获得的不动心并不能阻止由无法抑制的欲望引起的灵魂躁动。

　　　　有时候就像有人拿着刀，宝贝

刀很尖但不锋利，砍出一条六寸长的口子
穿过我的灵魂深处

欲望变成了一种难以忘怀的激情："只有你能使我的欲望冷静 / 我如火中烧"。唯一的补救办法就是时间。我们必须等待火自行熄灭。

结合上下文可以看出，这首歌中的欲望是自然的，但不是必要的。性欲是大自然施加给人的。但在某些情况下，并不一定要使性欲得到满足。布鲁斯控制着自己的欲望。用弗洛伊德的话来说，"本我"发挥了作用，控制住了对该对象的冲动。离开了客户家，从山顶上往下看，城市的点点灯光亮了起来，每一盏灯都似一个欲望的目标，而这样的目标不违背道德。布鲁斯背转身，他知道那个女人可能正透过窗在看他。他在想她能看到什么……

🎤 我的驼背我的驼背我的驼背我的驼背我的驼背 / 我的驼背我的驼背我的驼背 / 我可爱的小驼背
——黑眼豆豆合唱团（Black Eyes Peas），《我的驼背》（"My Humps"），专辑《猴霸群雄》（*Monkey Business*），2005

柏拉图的半边人与阴阳人神话

——U2乐队,《一》

与另一半合一

> 爱同一,血同一,生命同一/你应该做你该做的/同一个生命兄弟姐妹/同一个生命但我们不同/我们应该相互支撑/相互支撑/——……[1]

他者是欲望的对象。爱的欲望就是与他者合一的倾向。可是理智不是教我们区分存在者和世界上的事物,区分他者和自我,教我们认识到自己并非他者吗?如果没有这个距离,我们就会犯错误,即拉威尔所说的"纳西索斯的错误"[2]:神话里的那个青年想要拥抱自己,于是淹死在水中,他没认出那是自己的倒影;另外,他之所以认不出自己,是因为他没有回应厄科(Echo)的爱。自我是通过对他者的爱才认识到自我的。如果没有经由他者的中介而产生自我与自我的距离,我们就会有一些从社会、道德和精神病学角度看来最不正常的表现,如傲慢、自恋。但是,不拒绝他者的欲求不也是没有保持距离吗?会在他人身上迷失自我,看他人在我身上迷失他自身,变成一

---

1 U2乐队,《一》("One"),专辑《注意点,宝贝》(*Achtung Baby*),1991年。
2 路易·拉威尔(Louis Lavelle),《纳西索斯的错误》(*L'Erreur de Narcisse*),圆桌会议出版社,2003年。

种纯粹的感知印象，感到自身就像一种没有任何形式的物质，是暗夜里的黑点，卷层云中的蒸汽。如果我欲求你，那么我是谁？如果我对你的欲望得到满足，那么我还是我吗？而你还一直是我的欲求对象吗？当你实现了你的欲望也即得到了我的时候？我欲求你，我难道不是通过这样做来欲求我自己吗？你欲求我，你难道不是通过这样做来欲求你自己吗？

他者，这个"欲望的隐秘对象"[1]是谁？

他到底是谁？我为什么尤其被这个人吸引？我为什么觉得我和这个人可以合一？柏拉图在《会饮》中通过宾客们的交谈表明了多种关于厄科的观点。在所有谈话中，有一段非常值得注意，即阿里斯托芬有关阴阳人神话的言论。

阴阳人是球形的，受月亮的庇佑。androgyne（阴阳人）这个词由希腊语 andros（男人）和 gunè（女人）组成。与我们的身体构成相比，阴阳人在所有方面都是我们的加倍，有两套性器官，通常是一套女性性器官和一套男性性器官，有两张相背的面孔，有四个耳朵，四条胳膊和四只手，四条腿和四只脚，行动迅速，并且可以像车轮一样快速翻滚。他们的力量、胆量和虚荣心也是我们的加倍，所以，他们决定攀上众神所居的奥林匹斯山，取代众神。但他们没有成功，因为众神比他们强大。众神不知该如何处置这些阴阳人。如果消灭他们，则将再也得不到来自他们的供奉；但众神也不想继续容忍他们的狂妄，必须惩罚他们，让他们永远不能再进犯。宙斯决定削弱他

---

1 路易斯·布努埃尔（Luis Buñuel）1977 年执导的一部电影的片名。

们,把他们劈成两半,就像用线切开没壳的鸡蛋一样,这样他们就只剩两条腿走路了。然后,宙斯叫来阿波罗,阿波罗是美神,有时还负责整形和修复外科,阿波罗开始工作了:

> 阿波罗把人的脸孔转了过来,又把切开的皮肤从两边拉到中间,拉到现在人的肚皮的地方,就好像用绳子扎上口袋,最后打了个结,我们现在把留下的这个小扣子叫作肚脐。至于留下来的那些皱纹,阿波罗像鞋匠把皮子放在鞋模上打平一样全把它们给抹平了,只在肚脐周围留下一些皱纹,用来提醒我们人类很久以前受的苦。
>
> 柏拉图,《会饮》,190e—191a

这样分开之后,每一个半边人找到自己的另一半时都会疯狂地拥紧:

> 互相用胳膊搂着对方的脖子,不肯分开。他们什么都不想吃,也什么都不想做,因为他们不愿离开自己的另一半。时间一长,他们开始死于饥饿和虚脱。……人类就这样逐渐灭亡。
>
> 柏拉图,《会饮》,191a—b

宙斯可怜他们,于是把原来放在身体后面的生殖器官移到前面。他们从此可以交配并延续种族。

> 人与人彼此相爱的历史可以追溯得多么远啊,这种爱不断地使我们的情欲复苏,寻求与他人合为一体,由此成为沟通人与人之间鸿沟的桥梁。因此,先生们,我们每个人都只是半个人,就像儿童们留作信物的半个筹码,也像一分为二的比目鱼。我们每个人都一直在寻求与自己相合的那一半。
>
> 柏拉图,《会饮》,191d

我们就是这样的半边人。这里用了"筹码"一词做象征,即希腊语的 sumbolon,意思是"承认的标记",其中包含了前缀 sun-,意思是"和"。古希腊人有好客的传统,当客人离开时,人们会把一样东西一分为二,主客双方各执一半,便于两人或他们的后代日后将两半合二为一相认,就像阴阳人的两半是吻合的一样。

阿里斯托芬那番话的前提是一种神话进化论:如果我们现在的解剖形态既不是原初的也不是不可更改的,那么改变,也即复原最初的阴阳人就是有希望的。这种解剖形态是惩罚的结果,是留在我们身上的耻辱印记。我们的身体是一个巨大的伤口,虽已愈合,却只待重新裂开,与他人的伤口紧贴在一起。爱既是病痛也是医生,是一处永远不会真正结痂的创伤,因为我们不断抓挠它的外皮以缓解创痛,以为能够舒服些,实际上这无益于治愈。对他者的欲求是对另一个自我的欲求,这另一个自我就是我们自己。他者再也不会完全是他以前所是的那个他者,也即是说,他者再也不会完全是我。分裂无可挽回地完成了。花瓶碎了，黏合起来之后再也不是最初的那个花瓶了。合而为一与一不同。我们永远失去了完整性。肚脐，这个打不开的结，不是我们自恋和骄傲的象征，而是我们的不完整性、不完满性的证据。

这个神话故事对我与他者之间的界限提出了质疑。真正的身份问题实际上是一个关于包容的问题：我以何种精神生活？谁又活在我的心中？谁萦绕在我的脑际？我萦绕在谁的脑际？我不存在，因为我同样也是他者。与他者的相遇是重逢，即便是不期而遇。但是，具体而言，在真实的生活中，"我认出了他（她）"这个想法到底是什么意思？是俄狄浦斯情结又出现了吗？是无意识里把爱人当作母亲？是对子宫生活的怀念？如果我们更倾向于相信他者是我们不期而遇的人，与他（她）的相遇是突如其来的一见倾心？是的，我们更倾向于如此……

"我们同一"：理想象征主义。"但我们不同"：物理现实主义。U2乐队的《一》就描述了这样的情感，曾经与他人的爱、合一的神秘欲望和对现实差异的清醒认识，就像"U2乐队的《一》"这个表述中使用的矛盾修辞。我们生活在一起。那么，我们就有共同的生活吗？还是我们有两种不同的生活？当两个人的生活持续时，作为两人生活开端的那种所谓的偶然最终会被消除。人们说两人在一起生活久了，由于互相的模仿和妥协，最终会在外貌上越来越相像。《一》既是一首关于分离的歌也是一首关于合一的歌，因为任何分手都建立在之前合一的基础之上。分手总是迟疑的、藕断丝连的，从来不是当机立断的。我们总在发问：我们是一体还是两人？追求一的伟大神话和现实的不和与分裂之间，超验的感觉和经验的心理之间充满矛盾。面对这个矛盾，"我们应该相互支撑"就像一条理智的中间道路，建立起一条折中的伦理规范：我们必须站在一起、团结一致、相互支撑，用现实的方法维护那个神话，与爱的黑暗面做斗争。我只能依靠你坚持下去，正如你只能依靠我坚持下去。

> 你说
> 唯一的爱
> 唯一的生命
> 当需要时
> 在夜里
> 是唯一的爱
> 我们分享它
> 如果你不呵护它
> 宝贝你就失去它

完美之爱的等式：唯一的爱 = 唯一的生命。一生中有且只有一份爱。我生命之爱。我生命中的女人。绝对的一是生命的唯一和爱的唯一。我们只有一次生命，这是当然的。让我们也只有一次爱，一切就会和谐，生命和爱是世界上最重要的两件事。生命和爱，你和我的生命，我和你的生命。但是，如果这个想法对我来说是一个正在实现的欲望，而对你来说只是夜里的一次需要，那么我们什么也没有分享。"呵护"这份欲望，即是把它从封闭的需要中解救出来,放入激情的光里。

绝对的爱不存在。不要看那句太过浪漫的"有你或没有你/我不能与你或不与你生活"[1]。我们要做的就是仍然在一起,像合作者一样分享这份新的确定性,给爱一个全新的形式,以此互相安慰。爱不是一股追溯过往的力量:

> 好吧,今夜
> 太迟了
> 不能让过去
> 重见光明

即使以这样的方式提起爱,我们仍然意识到,要回到原初的、神话的形式再也不可能了:太迟了,我们已经在习惯的泥沼中陷得太深,我们在妥协的舒适和萎靡中放任自流,我们在协调彼此欲望的做法中表现得太懦弱。问题很残酷——"我让你失望了?或者令你不快?"一切责备都进一步显示出爱的不完满。如果你不能像我爱你那样爱我,我们如何成为一?"我要的太多吗?/太多/你什么也不给我"。"现在你有了可以责怪的人":现在我们的欲望不再相像,因为时间已逝去,你让我对时间的流逝负责,你破坏了我们这块拼图中的两片,它们再不能搭配如初。"你的做法就像你从来没有爱过/你想让我无爱地离开",但是怎样忘却?怎样让我对你的欲望变成一个

---

[1] U2乐队,《有你或者没有你》("With or Without You"),专辑《约书亚树》(*The Joshua Tree*),1987年。

简单的愿望？你让我成瘾然后又取走了我的毒品，于是我最终装作一个乖巧又健康的常人。当你回转来寻求原谅时，我已经抛开了这份无用的痛苦，我再也没有什么可以给你的了："这就是我拥有的一切"。然而，我们继续合二为一，像两块干巴巴的石头一样机械地贴合在一起。我们让回归往昔的希望再生，哪怕还会继续受苦。

> 我们同一
> 但我们不同
> 我们彼此伤害
> 然后重新再来

你说什么？爱是圣洁的、神圣的、神秘的、神话的："你说／爱是一座神殿／爱是一条更高的法则"。对我而言，它不是一条法则，它是唯一的那条法则："爱是**那条**更高的法则"。我们又出现了分歧。"你让我进去／但是接着你让我爬"：这就是绝对之爱的模糊性所在，它令人敬仰，则人必须对它卑躬屈膝。如果你是爱，如果你是爱的神殿，那么接受我进殿，就是让我在殿内迷失。如果你像我爱你一样爱我，你怎么能让我受如此待遇？流淌在我们血管中的难道不是同样的血？（"血同一"）如果我们是同一个人，我们难道不是平等的？（"兄弟姐妹"）总之，尽力一试。

从音乐上来看，整体逐渐增强，强度渐次上升，给歌词以很好的伴奏，因为歌词也是从最普通的责备发展到对爱的理想化。这里使用了柏拉图的上升式辩证法,一步一步从平庸到神圣。旋律多变,像副歌中反复吟唱的歌词一样,虽然重复但不完全相同。必须向前推进。在工作室版本中,前奏部分由U2乐队吉他手大卫·荷威·伊凡斯(The Edge)使用两把吉他弹奏,弹出的连复段柔和地交织在一起,但又彼此分明。两把吉他的音色相同,声音清晰带有相位效果,同时也加一点饱和效果。它们合二为一却又各不相同。主唱波诺(Bono)的歌声悄然开始。爱的戏剧性并不妨碍嗓音的性感醇郁,恰恰相反,这种嗓音表达了更深切的怀念。接下来,一个段落开始,声调提高了,鼓点正式进入,贝斯也加入进来。两把吉他的声音分开了。其中一把演奏出四个多音和弦,然后被一个接近风琴的清澈音符中断;另一把吉他在同一个音符上制造出共鸣的弯音效果。一把吉他听起来以曲折的方式前进,另一把听起来像是矛盾地停滞在流动中。但整体是和谐的。两把吉他不同,但是它们合二为一。副歌部分引入了一个新的和弦,使音调继续上升,打破了主歌建立起来的重复。在乐曲的中间部分,长音出现,音调继续上升,似乎直冲云霄,翱翔天宇。最后是激昂的赞颂:"爱是一座神殿/爱是一条更高的法则"。在爱的呼喊中抵达了最高的境界,歌词中的"爱"一词以嘶吼的形式唱出,呼唤那应当被嘶吼而出的爱。

《一》共出过三支短片。三部短片的情节组织原则是一样的:U2在工作室或者现场演出《一》,一个象征性的元素不断打断演唱。在第一个短片中,是一辆东德的白色特拉贝特汽车,从空中俯拍的镜头中可以看到车身上绘制的一幅裸女图。

车子奔跑在柏林，在短片结尾处迎面撞上另一辆黑色特拉贝特，车身上绘着一名男子的身躯。我们还看到波诺或者鼓手拉里·马伦（Larry Mullen Jr）坐在沙发上，他装扮成了赫尔玛芙洛蒂特，也就是赫尔墨斯[1]和阿佛洛狄忒[2]的混合体，既是男人又是女人，为了合二为一，重回阴阳人状态。一个老人独自僵直地站在天平的一端，在等待永远不会到来的另一半。第二个短片中的波诺身处一家酒吧。烟。威士忌。经典的版本。他脑际挥之不去的是一个女人的身影。第三个版本把"一"这个词用多种不同的语言表示出来，代表爱的普遍性。此外，片中还出现时而是两头野牛并排奔跑，时而是一头野牛独自前行的画面。野牛让我们想起我们的原始本性，我们爱的史前史，我们原始解剖结构的兽性。

柏拉图的神话象征着一个十分具体的事实：原始的阴阳人代表爱的初始时刻，那时候我们爱得疯狂，仿佛我们的神经和身体其他器官都要爆裂开来。接下来，宙斯把阴阳人切开，就如同时间分开了相爱的人。别忘了众神之神宙斯是克洛诺斯[3]之子。最后，怀念是激烈的欲望，想要重返爱的最初时刻。说到底，这是多么贫瘠的想象力啊！相爱的方式还有很多种……其中包括爱人之间的友情，这是使爱得以持久的钥匙。我会永远在你身边，像一个忠实的朋友那样用心，时刻准备告知你可能的危险。注意点，宝贝！照顾好你自己。在你身边老去是多

---

1 古希腊神话中的商业、旅者、小偷和畜牧之神。——译注
2 古希腊神话中的爱与美之神，即古罗马神话中的维纳斯。——译注
3 古希腊神话中的超原始神，是高于万物的第一因，存在于最初之前，也代表时间。——译注

么幸福……在还未老去之前,且让我们再次共赴爱的餐宴……

🎤 欲望是食欲,是我呼吸的火焰 / 爱是一场人人进餐的筵席
——帕蒂·史密斯,《因为夜》("Because the Night"),专辑《复活节》(*Easter*),1978 年

存在与时间

克尔凯郭尔：反讽与存在的诸阶段
——艾拉妮丝·莫莉塞特，《反讽》

生存只是为了死亡
很反讽，不是吗？

🎤 如同遇到我梦中的男人／和他美丽的女人／很反讽……不是吗？[1]

衰老。时间。反讽的是时间。它让我们长大，也把我们推向死亡。时间是反讽得以可能的条件。诚然，当我们将反讽定义为一种修辞手段，用以向对方传达我们所说之意的反面，那么可以说反讽是与此同时发展而来的。命运的反讽，就像《黑客帝国》中的墨菲斯和尼奥，指的是我们自己创造的机器反过来针对我们自己。命运就像一个神明，在奥林匹斯山顶上待腻烦了，想做点什么来取乐，便给凡人的生活制造出曲折复杂的麻烦。我们混乱的生活和我们的误解让神觉得好玩。他们的欢乐在于取笑我们，那么对他们来说最滑稽的时刻就是我们意识到他们在愚弄我们。所以，反讽分两个阶段：先是在一切都

---

[1] 艾拉妮丝·莫莉塞特（Alanis Morissette），《反讽》（"Ironic"），专辑《小碎药丸》（*Jagged Little Pill*），1995 年。

不好的情况下让人以为一切都好，然后等着真相自己揭晓。反讽的受害者就像一个朝前走路但头却完全转向后方的人一样可笑。例如，一个男人对一个女人说"你真美"：要么是他在撒谎，有意讽刺，可女人相信了男人的话，后来发现他是在取笑她；要么他是真诚的，但是时间的流逝会把他的话变成假的，使他成为一个并非出于自愿的骗子。所以，有一个比人或者神更加调皮的存在：时间。时间的特性在于流逝。

时间，作为流逝之物，对我们有害还是有利？

时间会让我们远离我们想要逃避的过去吗？会把我们快速推向衰老吗？对时间流逝及其作用的意识就是时间性。当一个物质对象落向我们的时候，我们充分意识到物质对象的物理特征是下落，同样，当时间玩弄我们，在让我们相信某事的同时却在实现着它的反面的时候，我们可以度量流逝的时间。生命的反讽在于，它强加给我们一样东西，却想让我们相信这样东西的反面：生命把死亡强加给我们，但是我们想从它那里得到的却是生。反讽是有意识的期望与不为我们所知的恶之间的差距，这种恶就在那里一点一点地啃噬我们，但我们却看不到它。当我们以为善终于出现时，到来的却是恶。

克尔凯郭尔是对反讽概念思考得最充分的哲学家。在他的作品中可以发现反讽的两个层次。第一个层次的反讽起源于苏格拉底。[1] 克尔凯郭尔解释说，反讽使得对话者意识到自己的无知。苏格拉底通过提出自己知道答案的问题，假装自己无

---

[1] 索伦·克尔凯郭尔，《根据苏格拉底的哲学论反讽概念》，1841年。

知。希腊语 eironeia 指的就是这种假装出来的无知。这种方法是辩证的，它一步一步前进，用一系列问题揭露自诩渊博之人的虚伪，或者自诩逻辑严谨之人的思维混乱。例如，在《大希庇亚篇》中，希庇亚夸耀自己承担外交要务。苏格拉底用反语对他说："希庇亚，这个角色需要一个真正高尚而又完满的人担任。"[1] 而后，苏格拉底问希庇亚什么是美，并表明自己在这个问题上愿意做希庇亚的学生。希庇亚只给出了一些能够称为美的具体例子，而后又给出对美本身的定义。他的回答早在苏格拉底的预料之中。

  第二个层次的反讽比第一个层次的反讽复杂。第二个层次的反讽超出了话语风格的领域，是一种生活方式，克尔凯郭尔区分了三种生活，反讽是其中的两种生活，即感性生活和伦理生活之间的分界。反讽在克尔凯郭尔的三种生活中占据了一席之地，那么克尔凯郭尔有关三种生活的学说是什么样的呢？生活可以按照三种可能的风格发展，感性的、伦理的、宗教的。三种生活不是按照时序发展的三个阶段，也不是抽象的、严格区分的三个类别。尽管感性阶段的特征是道德上的不成熟和面对存在的严肃性时缺乏重视，但一个人在理论上仍然可能在年纪很大时过这种类型的生活。同样，一个人也可能很早就理解了宗教生活的意义。感性生活的主要含义是按照快乐和美的标准生活。这里的美不能窄化理解为艺术。法语 esthétique 的意思是"与美有关的"，来自希腊语 aisthèsis，也被翻译为"感

---

[1] 柏拉图，《大希庇亚篇》，281b，公元前 4 世纪。

觉",而快乐是感觉的一种主要体现。感觉生活,就是感觉者的生活,感觉者就是按照美、快乐和即时性的原则生活的人。而对于有道德的人而言,即对于按照道德准则生活的人而言,生存让人们参与行动,而行动顾名思义是在绵延(la durée)中展开和建立的。责任、对规则的遵守(比如对配偶的忠诚)是最重要的。最后,宗教生活把无限和永恒内化到自身。宗教生活的矛盾在于把罪(朝向过去)和希望的需求(面向未来)结合在一起。引诱者约翰纳斯、法官兼丈夫威尔赫姆,还有先知亚伯拉罕分别代表了这三种生活。当下、时间和永恒是他们各自的标识。反讽处在感性生活和伦理生活的间隙,此时生活主动告诉我们,游戏时间结束了。比如就爱情而言,反讽可能出现在以下情形中:开始时我们只是想从某人那里获取一时之乐,但后来却不由自主地依恋他,引诱者变成了爱人。因而,反讽不是游戏或者消遣,而是时间性生存的特征,它促使我们产生关于计划和严肃态度的想法,促使我们在考虑事情时,应当想到如何使这些事情步入正轨,按照能使这些事情步入正轨的方式去考虑这些事情,并且要考虑到持续性,要从长久的生活的角度来建构自我。所以,生活的反讽要求伦理生活。反讽是一个翻转。感性生活中的我们翻转了过来,加入了之前被我们拒绝、批判的伦理生活。克尔凯郭尔假借人物约翰纳斯之口,将反讽解释为喜剧性的表达。然而……

> 喜剧性在生活的每个阶段都有(除非情形不同),因为凡有生命处,就有矛盾,凡有矛盾处,就有喜剧性。悲

剧性与喜剧性是同一个事物，因为它们都是矛盾，只不过悲剧性是人受苦的矛盾，喜剧性是没有痛苦的矛盾。

克尔凯郭尔，《对〈哲学片断〉所做的最后的、
非科学性的附言》，1846 年

因而喜剧性是对悲剧性的超越。它出现在反差中，这个反差最终会令人发笑。反讽是感觉生活和伦理生活之间的反差。克尔凯郭尔将反讽定义为抵消，例如在向伦理生活的飞跃中感觉的抵消，或者，刚刚跃入伦理生活，我们意识到自己的道德建树只适用于尘世，都是转瞬即逝的，只有退回到自我才能得睹永恒。死亡本身就是反讽：我们逃避死亡，因为我们想要永存世上，但真正的永存，却取决于死亡。

摇滚中同样萦绕着时间和生活方式的问题，而生活方式总有三种。皇后乐队（Queen）的《我们将震撼你》（"We Will Rock You"）是对生活的辩证叙述，由三段主歌构成：通过玩耍闹出动静的孩子，通过广场示威闹出动静的成年人，不再闹动静的老人。副歌中"我们将震撼你"是推进成分，即时间，它震撼（rock）我们，让我们从一个阶段进入另一个阶段。重要的音乐特色：这段乐曲结尾部分是一段著名的吉他独奏，也就是说，这个段落没有歌词，歌词的缺席似乎代表着不确定，不确定形体消亡后将会发生什么……这个部分的三拍子很有名，像是在给不断流逝却骤然停止的时间打着沉重的节拍。

在《反讽》这部作品中，艾拉妮丝·莫莉塞特把对时间的

思考与对自己反讽本性的肯定结合在一起。歌词中有很多颇有教益的例子展现出这种时间的反讽，音乐也通过人声和节奏的停顿来象征这种反讽。

"一个九十八岁的老头／中了彩票第二天死了""这是一份晚到了两分钟的死刑赦免"。命运的反讽。就像我们听到"如同遇到我梦中的男人／和他美丽的女人"时想象出的画面。从外部来看，喜剧性在于意图和现实之间的差距。

第二段主歌是一段叙事：一位谨小慎微的先生，犹豫了一生，最后终于决定坐一次飞机；但飞机坠毁了。这个例子在克尔凯郭尔的意义上颇具教益：它揭示了生存的意义和个体内在的努力，它是斗争，为内化、接受和实现自己认为的好东西而进行的斗争……但却是徒劳的斗争。意识、思想与对生存反讽的觉察是分不开的。谁曾料想到会发生呢？谁在喝白葡萄酒的时候会想到一只黑苍蝇将淹死在杯中？"谁会想到……"意识到一件事（"有道理"）就像一把猛然插入肋骨的利刃。如果我早知道……那么，因此，就应当总是想象行动的悲剧后果而不再主动采取行动吗？设想婚礼那天下雨会妨碍我们结婚吗？设想飞机失事会妨碍我们乘飞机吗？我们将反讽归咎于命运，难道我们自己对反讽的成立就没有责任吗？因而，反讽是一种主观情感，尽管它的部分原因是因为两个事件的不期而遇。怀疑和疑问就源于此（"不讽刺吗"），共同的思考也源于此（"不是吗"）。时间的反讽是一种普遍经验。歌曲的结尾用间接肯定法给问题本身也增加了反讽（"太讽刺了"），就像我们说："你是不是有点太自信了？"言下之意是："你真是太过自信了！"

最后是对问题的回答,体现出从所有这些例子中得出的信心("是的我真的这么认为")。桥段把歌曲主歌和副歌中的个体实例普遍化,指出了一切反讽的原则:

> 当你以为万事如意一切顺利
> 生活却以一种可笑的方式顶撞你
> 当你以为凡事一团糟全都弄砸
> 生活却以一种可笑的方式帮你一把

当一切顺利或者貌似顺利,生活提醒我们这当中也有苦难。无数次尝试之后一切告捷,但生活却收回了它曾放手任我们撷取的东西。"Funny"一词,在歌曲结尾处出现两次,在这里的意思可以解释为"奇怪的、古怪的"。法语中"你真是个古怪的人……"是一句责备的话。"多荒谬的故事啊!"指的是这个故事的悲剧性。面对命运的反讽,我们要怎样做?我们需要超越自己的悲剧,需要欢乐和微笑,以及克尔凯郭尔所说的"被掌控的反讽",也就是以幽默的心态来面对反讽。

此外,时间的反讽还以多种不同的音乐手法表现出来,这些手法包括人声和节奏的中断。前奏部分由原声吉他的几个和弦组成,舒缓平静。吉他伴奏下的人声旋律轻柔地哼出一串感叹,同时还有幽默的调子交织其间,让听众可以从中听出他们想要的意义,以面对生存中的痛苦、猜疑或震惊。第一段主歌使用同样的乐式,随着吉他弹出的旋律,歌手唱出一串单音节词（"一个老……人""它是只黑……苍蝇"），吉他声就像细碎微小的碰撞声，像车轮上的沙粒或发动机上的尘屑，这些都是对即将出现的问题的预告，这些问题将阻碍迄今为止平稳运转的生活。在提出"不讽刺吗"这个问题时，风琴的声音快速渐强，然后由打击乐的断拍中断了节奏，副歌部分开始了。反讽贯穿整首曲子：第二段主歌的结尾处，在"不讽刺吗"和"不是吗"之间，引入了一个高而曲折的吉他滑弦连复段，仿佛心揪紧了一般。第三段主歌的结尾重复了这个手法，并用演唱来增强效果，即在演唱"啊是的我真的这么认为"一句时带着轻笑声，这里的反讽表现出了怨恨和自我毁灭的倾向。整首作品一段一段细说着人们不可避免的不幸，表达了对悲剧的看法。在副歌中，人声的重点不太清晰：它是在表达痛苦，还是在表达超越了痛苦之后那种获得拯救的喜悦？演唱声突然升高，达到疯狂的程度，在饱和吉他的伴奏下，狂暴的心情被表现了出来。"雨""骑""建议"这几个词上的演奏与其他部分形成很大差别，表现出一股冲力，像是又气又笑的喊声。第一个桥段（"生活却以一种可笑的方式顶撞你"），使用了大量短单词，唤起了时间流逝迅速之感。第二个桥段出现在这首作品的结尾处，整首歌的结尾十分突然，并且不是很整齐，就像汽油耗尽时的汽车一样。

  这是旅程的终点，是生命的终点。当燃料耗尽，仪表上却显示仍有剩余。光阴荏苒。周而复始。生如过客。时日无多。崩摧毁落总是突如其来……

🎤 塔上坠落的这个人是谁？/ 天上坠落的这个人是谁？/ 坠落爱河的这个人是谁？

——卡密耶（Camille），《苍白九月》（"Pâle septembre"），专辑《线》（*Le fil*），2005

第二部分　文化

语言

维特根斯坦:"不可说的,必须沉默"
——海盗之心乐队,《弗朗西斯》

震耳欲聋的安静
沉默的雄辩力

🎤 弗朗西斯吞吞吐吐/在这个只要求/被爱的女孩面前/但你不知该怎么办[1]

"文化"是告别了自然状态的文明人的生存状态。进入文化状态有多种标志,其中之一是语言。如果说语言使人成为文明的存在,那么这里指的是哪种语言?就是我们所说的语言。也正是在这个意义上,语言成为人的特质。语言是连贯的表意符号系统,是意识层面的活动,也是不断发展变化的。语言是文化必不可少的技术,此处的技术包含两层含义:知识和文明。没有了语言,我们无法分享任何东西。语言可用于思考、表达、分享自己的内心生活(包括思想和情感),还可用于描述现实。这个事实可以是亲历的事实,也可以是由物理学计算出来的事实。但是,我们谈论个人内心模糊的情感与谈论万有

---

[1] 海盗之心乐队(Cœur de pirate),《弗朗西斯》("Francis"),专辑《海盗之心》(*Cœur de pirate*),2009年。

引力定律是不一样的。物理老师上课和他谈情说爱使用的不是同一种语言，并且表达的难易度也不同。事实上，我们在试图表达自己的情感时都体会到同样的困难：语言对所有人来说是共同的，但情感却如此特殊……那么，是不是语言就只能表达可见事物的科学真理，而我们是不是注定就只有这一种使用语言的方式呢？

我们可以用语言表达一切吗？

维特根斯坦在《逻辑哲学论》中讨论了思维与语言的关系问题，弄清语言是否能够表达思维，这样我们就能知道自己所说的话是不是真的，或至少是否恰当，知道我们的思维不是幻想，我们说的话不是毫无意义的。维特根斯坦认为：

> 语言给思维穿上了衣服。而且是以如下方式做到这点的：从这件衣服的外表形式人们不能推断出它所遮盖的思维的形式，因为这件衣服的外表形式是按照完全不同的目的制作的，而并不是为了让人们看清这个身体的形式。
>
> 维特根斯坦，《逻辑哲学论》，1961 年

让思维与语言完全一致如此困难，我们很可能面临无法恰当地表达的风险，所以维特根斯坦主张沉默："不可说的，必须沉默。"立场很坚定：如果我们不能把思想完全表达出来，则必须放弃把想说的一切都说出来的企图。因为说不可说的事，会导致错误，或者导致我们去使用那些没有任何现实关涉的词语，也即说出无意义的话。这本书的结尾充满矛盾，以

哲学给哲学判刑：能说的都应当有意义；只有物理学和自然科学语言的符号和命题有意义，它们与可感知且普遍可见的现实相关联；所以，哲学要么变为物理学，要么就只能沉默。但是，在这两种情况下，哲学都消亡了。然而，说哲学把时间浪费在思考虚假的问题上是一回事，说哲学必须沉默是另一回事。维特根斯坦的这一理论是对哲学的封禁，它的专断性从未被真正指出。它认为科学语言是"唯一严谨确切的语言"，在逻辑上是完美的，可以解释清楚思想中的所有曲折和细微处，而哲学则相反。维特根斯坦认为，在一种理想的、科学的语言中，"所有命题都具有相同的价值"。由此，那些关于非物质现实的概念就被排除在外了，例如美本身、善或死亡，这些概念分别属于美学、伦理学和形而上学领域。"真理功能的一般形式"不是"存在一个死后的世界"或者"我身体里有一个不朽的灵魂"，因为这些都是不可说的，"真理功能的一般形式"是"$[\bar{p}, \bar{\xi}, N, \bar{\xi}]$"。维特根斯坦提出的"不可说者"构成了逻辑语言的界限，逻辑语言用于指称事实。维特根斯坦确实说过："的确存在不可说者。不可说者只能显示，它是神秘的。"这意味着语言可以把不能说的那些东西显示出来。但是，神秘的东西要在哲学语言中显示，则必须产生哲学语言。维特根斯坦在可说的和不可说的、可表达的与不可表达的之间划了一条界限，但不可表达的还是被表达出来了：意义的缺席就表现在对界限的超越中，不可表达者是被表达者本身的一部分。因此，不可说的可以显示，就像"神秘的"事物一样，它就在那里，但我们说不出它是什么，如同一个黑洞，我们朝里看却什么也看不到，或者说如同蓝色的天空，它显示一种难以言说的，甚至并非它的物理现实的蓝色。面对语言提出的这些难题，沉默不是不可说的事实，而是逻辑思维提出的建议。

维特根斯坦担心对语言的滥用使得语言偏离真实，或者说使得命题不再是准确描摹现实的图景。这样一来，语言就有可能因为僭越而变得不可靠，这种风险迫使语言沉默。那么，当你要传达某种思想的时候，不妨遵循如下建议：宁肯不说也不要说傻话。但这真是一条好的建议吗？事实上，维特根斯坦面临着一个实实在在的问题，一个真正的两难局面：语言还是沉默。说还是不说……他尤其希望不说。然而，在日常语言和难以言说的事物之间的边界找到表达的可能性，语言中有什么比这更宝贵？说出难以言说的东西，有什么比这样的语言更真实？作家用公共语言、以特殊方式表达出普遍经验，有什么比他们所从事的工作更强大？

理解《逻辑哲学论》最恰当的方法之一是罗素在该书导言中提出的方法。罗素在导言中逐一解释了我们在寻求"逻辑上完美的语言要满足的条件"时遇到的暗礁。1）心理问题。当我们想要用语言清晰地意指某事物的时候，思想上感到的困难。2）认知问题。词语表示的是思维和语言之间的关系，而我们对这一关系却一无所知。3）哲学问题。如果真理的定义是对现实的如实描摹，根据这一定义，一个命题如果与现实相符，则它就是真的，那么就必须不断地检验我们所说话语的真假。4）逻辑和语言问题。必须确定一种准确的象征系统，使话语能够准确意指某一确定的事实。罗素认为，维特根斯坦只关心最后一个问题。那么,既然在句子结构和事实的结构之间没有任何共同点,那么就只能陷入沉默。然而并非没有共同点,例如,我难以向我爱的人表白我的深情,如果我找不到合适的词或者我觉得自己找到的词太苍白无力,难以表达情感之热烈,那么,我应当什么都不说、畏缩不前,还是直白、粗鲁地付诸行动,或者像通俗的做法那样给我爱的人发一条手机短信?然而,从经验的角度来看,或者说从我可能经历的事实的角度来看,感情难道不是一种身体的、生物学的事实吗?科学上一直致力于对情感的化学反应研究,把情感翻译成一种能够表意的贴切的语言,那么,为什么不存在逻辑上完美的语言呢?不可说的含义究竟是由于逻辑原因而不能说,还是人们出于心理原因而不愿说呢?

笨拙的小伙子不知如何说而最终什么也没说,这是摇滚乐经常展现的主题。海盗之心乐队的《弗朗西斯》就是以如下偏见为表现主题:人们什么都不说,宁肯沉默而不愿坦白自己的感受,认为坦白即是暴露自己的脆弱。歌曲的短片中有这样一句话:"本质不可见。"这句话提出了非物质现实的问题,所谓非物质现实,例如观念、情感等等,它们都是实实在在的,但是我们看不到它们。谁看到过头脑中的观念或情感呢?虽然观念或情感与大脑这个中枢器官有内在关联,但大脑扫描仪能呈现观念本身或情感本身吗?本质被主体经历,被他内在地感觉到,它确实存在,但是不可见、不可描述。《弗朗西斯》证明了维特根斯坦的话:

> 弗朗西斯，你有那么多话要说
> 但什么都说不出
> 当你不知该说什么
> 你开始哭泣

我们在这里陷入了维特根斯坦的谜题：海盗之心乐队在唱出这些话的同时说了不可说的东西。"可显示的东西不可说。"什么被显示了？弗朗西斯面对难以描述的东西时感到的困难，他在向所爱之人（也是爱他之人）表达爱慕时的无能：

> 你的喉咙紧缩，你的心狂跳
> 而你的眼盯着她

此时的困难可能是心理上的，也可能是语言上的，也可能两者都有：或许他知道怎么说但不想说，或许他想说但不知道怎么说，又或许他不想知道怎么说。但是，欲望是强烈的（"你有那么多……"），主体是丰富的（"……那么多话……"），话语是诱人的（"……要说"）。只是，主体闭锁在自身不可交流性的监狱里。这种不可交流性使得思想失去了一切内容："你不知该说什么"。于是眼泪代替了语言，灵感悲伤地枯竭了。水源只有流动才能不断涌出。想要让它流动，则必须给它一个驱动。乳汁的分泌需要刺激。词语召唤词语，沉默要求沉默。不知如何说是因为言语笨拙。紧缩的喉咙代表着恐惧对声带和词语的压迫，它发不出声。心跳的加速代表着在束缚中不断膨胀的爱。他的眼睛盯着她：爱，或不可说的东西，就是以这种方式显示。我们只看到一件事，即他只看到她。

关于不能说的事我们怎么能说这么多？维特根斯坦和歌中的弗朗西斯告诉他们各自的听众，我们无法把一切都说出来，我们很可能无法言说本质。

> 当你不知该说什么
> 你开始哭泣
> 但你的观众看不到
> 你给他们梦幻，你看着他们

接下来碧亚特利丝开始用第一人称演唱，像唯一的见证人一样诉说。她是弗朗西斯最好的朋友，她知道他怎么了，但是无法替他说出来。"不可说的……"她却将它表达出来。她一方面表达出他说不出的，另一方面以身作则。她向他承认自己对他的感觉，也对他描述她对他的感情，以此表明，即便词不达意也胜过沉默，因为沉默只能带来悔恨。

> 可是我，我忘不了你……
> 弗朗西斯，我马上要走了，我很想你很想你
> 我的手指在钢琴上弹奏出我欠你的一切

弗朗西斯对她的情感（是对歌中的女子，而不是对女歌手本人，这段歌曲由于使用了第一人称而出现了歌手与人物一定

程度的身份重合）与观众对弗朗西斯的情感是一样的。

> 你把对她的感情写进歌里
> 有人对你的感情就像你对她的感情
> 我相信你
> 能帮他们

歌词中似乎包含着对移情心理的呼吁：明白别人想让你对他说什么，如果你不能说，那么就用笨拙的表述向他指出来。

短片融合了动画片的手法，其中运用的一些表达、符号和象征定能令维特根斯坦喜爱，因为维特根斯坦在《逻辑哲学论》中指出语言如同绘画、镜子、世界的反映，并且在《哲学研究》中喜欢使用图像，比如约瑟夫·贾斯特罗（Joseph Jastrow）著名的鸭兔错觉图，或者简化的面部图画。这些可能是最早的笑脸，像菲利普·凯特林（Philippe Katerine）的 ☺/☹（"我感觉很好/我感觉不好"）一样简洁有效。维特根斯坦在《课程》和《关于美学、心理学和宗教的对话》中指出了极简的面部表情图示☺相对于语言的优越性。

> 如果我会画画，我可以用四笔画出无数的表情。像"庄严"这样的词都可以用面部表情图示表现出来。由此，我们的描述可以比使用形容词的描述更加灵活多样。如果我说舒伯特的一个乐段是忧伤的，就用一个面部表情图示表示（我通过这种手段既不表示赞成也不表示反对）。我

也可以用动作或者舞蹈表示。实际上,如果我们想要做到准确,就要用动作或者手势和面部表情。

《弗朗西斯》短片中的面孔就如同活动的面部表情图示,人物的语言如同象征符号,也有些人认为是隐喻,比如♥ ♫ ♦,这些符号其实不是它们自身,而是它们所代表的事物。这些符号、词语、句子(比如"!""做梦""我想说")在空中盘旋,而后进入弗朗西斯的大脑,被封闭起来,接着,一把钥匙从他的脑袋里冒出来,象征着向自我的回缩。然后,弗朗西斯变成了一个洞,象征着神秘。观众看着他,想象着没有说出而被显示出的东西,云、花、星星。对那个女子的爱是一颗心,就像连环画中的气泡,向遥不可及的弗朗西斯飘去。

只有一架钢琴给演唱者伴奏。音乐表达的情感十分柔和,令人不忍对之有任何粗暴之举。音乐不应当再加重女孩子的话语了。话语本身已经足够沉重……

🎙 她所说的一切 / 在我脑际盘桓 / 在我脑际盘桓 / 她所说的一切 / 还不够
——t.A.T.u.,《她所说的一切》("All the Things She Said"),专辑《时速200公里跑错车道》(*200 Km/h in the Wrong Lane*),2002

艺术

德勒兹与摇滚艺术
——琼·杰特与黑心乐队,《我爱摇滚》

摇滚:艺术的终结或猪的终结?

> 我爱摇滚 / 宝贝,再点一曲 / 我爱摇滚 / 来吧,多留些时间,跟我跳舞 [1]

什么是艺术?摇滚满足要求吗?"艺术"一词包含了"美学"一词("美学"在古希腊语中是 aisthèsis,意思是"感觉")的两层含义:一是指美的感觉,可以是对美的感知也可以是对丑的感知;二是指把艺术创作作为一种享受,当然也不是只跟美有关。阅读丑也可以是享受,比如波德莱尔的《腐尸》("La Charogne");阅读书中不道德和罪恶的事也可以是享受,比如萨德的某些作品。

艺术在发展,它的定义也在发展。我们对艺术的定义自然也可以是不一致的。艺术指的是为实现某个目的而实施的全部手段吗?技术的定义、手工艺的定义、一切技艺的定义都可

---

[1] 琼·杰特与黑心乐队(Joan Jett and the Blackheart),《我爱摇滚》("I Love Rock'n Roll"),专辑《我爱摇滚》(*I Love Rock'n Roll*)1981 年,《我爱摇滚 92》(*I Love Rock'n Roll 92*)1992 年。翻唱自箭头乐队(The Arrows)发行于 1975 年的同名歌曲。

以如此。从学术的意义上来看，艺术指的是美术吗，即以产生美为目的的艺术？但我们可以像上文那样反驳说艺术的功能不是产生美，或者至少不是产生由体制规定和承认的学院派的美。那么，艺术的目的是什么？是愉悦、美/丑、激烈的情感、意义、理性、释放冲动、政治诉求、金钱还是讽刺？如果绘画是一门艺术，业余绘画爱好者的作品是艺术吗？古典吉他演奏家亚历山大·拉戈雅（Alexandre Lagoya）的娴熟技艺与艾迪·范·海伦（Eddie Van Halen）旗鼓相当，尽管两人风格不同，而吉·贝阿尔（Guy Béart）则要比这两人逊色许多，那么这能让摇滚成为一门像古典音乐一样的"重要艺术"，让流行歌曲成为一门"次要艺术"吗[1]？不能确定艺术的角色，就意味着一切都是艺术，包括生活、性、街头走路的方式、背包的方式、翻卷牛仔裤裤腿的方式、打领带的方式、引诱或抛弃一个人的方式、具有**摇滚态度**的方式。

摇滚在何种意义上是真正的艺术？

确立摇滚的艺术本质意味着要摆脱如下两种对摇滚的看法：1）摇滚是一种生活方式，一种社会态度；2）摇滚是一种可复制的产品，是一种大众消费品。

实际上，摇滚态度并没有触及摇滚的核心，只是涉及了某些边缘的表现；今天，一切艺术都被消费社会承担了起来，都受到大众消费品复制现象的影响。摇滚与消费社会诞生于同一时期，在这个意义上，摇滚不是艺术……但这种同时性究竟是

---

[1] 塞尔日·甘斯布在1986年12月26日贝尔纳·皮沃（Bernard Pivot）主持的电视节目《省文撒》（*Apostrophes*）中区分了"重要艺术"和"次要艺术"。

什么意思？如果没有消费社会，摇滚就不存在吗？摇滚是消费社会的产物吗？两者难道不是在彼此影响中并行发展的吗？一方面大众消费社会的发展给摇滚带来了声光电的效果，另一方面摇滚把政治信息传达给大众社会。

摇滚，是一件很容易的事吗？如果是的话，大家都能在几分钟内学会《加州旅馆》（"Califonia Hotel"）的连复段和吉他独奏。或者：让最伟大的政治演说家和最优秀的说唱乐手当面过招，看看结果如何……

没有哲学家从摇滚的本质上谈论过摇滚，或者说从它的艺术核心的角度谈论过它；要这样做，首先要把摇滚视作艺术哲学的研究对象。然而，摇滚是艺术，关于摇滚的哲学应当首先是关于摇滚艺术的哲学，也就是说确定摇滚具有的哲学意义，而不仅仅是关于声响的本体论或者关于摇滚态度的社会学。但有一个例外，即德勒兹，他是法国式"大众哲学"的先锋，唯一一个参与过电子音乐录制——里夏尔·皮纳（Richard Pinhas）的《旅客》（"Le Voyageur"）——的哲学家。德勒兹从未系统地论述过摇滚，但他提出过关于歌曲的地位以及演唱在歌曲中的地位问题，特别是流行、摇滚和民谣音乐中演唱的地位。德勒兹说皮亚芙（Edith Piaf）"有一种总是跑调的技巧，具有一种不平衡系统，总是在不断地补救，我发现所有的风格都是如此产生的"，他的语气很像电视评选赛中的评论。事实上，摇滚的韵律与皮亚芙的表现正相反，摇滚是开始时音调准确，在乐句的结尾偏离音准。

我想，无论如何，他（我）谈的还是摇滚。以美国的低吟歌手（crooners）和摇滚歌手（rockers）的接续为例。这当中有些问题让我感到不解。低吟歌手，很简单，唱的是重复的歌词，间奏通常很短暂。然后，摇滚歌手出场了……摇滚歌手显然要求快跑，这很正常。人们再也忍受不了重复，于是转为快跑。这很重要……我总觉得有什么不对！我查英语词典，"rock"和"rocker"这样的词从何而来？我想，如果是从"rock"（石头）这个词来的，那么是说得通的，因为石头可以滚动，摇滚就是石头的快速滚动。但这个词根本不是"石头"的意思，而是取自"摇篮曲"之意。是摇晃的动作！那我就一点也不明白了，为什么摇滚歌手称自己为唱摇篮曲的人？他们不是跟低吟歌手不同吗？低吟歌手才是在唱摇篮曲。有些问题不清楚……我认为这只是个能解决我有关摇滚疑问的细节。紧迫的事，就是无关紧要的事。

德勒兹，1984年3月20日课堂记录

实际上，德勒兹可能错了："rock"一词必须理解为摇晃，跟"roll"（翻滚）搭配使用。以猫王的经典摇滚《蓝色麂皮鞋》（"Blue Suede Shoes"）或《监狱摇滚》（"Jailhouse Rock"）为例：主歌部分是断续的，突然开始又突然停止。歌曲在晃动，即rock。接下来，副歌部分好像开启了另外一首歌，旋律如水般流畅，这是滚动，roll。

甘斯布区分了"重要艺术"和"次要艺术"，将需要基础知识才能理解的古典音乐和不需要基础知识就能理解的歌曲区分开来，德勒兹的论述中也出现了这个区分，但意思不同。"次要艺术"指的是摆脱了"标准"[1]（即摆脱主要艺术）的艺术，是败坏了的艺术，是赋予艺术一种极端而又模糊的形式的艺术。即是说，原本应是右面的，我们要给它一些左面的特征；原本是雄性的，我们要给它一些雌性特征；原本是雌性的，我们要给它一些雄性特征；原本清澈、准确的嗓音，我们要让它带上或多或少嘶哑的音色，就像詹尼斯·乔普林（Janis Joplin）的声音。德勒兹在一门关于音乐的课程中称歌曲是"嗓音的去地方化"现象。这在摇滚中特别明显。他提到了大卫·鲍伊作为嗓音性别差异的中性化和男女界限消失的例子。他还提到了鲍勃·迪伦（Bob Dylan），迪伦的声音被视为无特征的，因此与性别无关。他还提到披头士（很可能尤其指约翰·列侬），认为其中一人的声音几乎可以归入反男高音的类型中。

> 在这些嗓音或者说嗓音机器中，在流行音乐中……也有一种嗓音超越了性别二分的机器。我指的不仅仅是鲍伊，还有滚石乐队和平克·弗洛伊德乐队。……
>
> 从音乐上来看，迪伦的声音是什么？是一种白色声音。非常奇特。他的声音越来越鼻音化。……
>
> 英国人的流行音乐最为出色，这不是偶然。披头士乐队的成员中也有这种嗓音，不是反男高音，但有一个人的

---

[1] 吉尔·德勒兹，《左派的 G》（"G comme gauche"），出自皮埃尔-安德烈·布堂（Pierre-André Boutang）的电影《德勒兹的 ABC》（*Abécédaire*）。

声音近似于反男高音。

德勒兹，1984年3月20日课程记录，巴黎第八大学

此外，摇滚也可以从德勒兹的经典主题，即重复与差异[1]的角度理解。事实上，摇滚确实可以理解为"滥调"（rengaine）与抒情歌的合成品、冗余（redondance）与奇点（singularité）的合成品。滥调，重复，其结构属于"基础结构"（主歌/副歌），是对同一个音乐动机和同一段文本的重复：

> 歌曲也是如此：副歌是关于某事物X的，主歌也围绕这个事物展开，同时形成一定程度的意义发散。所以歌曲确实呈现出了一种基础结构。
>
> 德勒兹，《荒岛》，选自《〈荒岛〉及其他》，2002年

在一首歌里，副歌是以合成的方式重复一个普遍原则，主歌是对经验事实或思想事实进行展开，用来说明普遍原则。演唱则是一种语言，"每个词都无可取代，不能被重复"[2]，至少不能像它已经被重复的那样被重复。例如，大门乐队的《结局》就很好地体现了这两个特征。

摇滚是生活方式，是态度，是服饰……但这种摇滚"美学"如果指的是某人的外表，那么这种外表只有在作为情感和

---

1 2　吉尔·德勒兹，《差异与重复》（Différence et répétition），"引言"，法国大学出版社，1968年。

艺术创作的属性时才有意义。琼·杰特与黑心乐队的《我爱摇滚》，翻唱自箭头乐队的同名歌曲，很好地说明了德勒兹对摇滚的构想。

冗余、重复的"我爱摇滚"一句，在两个层面特别突出。首先，在意义层面，很简单："我爱摇滚"是唯一的能指，这个命题赋予情感以意义。这种意义属于话语层面的意义，尽管与歌曲的意义不一样，但也没有完全脱离歌曲的意义：能指"我爱摇滚"指向一个所指，即爱的情感，以及这一情感的非语言表达。短片的意义就在于此，也是图像的意义，展现出一个人如何热爱摇滚，如何成为摇滚：琼喊叫、蹦跳、演奏着，她来到一间酒吧，身着黑色皮夹克，嘴里嚼着口香糖，她做出摇滚的动作，靠在门边的墙上，一边摘手套一边看着酒吧大厅，像猫王一样把嘴撇向一旁，用大拇指指着自己说，"对，就是我"。她的演唱如同语言（朗诵）、机体（声带）、社会（动作）三个方面的合成。我们可以用学究的方式说"我爱摇滚"，但在这种情况下这个表述就不可信了，没有意义了。琼发出一种摇滚的嗓音，并且特意强化了这种效果。她在副歌之后开始喊叫。虽然"我爱摇滚"这句话本身无法构成诗，但唱歌和说出的文本交叠在一起，用两种不同的能指来重复同一个所指，构成了对歌词的一种原创性演绎，即德勒兹所谓"奇点释放原则"的一种表现。

在第二个层面，冗余在节奏上的标志是吉他连复段和鼓点的明显分离，副歌的和声部分就是在此基础上展开的。

我爱摇滚
　　宝贝，再点一曲
　　我爱摇滚
　　来吧，多留些时间，跟我跳舞

　　歌词很简单。摇滚在这里表现为一种艺术风格也是生活风格，归结为一个充满欲望的表达：亲爱的，放点音乐，跟我跳一夜！从这个普遍的原则出发，所有唱段中的讲述都是对这个主题的重复，当然加入了不同的当下特征：

　　他笑了，于是我站起身，问他的名字
　　但他说这不重要，知不知道都一样

　　主歌在说明副歌的同时，又来源于副歌。主歌通过讲述一个具体情形（即经验事实的特殊性，"意义发散"）重复副歌中的摇滚信息，而这个具体情形本身也是摇滚。第一段主歌：一个久经情场历练的女性在酒吧里看到一个年轻男子，她想"他是我的"，接着，她就毫不迟疑地开始行动，唱她最喜欢的歌，这是一个信号。第二段主歌：他看到了她，朝她微笑，说重要的东西不在能指中，而是在所指中，也就是说，重要的不是他的名字，而是他本人以及他具体可以做的事，比如在她的邀请下去她家，这构成了一个借代，即不直接把所要说的事物名称说出来，而用跟它有关的另一种事物的名称来称呼它。接下来，他换了主题：

接下来,我们摆动起来,他和我在一起

对,就是我

    主题不再是语言。她和他在一起,她属于他。不是为了说出来,那就"唱吧"!修辞手法从借代转为隐喻:"我能带你回家吗?在那没人打扰我们""唱吧"……是的,但是他们能唱一整夜吗?

    摇滚,也是性。第三段主歌:是第二段的简化版。"我们将继续摇摆,唱那首同样的老歌":还是那首同样的老歌(不老的歌),世界上最古老的歌。

    暗喻,纯粹的能指,表明了所指的敏感性,那件事的敏感性。为了说明并非所有事都可以说,从前奏部分开始便出现了三个效果,并且这三个效果在整部作品中不断出现,这三个效果是:脱节、延留和惊讶。

    脱节即层次的变化,或者说是语言表述的意义发生了深层次变化。脱节由节奏上的停顿表现出来:其中的一个拍子被取消了,这就把我们推进到下一节。这种跳跃在结尾处,即每次副歌开始之前再次出现,如同一种省略,一段与我们无关的时间。延留,指的是电吉他上的一种音符,带有低沉、切分、弯音效果,可以打破常规节奏的沉重感。延留同样包含所有乐器戛然而止的情况,就像"在那没人打扰我们"结束之时那样。整个乐队作壁上观,保持一种等待的姿势,并让音符回响一个小节,像省略号一样地在暗示:"然后怎样?……"接着,琼用阿卡贝拉回答道:"接下来我们继续……""然后怎样?……"然后……"他和我在一起"。"然后怎样?"此处谈话主题改变了,或者更确切地说,谈话主题没有改变,又回到了最初的并且一直没有改变的所指:"啊……我爱摇滚!"整个故事就是摇滚!

最后,惊讶产生了,此刻除了打击乐之外,所有乐器都停止了,这时候延留被一段吉他的连复段打断,既熟悉又出人意料——即便连复段不停反复。

这一切都意在表明他们要接吻了。吉他独奏,仪式性的重复,摇滚音乐的必然要求,每一次重复又那么不同,这不是说的时刻,而是做的时刻。摇滚的话语没有真与不真。但摇滚的话语是有意义的,尤其是让人听得懂的意义。例如,音乐是男,歌声是女。两者如此协调……但当歌声停止并让位于电吉他,意义就显得含混不清了。

摇滚在诉说自己,在思索自己,寻找自己的意义和目标。摇滚在讲述,也被讲述。"杰基弹吉他",鲍伊唱道。他拿起吉他,为了表明他在弹奏,双重意义的弹奏。菲利普·凯特林的《音乐是给我们伴奏的和弦》("La musique sont les accords qui les accompagnent")中的歌词"LaM Sim Do#m RéM7..."就像抛向吉他手们的一个眼神,是如同数学方程一样迷人的语言。这些都是揭开艺术家身份的途径,都是自画像,是自我的嵌套结构,如同一张画中画,就像库尔贝(Gustave Courbet)作品《画室》(*L'Atelier du peintre*)中的库尔贝,或者如同再现中的再现,就像委拉斯凯兹(Velázquez)的作品《宫娥》(*Las Meninas*)。摇滚是艺术吗?一边是想说是但犹豫不决的哲学家，一边是装作对这个问题漠不关心却不停在追问这个问题的摇滚歌手，查克·贝里（Chuck Berry）的《我爱摇滚，摇滚乐》（"I Love Rock'n'Roll, Rock'n'Roll Music"）、比尔·海利与彗星合唱团（Bill Haley & the Comets）的《围着时钟摇摆吧》（"Rock Around the Clock"）、绿洲乐队（Oasis）的《摇滚之星》（"Rock'n'Roll Star"）、达米安·塞兹（Damien Saez）的《摇滚之星》（"Rock'n'Roll Star"）、大卫·鲍伊的《摇滚自杀》（"Rock'n'Roll Suicide"）、AC/DC乐队的《摇滚火车》（"Rock'n'Roll Train"）、帕蒂·史密斯的《摇滚黑人》（"Rock'n'Roll Nigger"）、玛丽莲·曼森（Marilyn Manson）的《摇滚死了》（"Rock Is Dead"）、休伯特·费利克斯·蒂芬（Hubert-Félix Thiéfaine）的《摇滚是什么》（"Was ist das Rock'n'Roll"）、黑手乐队（Mano Negra）的《摇滚帮》（"Rock'n'Roll Band"）、滚石乐队（Rolling Stones）的《这只是摇滚》（"It's Only Rock'n'Roll"）、约翰尼·阿利代（Johnny Hallyday）的《摇滚态度》（"Rock'n'Roll Attitude"）、艾迪·米切尔（Eddie Mitchell）的《别给我玩摇滚》（"Joue pas de rock'n'roll pour moi"）、威廉·舍勒（William Sheller）的《摇滚老调》（"Dans un vieux rock'n'roll"）、齐柏林飞艇乐队（Led Zeppelin）的《摇滚》（"Rock'n'Roll"）、摩托头乐队（Motörhead）的《摇滚》（"Rock'n'Roll"）等等，都是在追问这个问题。对哲学家和歌手而言，可以提出这个命题：摇滚是艺术，是音乐。此外还是……

🎤　它来自那里……

——约翰尼·阿利代,《所有我喜爱的音乐》("Toute la musique que j'aime"),专辑《不孤独》(*Insolitudes*),1974

亚里士多德与作为"净化"的摇滚
——玛丽莲·曼森,《摇滚死了》

摇滚使民风淳朴

> 摇滚一片死气沉沉 / 震撼全在脑海中 / 性和药曾是你唯一的食粮 / 那就别再抗议了,带他们上床[1]

"艺术的目的是产生一种学院派的美",这种主张是可商榷的,不仅因为我们对"美"或者"美学"概念的认识,而且因为我们认为艺术的功能不是这两个概念所能涵括的,艺术还肩负着其他使命。例如,在绘画中,美学追求长期以来满足于对现实尽可能逼真地模拟,绘画艺术的功能是进行纯粹的模仿,几乎如同一门科学。或者再比如,一场音乐会可以成为一次社会融合的机会,艺术具有政治维度。或者,如果"音乐能使民风淳朴",那么应当承认音乐具有道德教化的功效。但这最后一点看法对于摇滚可能不太合适,摇滚能让我们变好、变得温柔敦厚、易于交往吗?能让我们变平和吗?不一定。难道不是吗?想想席德·维瑟斯(Sid Vicious)[2]……

音乐能使民风变温和吗?变温和,可能是在放纵之后回归

---

[1] 玛丽莲·曼森,《摇滚死了》("Rock Is Dead"),专辑《机械动物》(*Mechanical Animals*),1995年。
[2] 朋克摇滚乐队性手枪(Sex Pistols)的贝斯手,以极具攻击性的挑衅著称。

安静。或者说，变温和就是放纵。而被压抑，就是紧张、激动、烦躁，是受挫，并且归根结底具有潜在的暴力性。所以，艺术同时具有心理和道德的两个功能，对于个人而言具有心理功能，对于与他人的关系而言具有道德功能。心理平衡是道德的一个条件。这样一来，如果说摇滚是放纵，那么摇滚就是道德的。虽然在摇滚明星的舞台和看台上有时存在暴力现象，就像在球场和更衣室里一样，可是，如果摇滚音乐会和球赛被禁止的话，街上的暴力活动不是会更加猖獗吗？亚里士多德在《政治学》（公元前4世纪）中指出，如果不想让孩子把家中的一切都破坏掉，那么就不能禁止孩子玩玩具时发出吱嘎的噪音。Défoulement（发泄）这个词非常贴切，其中有foule（人群）一词，如果每个个体都摆脱掉一些什么，则整个集体就得到了满足。

摇滚是不是一种净化（catharsis）？这个词在古希腊语中指的是在入教仪式时的净礼。从生物学的意义上来讲，指的是月经。从园艺学的意义上来讲，指的是修剪树木的枝条。宽泛而言，净化是心灵通过某种道德需要的满足而得到放松的形式。无论在哪种意义上，它都是指摆脱掉某种东西。亚里士多德的净化定义是通过戏剧将邪恶的情感去除掉。这个斯塔基拉人[1]以此肯定了艺术作为解脱、消遣的手段的作用。这个概念还具有医学、物理学的含义，指的是通泄、疏通，也具有精神上赎罪的意思。亚里士多德的《诗学》讨论的是戏剧的意义和重要

---

[1] 亚里士多德有时也被称作斯塔基拉人，因为他出生在斯塔基拉（Stagire）、色雷斯（Thrace）的一个城邦。

问题，在《诗学》中，净化的前提条件是 mimèsis（模仿）。亚里士多德是这样定义悲剧的：

> 借助人物的行动，而不是叙述来模仿，通过引发怜悯和恐惧使这些情感得到疏泄。
>
> 亚里士多德，《诗学》，1449b，公元前 4 世纪

模仿是自然的、文化的、有教育意义的。它既可以是任何人对自然的模仿，也是艺术家对模仿的风格化。亚里士多德认为，至少存在两种模仿方式：一是如实地模仿事物，一是如事物应该是的样子模仿事物。就艺术来说，亚里士多德认为艺术是对低俗的或高贵的人的模仿。艺术家在舞台上再现人的行为，观众将舞台上展现的行为看作是自己行为的一个变形映像。舞台是一面镜子。演出应当逼真，即与真实事件相似，可以有一些夸张的变形，以突出被展现的事件、激化情感，以实现宣泄净化的目的。观众看到了自己所是或应该是的样子：模仿在这里是内在的、心理的。艺术的道德功能在于人能够改正自己的态度。因而，模仿是一个从生活到艺术、从艺术到生活的运动，生活必须转变为艺术才能实现我们的道德提升。

模仿使宣泄净化成为可能，亚里士多德在《政治学》中特别指出了宣泄净化，并称自己将在《诗学》第二卷再谈这个问题，但《诗学》第二卷今已散失。如今要想更多地了解宣泄净化，就要参考《政治学》。在《政治学》中提及净化，这并非

偶然：情感的宣泄确实具有社会和政治功效。

> 我们可以看到这些人每每被祭颂音乐所激动，当他们倾听兴奋神魂的歌咏时，就如醉如狂，不能自已，几而苏醒，恢复安宁时，就好像服了一贴药剂，顿然消除了他的病患。用相应的乐调也可以在另一些特别容易感受恐惧和怜悯情绪或其他任何情绪的人们，引致同样的效果；而对其余的人，依各人感应程度的强弱，实际上也一定发生相符的影响：于是，所有的人全都由音乐激发情感，个个在某种程度上消除了沉郁而继以普遍的怡悦。所以这些意在消解积悃的祭颂音乐实际上给予我们大家以纯正无邪的快乐。[1]
>
> 亚里士多德，《政治学》第八卷，1341b，公元前 4 世纪

亚里士多德谈到音乐，音乐是他那个时期戏剧的重要构成成分。通常而言，戏剧表演对演员来说是一种情感的释放。例如，他可以在舞台上杀人而不受制裁，可以有最粗鲁下流的表现、展现最激烈的愤怒，而不会被人指责为无耻。他以这种方式来表述自己内心的恶，就像一个肺结核患者用力咳嗽来清理炎症分泌物。宣泄净化对演员来说就是把不可控制的激情转变为程式化的表演。而对观众来说，宣泄净化是把情感转化为思想。因而宣泄净化是对非理性的理性化。所以，必须要去看

---

[1] 译文参考亚里士多德：《政治学》，吴彭寿译，商务印书馆，2019 年。——译注

戏、去听音乐会。我们可以在剧院和音乐厅里从冲动、恐惧、邪恶的欲念、难以启齿的行为以及我们的错误中解脱出来。通过与主人公的认同,我们在精神上经历了他的罪行、他的不幸,被他的例子所教化。我们就是这样解释我们自己的和别人的错误。这种与自我的间离,使得我们对人有了新的了解。就像维特根斯坦所说的那样:"伦理学和美学是一回事。"[1] 二者具有同样的功能,即让我们与自己面对面。

音乐的目的在于改变堕落的灵魂,使它得到净化。音乐是流动的、舒畅的。它用旋律之流带走我们的焦灼。亚里士多德所说的愉悦可以理解为从一种痛苦中解脱出来,即一种缓解、一种疗愈。另一个重要元素,即音乐带来的"无害的欢乐"。这种欢乐是一种没有任何有害后果的发泄,对表演者和听众都是无害的。音乐引发的热情是道德净化的良药。暴力转变为能量,冲动转化为欲望,胡思乱想转变为计划,不幸的主人公转变为一个老老实实的普通人。

亚里士多德的理论是不是说舞台上情感越激烈,尤其是不道德、丑恶和不幸展现得越充分,我们就越能得到净化呢?

玛丽莲·曼森的例子很有趣,大家对他的歌和他这个人都争议颇多。他的金属摇滚确实表达了他生命中的一种核心力量,如同尼采在《悲剧的诞生》中所说的艺术的狄俄尼索斯维度,也即一种原始的本能、自然力量的狂热,但在这里是以一种颓废的、虚无的样态呈现出来。生命的力量在尼采看来是衰

---

[1] 维特根斯坦,《逻辑哲学论》,6.421,1921 年。

落的，但它可以通过语言、工具和行为的暴力表现出来，以涤除掉自身的否定成分。那么，宣泄净化还有用吗？摇滚产生的是哪种模仿和认同呢？摇滚的音乐是舒畅的、平淡的，还是毁灭性的？摇滚的附体能使人从忧愁中解脱还是加深了忧愁？它能缓和过分的情感还是使之加剧？

我们以《摇滚死了》为例，这部作品通过摇滚来肯定摇滚的死亡。这种做法也很像尼采，尼采用哲学来宣告哲学的死亡。这部作品极具挑衅意味，情感奔放，可以产生亚里士多德意义上的宣泄净化的功效。文本、音乐和人物曼森这三个元素可以说明这一点。

文本的核心建立在一种交错配列[1]的基础上，传达出一个关于死亡的讯息，交错的两个元素分别是"摇滚死了"和"上帝在电视里"。

摇滚死了

上帝在电视里

当然，歌唱摇滚之死并把伴奏的吉他摔坏，在舞台上，这是发泄的象征，这样的做法与美国电视台里宗教作秀节目一样

---

[1] 交错配列（chiasme）是一种修辞格，其名称来源于希腊字母 khi（X），这个字母的两个笔画呈现交叉的形式。这一修辞格通过交叉来创造一种潜在的关联，例如，雨果的诗句"雪在北方所做正是沙在南方所做"（La neige fait au nord ce qu'au sud fait le sable）。

常见。但实际上，第一个元素"上帝死了"让我们想到的是尼采多次提到的话（"Gott ist tot"），第二个元素"摇滚在电视里"，让我们想到的是电视上正在播放的摇滚 MTV。对曼森而言上帝死了，这并不奇怪。他的音乐在电视里播放也不奇怪。有关这首歌与德国哲学家尼采的关联的假设建立在一个共同点上，即突出了"敌基督"这个概念［尼采的著作《敌基督者》和曼森的第三首作品《敌基督的巨星》（"Antichrist Superstar"）］。曼森在舞台上象征性地杀人也杀死了自己。用交错配列杀人，是一种精心设计的发泄。就像摇滚乐迷宣告摇滚之死意在打碎集体意识中坚实的信仰一样，歌词中一个非常突出的主题是唤醒心灵，根除这个信仰，转向对摇滚的信仰。那么，这就需要宣泄净化，需要内在的震撼："震撼全在脑海中"。这种震撼由"摇滚死气沉沉"这句话表达出来，这句话同时也表达了拯救。曼森把观众由没有思想、没有生气、封闭、固执愚见的状态（"整个世界没有灵魂，深陷泥潭"），从如同动物、怪兽的状态，如同没有大脑的、受兴奋剂控制的、迷信盲从的机体，变成了本身一无所有、可以任意交换的样品。

> 你出卖整个生命
> 为了一个更安全的死亡
> 为了有所归属

曼森要求他们不再依赖他们崇拜的这个电视里的新神。"性和药曾是你唯一的食粮"：要剔除掉这种坏食粮的影响。但这种信仰很坚定、很普遍，"1000个妈妈为此祈祷"，净化的工作十分重要，"我们满怀希望、满腹大便"。人们只是创造新的偶像来代替已死的上帝，这无异于制造新的幻觉（"创造一个新神来疗救自己并模仿他的言行"），或是制造新的心理慰藉，以忘记过去的精神鸦片，并不顾一切继续演戏，逃避自己也逃避真实（"卖给我们一件漂亮的假货和一件真实的伪装／为了有所归属"）。

如果歌词的文本强制性地规定了净化功能，即是说它揭露了一个愚弄人的阴谋，并且呼吁摆脱这个阴谋，那么音乐本身就构成了一种直接的净化。我们很容易想象出它在观众中引起的反响，"Mosh"[1]、"Circle Pit"[2]和其他大胆的游戏和举动。

乐曲开篇是一段渐强的拉尔森，突然被捶打声和低而响的震动打破。这时候欧米茄（Omega）愤怒的、深沉的、充满威胁的声音响起，他的演唱很有戏剧性，欧米茄是希腊字母表中的最后一个字母（是不是意味着人类最后的机会？）。主歌的旋律基本一致，大鼓和贝斯把所有的拍子都明晰地突显出来，电子琴的声音在立体声的音效中左右摇荡回旋。"为了有所归属／为了有所归属"的音色嘶哑而刺耳，由带饱和音效的吉他和弦伴奏，既有延长音也有中断，整个效果十分粗犷。副歌部分"摇滚！！！"一句非常具有爆发力，水镲的击打声为副歌伴奏。人声在饱和音效的衬托下增加了强度。和声不时加入，突出

---

[1] Mosh，参与者在摇滚现场靠近舞台的区域跟着节奏舞动，通常包括跑动、跳跃和以安全的方式互相碰撞。——编注
[2] Circle Pit，人群在摇滚现场辟出的圆形区域内集体逆时针跑动。——编注

"摇滚"（Rock）和"震撼"（Shock）两个词："摇滚死气沉沉／震撼全在脑海中"。桥段部分的"上帝在电视里"，人声的转调与键盘上的快速琶音相配合。桥段以喊出的"Rooock!!!"继续，接下来一段器乐将我们带入下一轮循环，再次强有力地启动这台地狱机器。最后的几句和声加入了金属合成音效，刺耳到几近令人难以忍受，表达了面临即将到来的反转时的感情。整体包含了一些变化，看上去颇像悲剧元素：戏剧（即希腊语 drama，意思是行动）情节的发展被命运安排的悲剧事件打破，悬念迭起的情境中隐含着暴雨前的沉寂。

最后，歌曲中的玛丽莲·曼森这个人物值得多角度解读。布莱恩·休·沃纳（Brian Hugh Warner）创造了玛丽莲·曼森这个人物，让玛丽莲·曼森戴着欧米茄的面具，后者是专辑《机械动物》（*Mechanical Animals*）中堕入人间的摇滚之星。而玛丽莲·曼森这个名字是在玛丽莲·梦露和连环杀手查尔斯·曼森两人名字的基础上，用交错配列修辞手法构造出来的。在某种意义上可以说是美女与野兽的合一。曼森并不仅仅是一名歌手，他还扮演了一个角色，体现了一个悲剧概念，就像古希腊英雄体现了可怕的命运一样。摇滚明星通常也是演员，是拉丁语 personare 意义上的"人物"。吻乐队（Kiss）和大卫·鲍伊［及其扮演的形象阿拉丁·塞恩（Aladdin Sane）、杰基·星尘（Ziggy Stardust）等等］已经运用过这种激情四溢的化妆和服装造型，还有闪电妆⚡，后来猫王进一步将闪电标识普及开来，闪电自天而降、袭击大地，就像一个演员要对观众产生有冲击力的影响，就像尼采"用锤子"来做哲学。短片强化了歌曲的疯狂。片中拍摄的是舞台上的演出,这是合理的,因为这首歌代表了逍遥学派[1]主张的艺术净化功能。"逍遥学派"一词来自希腊语 péripatéô,意思是"来去",亚里士多德讲课时会在吕克昂[2]一边散步一边讲授。在某种意义上,这也是一种演出。

那么……玛丽莲·曼森给我们的是一种好的净化吗?叔本华认为死是摆脱欲望之苦的唯一方式,但他并没有随意轻生,玛丽莲·曼森也是如此,他也没有去做他建议给别人的事,他没有给摇滚判死刑,而是继续以自己的作品来丰富它。观众愚蠢吗?应该责备曼森吗?亚里士多德认为艺术能把激情转变为概念,这是不是高估了净化的作用呢?追随科特·柯本(Kurt Cobain)脚步的人会自杀,歌德《少年维特的烦恼》使有些人忧郁的心灵更加沉郁,更不必说当叔本华在法兰克福的酒馆里喝啤酒时,有人却把他的哲学付诸实施。但这些极端的例子毕竟罕见,我们听完一场摇滚音乐会之后,通常是满足的、发泄过了的状态。有人说摇滚是野蛮人的音乐、毁灭者的音乐、平庸之辈的音乐。其实不然。那样的人可能更喜欢去看闹剧而不是听摇滚。闹剧属于另一种模仿类型,剧中人都是纠结在低俗情节中的小资产阶级,藏在壁橱里的情郎等等。观众各有所好……只要酒能醉人,酒瓶如何又有何妨。狄俄尼索斯与我们同在!

---

[1] 逍遥学派亦称"亚里士多德学派",是亚里士多德弟子世代相传组成的学派。——译注
[2] 吕克昂(Luceion)是亚里士多德在雅典创办的学校。——译注

🎤 来吧跳舞 / 来吧跳舞跳舞跳舞跳舞跳舞 / 来吧跳舞

——M.,《马奇斯塔多尔》("Machistador"),专辑《洗礼》(*Le baptême*), 1997

劳动与技术

马克思:"人对人的剥削"
——阿克谢尔·鲍尔,《货船》

人说"劳动就是健康"……

🎤 我脑袋里这台机器/机车,秘密的夜/在我灵魂上刺出丑恶的文身[1]

如果根据黑格尔的主奴辩证法,劳动对于被贬低为奴性的意识来说是解救者,此外,我们不能只看到这一活动带来的负面影响。诚然,根据黑格尔的意思,我们可以提出如下假设:奴隶从事最困难的劳动,从这一原则出发,如果证明了劳动是个人解放的条件,那么所有劳动者都是被解放者。然而,奴隶制在其具体的现实中,比起它产生的被解放者来说,导致了更多的不幸者、伤者和死者。普遍而言,工作让我们面临一个矛盾:我们既渴望它又想逃避它。它是舒适的物质环境的条件,是个人被承认、被社会接纳的条件,但也是苦役和惩罚。上帝因为亚当和夏娃的原罪而判处他们劳作。对女人说:"我必多多加增你怀胎的苦楚,你生产儿女必多受苦楚。"[今天法国

---

1 阿克谢尔·鲍尔(Axel Bauer),《货船》("Cargo"),单曲,1983年。

的妇产医院里,产房依然被叫作"劳作房"(salles de travail)。]对男人说:"你必终身劳苦,才能从地里得吃的。地必给你长出荆棘和蒺藜来,你也要吃田间的菜蔬。你必汗流满面才得糊口,直到你归了土,因为你是从土而出的。你本是尘土,仍要归于尘土。"(《旧约·创世记》,3,16—19)

那么,劳动究竟是尊严还是羞辱?它成就了我们还是毁灭了我们?

技术,是以增加或完善生产为目的而系统组织起来的一套方法。人类仅通过自身身体资源无法实现的对自然的转化,可以通过技术来实现。技术中也存在一个与在劳动中类似的问题:技术究竟使我们的劳动更轻松,还是贬低了我们的价值?技术也是一把双刃剑:它于我们有益,同时也有害。而且,与机器的肢体接触以及由此产生的依赖,不也改变了人类的本性以及人与现实的关系吗?是不是说劳动是异化的原因,技术加强了这种异化?"异化"一词指的是这样一种强大的力量,它能使个体失去对自身的掌控,造成个体的身份迷失和力量丧失,促进那个占据支配地位的存在或结构的发展。当一个病人不能掌控自己的知觉、想象和行动时,我们可以说这是精神上发生了异化。但异化也可以是社会的或政治的,例如,我们被剥夺了自由便是发生了异化。

马克思就是在后者这个意义上来思考与劳动有关的异化的。他指出了与劳动有关的另一个矛盾,它尤其出现在资本主义经济制度中,那就是:"人对人的剥削"[1]。马克思的社会政

---

[1] 马克思,《共产党宣言》,1848年。

治理论围绕阶级斗争展开：人类历史上的一切时代都以统治阶级对被统治阶级的剥削为特征。在19世纪的欧洲，阶级对立的双方，一方是资产阶级，或称资本家，他们拥有资本，包括财富和生产手段，另一方是无产阶级，包括工人和失业者，他们的资产只有他们自身，他们只能用自己的体力来交换一份薪水。劳动是被迫的。这样的社会关系构成了一种不公正，因为"工人价值被贬低到维持工人在劳动期间的生活需要，而且只限于保持工人后代不致死绝的程度"[1]。

《1844年经济学哲学手稿》非常清楚地对经济和社会中的异化劳动做了分析，对作为奴役的劳动进行了彻底的批判，他将"劳动"与拉丁语中的 tripalium 相比。tripalium 既指给犟马钉马掌时使用的三足工具或对造反奴隶用刑，也指劳动这一活动本身。对马克思来说，异化劳动抛弃了人的四种主要形式：1）自然的人；2）他自身作为个体；3）他作为一般存在；4）人类整体。

> 劳动所生产的对象，即劳动的产品，作为一种异己的存在物，作为不依赖于生产者的力量，同劳动相对立。劳动的产品就是固定在某个对象中、物化为对象的劳动，这就是劳动的对象化。劳动的实现就是劳动的对象化。在被国民经济学作为前提的那种状态下，劳动的这种实现表现为工人的失去现实性，对象化表现为对象的丧失和被对象

---

[1] 马克思，《1844年经济学哲学手稿》，1844年。

奴役，占有表现为异化、外化。

马克思，《1844年经济学哲学手稿》

工人不拥有他生产出来的对象，即不拥有他的劳动成果：他的活动转化为对象，他的劳动被对象化了，但他随即被剥夺了他制造出来的东西，失去了来自他的那个对象，也即失去了自身的一部分。

异化的原因外在于劳动，也内在于劳动本身。换言之，工人不拥有劳动的对象，他也不掌控劳动条件、不掌控劳动的组织，这些都是由资本家掌握的。工人也不拥有他所使用的生产工具，如设备、机器。

> 他在自己的劳动中不是肯定自己，而是否定自己，不是感到幸福，而是感到不幸，不是自由地发挥自己的体力和智力，而是使自己的肉体受折磨、精神遭摧残。……因此，他的劳动不是自愿的劳动，而是被迫的强制劳动。因而，它不是满足劳动需要，而只是满足劳动需要以外的需要的一种手段。劳动的异化性质明显地表现在，只要肉体的强制或其他强制一停止，人们就会像逃避鼠疫那样逃避劳动。外在的劳动，人在其中使自己外化的劳动，是一种自我牺牲、自我折磨的劳动。

马克思，《1844年经济学哲学手稿》

在劳动中，工人不再属于自己，他的劳动在某种意义上是一种朝向死亡的缓慢（但有时也是最迅猛的）加速。他从事的活动不属于他。他希望塑造自己的精神、个性，想要构建真正的生活，但他没有这种社会可能性。他的能动是被动，他的力量是无力。劳动越专业化，则他就越少需要思考。与机器的融合把工人也变成了机器。

工人劳动的异化也使工人区别于自身的同类。"类"这个词包含了如下意思：我们当中的每个人作为个体都是人类的代表。困难在于：在劳动时间之外，工人没有时间从事其他事务，只能满足自己的基本需求，比如食物和性。而没有时间从事精神活动。由此，"人变成了动物"。

> 人的类本质——无论是自然的，还是人的精神的、类的能力——变成人的异己的本质，变成维持他的个人生存的手段。异化劳动使人自己的身体，以及在他之外的自然界，他的精神本质，他的人的本质同人相异化。
>
> 马克思，《1844年经济学哲学手稿》

这前三种异化形式的结果是工人失去了他自身的人性："人成了人的异己"。他别无选择：少劳动则意味着少存在，生产更多则会让自己变得更差，加工物质以扭曲自己，在让自己的劳动对象变文明的同时把自己变野蛮。"劳动越充满智慧，则工人就越被剥夺智慧，沦为自然的奴隶。"劳动和统治阶级使无产阶级面临着一对相互矛盾的诅咒，面临着两难的社会处境：要么保持自由，不工作，但这样只能死去；要么工作，但……慢慢地死去。经济的法则使得人不再统一，而是被一分为二："劳动创造了宫殿，但是给工人创造了贫民窟。劳动创造了美，但是使工人变成畸形。"[1] 在马克思看来，剩下的不是心中的希望，而是一种历史的必然，即工人革命。"全世界无产者联合起来！"[2] 否则，工人只能生活在悲惨的条件下和悖论的不公中。

阿克谢尔·鲍尔的《货船》带给我们的就是这一思想，工人劳动的异化、身体的孤独和人类欲望遭受的囚禁。这首放克摇滚（rock funk）歌曲以一个水手的第一人称叙事，讲述了他在一艘工厂拖船的车间里工作数周之后，在一个临时港口下船。这首歌的创作受赖纳·维尔纳·法斯宾德（Rainer Werner Fassbinder）的影片《雾港水手》（*Querelle*）的影响，这部影片出品于《货船》问世前一年，改编自让·热内（Jean Genet）的小说《布莱斯特的奎莱尔》（*Querelle de Brest*）。

歌词中提到了工作时间（"三十五天没看到陆地／穿着条纹衫，没好好刮脸……／三十五天的苦役"）之后的休息时间（"刚刚下船"）。"苦役"指的是囚犯被迫在疲惫和痛苦中进行的劳作："我不想再划船了"。这个劳动者身处阴暗肮脏的工作环境中，和他一起劳动的水手们合唱出了歌词的主要部分："夜间货船……煤烟货船……烦恼货船"。即使在岸上，关于劳动的想法依然还在，无休止地，如同一句我们不喜欢却在脑海中不由自主重复的歌词。

---

1 马克思，《1844年经济学哲学手稿》，1844年。
2 马克思，《共产党宣言》，1848年。

> 我脑袋里这台机器
> 无声轰鸣的机器
> 我脑袋里这台机器
> 机车,秘密的夜
> 在我灵魂上刺出丑恶的文身

拖船引擎的轰鸣依然在记忆中回荡,如同开裂的手指上留下的氧化发黑的机油、皮肤上留下的蒸汽味道,洗也洗不掉。劳动就像令人后悔的文身,在血肉中挖出痕迹,填上油墨,就这样刻下了工人的遗书。影响是双重的,有外有内,外面是涡轮机的喧嚣,内心是被压抑的冲动、过度的缺乏、过度的剥夺。

不工作的时间,是释放被过分克制的欲望的时间。但是,水手脱离那个机器世界而重新做人的时间太短暂了:"两个夜晚放空自己"。工人没有充足的时间来让自己的冲动得到有益的培育和教养,没有时间把自己的冲动引向其他的人类活动,比如与虚构想象有关的活动或者社交活动。工人不是拿利息或年金的贵族,无法把性作为一种爱情与偶遇的游戏[1]。他必须自己满足自己,以一种粗鲁的、迅速的方式,如同动物一样,是生殖意义上的而不是享受。真正的欢愉是痛苦的幻想。正是在这个意义上,马克思写道:

---

[1]《爱情与偶遇的游戏》(*Le Jeu de l'amour et du hasard*)是法国18世纪剧作家马里沃(Marivaux)的代表作。马里沃的作品以人物微妙的言辞和心理活动著称。作者在这里化用马里沃剧作的题目,旨在说明一种与劳苦工人生活状况相反的状况。——译注

> 工人只有在运用自己的动物机能——吃、喝、繁殖——的时候，才觉得自己是自由能动的。……吃、喝、繁殖等等，固然也是真正的人的机能。但是，如果使这些机能脱离了人的其他活动，并使它们成为最后的和唯一的终极目的，那么，在这种抽象中，它们就是动物机能。
>
> 马克思，《1844年经济学哲学手稿》

于是，在港口城市，酒、水烟筒和妓女的肮脏把戏开场了。"我走在湿漉漉的岸上／汗水如酸般滚烫／地狱即将开启"。为了接下来能够继续面对劳动的不幸，工资被花费在了娱乐活动上，如果不劳动，则得不到这样的娱乐。劳动产生了新的需要，扭曲了人。这是一个无休止的恶性循环，水手知道自己无法逃脱。妓女也无法使他忘记自己的命运。恰恰相反："她带我／走向焦虑，重蹈覆辙"。这是劳动的机械论，也是性的机械论：没有未来，没有新意，只有可怕的覆辙，只有对同一事物的重复，如同一种刑罚。这是船再次离港后的一份回忆。性成了幻想，工人独自在自己的小船舱里把欲望的对象投影在舱壁上，投影在他的精神生活里。性成了一种模拟，当阿克塞尔睡着时，他臂弯里抱着的只是枕头。

让-巴布提斯·蒙第诺（Jean-Baptiste Mondino）的短片展现了身体不被满足的欲望，它不得不为了工作而保存精力。马克思认为，"劳动越强，则工人越无能""力量……是无能，生殖……是阉割"。工作中的身体有它的机械学。身体是机器：身体是机器的第一推动力，身体与机器合为一体，器官与零件、循环与齿轮传动、油和分泌物协同运作。身体的劳动生产出对象，也生产出自己，手柄、开关、操纵杆的运动与肌肉的运动混合在一起。无产者只拥有自己肌肉的力量，他把这份力量投入工业中，把它作为一件生产工具使用。短片中的身体展现了一种美的理想，其标准是效率、收益，斯达汉诺夫式工作者[1]意义上的美。美好的男性身体实际上以反衬的方式展现了马克思所说的工人腐坏变质的过程。理想的身体是幻想。

歌曲开篇，轮船低沉的汽笛声远远传来。音乐立时营建起一种机械的、合成的节奏，一种音乐意义上的老调重弹。《货船》属于那种能长久萦绕你心间的歌曲。放克吉他响起，声音清晰如冰冷的钢铁，清脆果断，再加上相位效果、饱和效果和混响，歌声就在这样的氛围中响起。合成器发出的几个音符模拟出更柔和的汽笛声。键盘声萦绕着歌声，营造出神秘的气氛，如同薄雾弥漫于受检的轮船之间。在更加激烈的副歌之后是吉他的连复段，吉他弦声压抑，但切分节奏仿佛一股由于压抑窒息而不能完全发挥出来的力量在苦苦挣扎。接下来，饱和吉他开始了一段奔放粗犷的演奏，没有具体的含义，歌声阳刚气十足，吐字不太清晰，也不讲究连贯，更没有意义，如同动物的吼叫。吉他的独奏部分，设计十分繁复，包含多个变音记号，还包含一个加强的相位效果，平添了东方韵味，让人联想到长途跋涉的旅行。最后，末段主歌之前，两个和弦制造出

---

[1] 这个词来自斯达汉诺夫（Alekseï Stakhanov）的名字，他是苏联的采煤"突击手"，1935 年 8 月，他在 6 个小时内采煤总量达到了标准要求的 14 倍。在苏联开展的鼓励工人提高劳动生产率的宣传中，他成为标志性人物。——译注

一种断裂，一种出人意料的音调变化，同时，主歌也直接表达了这种变化（"我想把一切都颠倒过来 / 我的希望破灭"），即一个翻转，一场海难，从正常的呼吸到水淹窒息，从希望到幻灭。末段主歌由合成器伴奏：阿克谢尔沉入"思想的海洋"，淹没在自己的绝望里。但即使这场海难也不过是幻想。必须继续过他的劳动者生活。

疲惫、忧伤、不可能的忘却、沉醉和夜色、无聊和愤怒，这就是中途靠港的水手那悲惨的娱乐。甚至"换个港口"的命令也改变不了什么："夜晚跟着你"。绝望的西西弗斯再一次往山顶推举那块石头，他知道这不是最后一次，那个无产者就像西西弗斯一样，每个黎明都要回来找他的涡轮机、找他的活计，他的手插在口袋里，昨夜的苦艾酒令他的眼神依旧迷离。

🎤 成为工人阶级英雄真了不起
——约翰·列侬（John Lennon），《工人阶级英雄》（"Working Class Hero"），专辑《约翰·列侬 / 塑胶小野乐团》（*John Lennon/Plastic Ono band*），1970

海德格尔与技术批判

——米基 3D 乐队,《呼吸》

我们去林中散步吧

只要有树林……

🎤 所有因素都被掌握 / 三场运动分两次,历史转折 / 我们不是明天才开倒车 / 我们甚至已开始污染沙漠 [1]

  技术的定义是人为了实现某个目标而有目的、有计划地创建和组织起来的全部物质手段。似乎不存在未曾"调整好"的完备技术,或者说似乎不存在偶然出现的完备技术。一切技术因而从本质上说都是朝向某个结果的目的论(即希腊语的 télos)。希腊语技术(technè)主要指本领(savoir-faire),其中包含了理论(知识 savoir)和实践(做 faire)的相互作用。但是,如果在一切具体的实现之前,游戏设计者要考虑程序、木匠要考虑家具的图纸、工程师要考虑水坝的布局,则他们的思考甚至可以包括技术的意义本身以及使用技术所带来的结果。他们是否想到了网瘾,是否想到了使用锯子的手工劳动者发生的工作事故,是否想到了河流环境的改变?很可能。笛卡尔建议我们"成为自然的主人和拥有者"。但是,这样一来,我们

---

[1] 米基 3D 乐队(Mickey 3D),《呼吸》("Respire"),专辑《你别笑死》(*Tu vas pas mourir de rire*),2003 年。

依然还是自己的主人吗？我们从古希腊开始，就颠覆了自然和技术的关系，并通过技术改变了我们同世界的关系。古代人在自然中看到的是一种神力（大自然母亲、丰饶角[1]），或者是一种令人惧怕的力量（闪电是神的愤怒）。自然不论是保护人还是惩罚人，都是高于人的，技术于此无能为力。中世纪神学将自然视作创造，不能侵犯神圣的事物。肢解身体是一种渎圣，上帝的作品不能也不应该成为知识的对象。随着笛卡尔思想的出现，以及现代性及物理学的发展，自然不再掌控人，而是人掌控自然。这个意图值得称道，因为即便是笛卡尔的"自动机器"和"无数机器的发明"，其目的首先在于保持人的体魄康健。启蒙思想家引入了进步的概念。我们知道后续如何：工业污染、劳动中的伤害和死亡、以武力争夺科学发现等等。从此，几条不同的路摆在我们面前：放弃技术，回归原始的生活方式；继续走技术膨胀的路，直到自我毁灭；建设一种有益于人的技术，或者说针对技术的弊端采取一些本身也是技术的手段。

这样一来，一切技术都是进步吗？

认真权衡技术的利弊之后，难道不应当放弃技术吗？可持续发展的概念，在哲学上，最早是由汉斯·约纳斯（Hans Jonas）在《责任原理》中提出的，可持续发展的概念提出了如下公理："你行动的结果应当与人类在世间真正的生活和谐一

---

[1] 丰饶角（Corne d'abondance）起源于古代神话，是装满了果物的羊角状器皿，象征丰收，常见于西方的绘画、雕塑作品中。——译注

致。"[1] 换言之，我们有权为满足自己当下的需要而发展技术手段，条件是不损害这一权利的未来。约纳斯还引入了另外两个重要概念：预防原则和恐惧启发学。前者主张暂时中止一项具有潜在危险性的研究（尤其是科学研究）或活动以及与之相关的技术，在更好地了解其后果并力争更好地掌控风险之后再继续。后者主张将恐惧视为威胁的征兆，恐惧的出现提醒我们应当应对威胁。对技术社会的批判揭示了技术社会反人文主义的一面，即人类中心主义和对自然的遗忘。

在德国哲学家海德格尔的《技术的追问》中，有关技术的思想是这些论证的源头。海德格尔认为，一切技术都是对被生产的事物和生产过程的揭示，或者说是被生产的事物和生产过程的显现方式，即 poiesis。但是，与传统技术相比，现代技术的揭示方式是特殊的：

> 什么是现代技术？它也是一种解蔽。……解蔽贯通并统治着现代技术。但这种解蔽并不把自身展开于 poiesis 意义上的产出。在现代技术中起支配作用的解蔽乃是一种促逼（herausfordern），此种促逼向自然提出蛮横要求，要求自然提供能够被开采和贮藏积累的能量。那么，老式的磨坊是否也是如此？不。老式磨坊的风车随风转动，直接由风来完全掌控。磨坊把空气动能供我们所用，不是为了

---

[1] 汉斯·约纳斯，《人类行动本质的转变》("Transformation de l'essence de l'agir humain")，选自《责任原理》(*Le Principe de responsabilité*)，弗拉马里翁出版社，1999 年。

贮藏积累这种能量。而一个地区却是在促逼下提供被开采的煤和矿石。今年，被解蔽的大地是煤田，土地是矿石的仓库。

海德格尔，《技术的追问》，1954年

"促逼"是指使某人或某事物产生其在正常情况如果不"刻意"为之则不会自发产生的反应。促逼即是给其施加一个使命，一个它本质上没有的角色。例如，传统农业对土地的要求不超出它的自然产能，传统农业把土地用篱墙包围起来，也用悉心的呵护包围起来，以陪护一个生态过程。人与环境之间的协同一致组成了我们所谓的"乡土"概念，即地域与人的交融。相反，集约农业和工业化的农业为敦促土地的生产，以施肥、施杀虫剂的方式刺激土地，我们对土地的要求与文化固有的关于粮食和人口的思考有关，而这种思考是外在于自然的。土地被极度透支以致无法产出，如同一个使用激素的运动员倒地不起。土地被工具化，被贬低到只具备地基的功能。磨坊利用风而不扭曲它、不使它改变性质，而露天矿场的巨型推土机却是在向地球掠夺资源，因为这些资源的再生速度低于我们消费这些资源的速度。虽然我们承认自然有它自身的目的，但事实上我们施加给它的目的却不是它自身的目的。海德格尔还举了另一个例子，出自他对莱茵河谷地区鲁尔河畔工业化情况的地理和社会观察：

发电厂建在莱茵河上，迫使莱茵河交出水压，水压又迫使涡轮机转动，涡轮机的转动推动机器转动，机器的驱动装置制造出电流，而区域发电厂及其电网则被支配用于传输电流。以上这些结果一个接着一个，从发电厂被建造在此地开始，莱茵河本身也成了被支配的事物。建在莱茵河上的发电厂，并不像几百年来连系河两岸的老木桥。毋宁说，河流被囚禁在了发电厂里。今天的莱茵河作为河流成了水压的提供者，它之所以成为了水压的提供者，是因为发电厂的本质使然。

海德格尔，《技术的追问》，1954年

阻碍是"置放"（Gestellt）的一个实例，指的是人像海盗登上对方的船抢夺物资一样侵犯大自然、掠夺大自然财富的行为。木桥的谦卑在于它从高处避开水流，不触犯水流。

就河流这个问题，我们可以设想三位发现了河流的人：一位工程师、一位商务人士和一位诗人。每个人都看到了这片风光，不是如其所是的那样看到，而是从每个人特有的技术角度，也即是从某种决定着人与世界关系的着眼点来看。这个角度会使观察到的物理现实发生扭曲吗？工程师会从流量和压力的角度来看待水流；商务人士会从商业潜能的角度出发，构想一个航行计划，载着游客去他们凭借自己的力量永远也去不了的地方；诗人凝望着河流，将之作为自己艺术的观照对象。只有诗人的技术不构成对河流的暴力侵犯，因为河流的使命不是停止流动，也不是运送那些追求享乐的人。

那么，是不是要否定现代技术，抛弃它而回归到一种更加接近自然的生活？海德格尔在他神秘的林间木屋里找到了庇护所，默默地思索着。人们不愿意完全抛弃技术，不愿意倒退。1933年，这位大学校长[1]只能被动地看着技术日复一日地发展，接受了自己对当时工业社会发展的融入……

如果我们逃避技术，技术会抓住我们不放。我们数落一台设备（比如电脑或者电吉他）的缺点时，手上明明在使用这台设备。我们对人工设施的逃避是做作的，自然成了一种文化产品。

海德格尔揭示了现代技术的本质会产生什么样的效应，米基3D乐队的《呼吸》将这种危害作用彻底展现出来。促逼破坏并毁灭了自然，意味着自然需要被修复，这样一来，我们留下的这个自然，在我们的后代看来就是控制论的。短片中那个代表着人类后代的小女孩收到的就是这样的礼物。自然只是游乐场里的一个人工合成的生态作品。啊……技术进步！人工的魅力。虚拟所具有的魔力让我们忘记了影像并非真实。"你记得"是回忆的精神分裂，是精心策划的游戏。

这些就是新的实用主义诡辩、新的信仰、新的毒品，它们就是要将虚构伪装成真实。

在这首歌中，副歌部分的"你必须呼吸"是对基础生理功能的召唤，这个生理功能在正常情况下是自发进行的，但现在却需要人为地引发，如同停跳的心脏需要电击的刺激。

---

[1] 大学校长指海德格尔，他于1933年就任弗莱堡大学校长。——译注

> 你必须呼吸，这话说来简单
> 你不会笑死，这话说来不简单
> 你必须呼吸，明天一切将变得更坏

这首歌的开头是呼吸声，像是垂死之人的呼吸声或者医疗辅助下的人工呼吸声，或者是在防护面罩中的呼吸声。接下来，米基单调、低沉、充满失望情绪的声音进入。旋律介于民谣流行和说唱之间，原声吉他和搓盘混合在一起，如同两代人的相遇，这也是这首歌的构成原则。

在这首曲子中，米基3D乐队呈现出三个主题：起源、前景、道德。歌词是唱给一个孩子听的，如同一种"恐惧启发学"[1]，就世界的状况给他以警示。要是没有教育，成年人如何把自己都不遵守的道德准则教给别人呢？然而，在最后几句副歌中，一个孩子的声音加入进来，与成年人的声音合在一起，表示孩子已经明白了这惨痛的教训。生态灾难之前的历史如下："起初什么也没有起初一切都好／那时自然在发展而没有马路"。"起初……"这样的表述流露出明显的对《圣经》的仿拟。人刚一落地，便因傲慢和对强权的追求而犯了罪："后来人类穿着厚重的鞋来了／靠拳打脚踢获取尊重""一切事物都被掌控"。这几句歌词很可能都化用了笛卡尔"自然的主人和拥有者"一说。由人来决定那个唯一的方向，而这个方向就是人的方向。要造成无所不在的不平衡并不难，"三下两下"：

---

[1] 这一术语由德国哲学家约纳斯发明。——译注

几周的钻探就可以挖尽一片需要千万年形成的石油层。最不易接近、环境最恶劣的天然岛屿也被染指。相信能够回归原初自然，是一个哲学空想："我们不是明天才开倒车"。然而，自然最后的痕迹不久之前还在，成年人是其历史见证：

> 你给他们讲讲那时候你可以
> 躺在草地上吃水果
> 林中百兽栖居
> 初春鸟儿归来

这是对朴素生活的向往。在这个段落中，打击乐停止了风镐一般机械的敲打声，"初春鸟儿归来"一句变得异常富于表现力，歌声中带着些许嘲讽。

在这场灾祸下还有没有未来？生物医学研究可以预测出所有的基因转变：人会变成库克罗普斯[1]（"你的子孙们只有一只眼／长在额头正中"），颠倒了正常与不正常（"你为什么有两只眼你被当成傻子"），很可能导致物种的灭绝（"吃的是树叶"），如同回到没有人类出现时的初始状态，即深生态学[2]的理想憧憬（"起初什么也没有起初一切都好"）。前途暗淡，现状凄凉。

---

1 库克罗普斯（Cyclops），古希腊神话中的独眼巨人。——译注
2 深生态学（deep ecology），积极提倡人类应与动植物及环境保持协调的生态活动。——译注

> 孩子，这就是人类的历史
> 不美好，我也不知道结局
> 你没有生在蜜罐里而是生于一个坑洞
> 人们每天把它填满像在填一个粪坑

最后，从这些观察和预测中得出什么道理呢？谁应当对此负责？如在任何人类灾难中一样，因为是共同的责任，所以每个人都推诿塞责、归咎于人："不是我的错，是古人的错"。古人不再是古人，或者说不再是智者，今天的成年人就是明日的罪人："再没有人给你洗手了"。摆在孩子面前的问题是如何治理这份千疮百孔的遗产："他们会告诉你你怎么会放任不管任由妄为"。与其说是可持续发展，不如说是放任不管，成为自己新欲望的"奴隶"，消耗一切社会供给的"凶犯"，"没有能力"采取行动，因为共谋而有罪，一个新生的"悲惨世界"……

短片以动画的形式重建了一个人工合成的自然：人用技术毁掉了自然，而后沾沾自喜地以这种方式让孩子探索那已经被毁掉的自然。技术不是自足的现实，因为它本身也是被生产出来的。短片中主题公园里的这个让我们暂时忘却惨痛现实的人造自然，这难道不是在以一种可怜的方式告诉我们无辜的后人：是我的错[1]？让我们一起祈祷太阳不要变绿，让我们还小女孩一个真正的自然之梦，有绿草、鹿和蝴蝶……

---

1 此处原文是拉丁语，mea culpa。——译注

🎤 来草地上找我/自然母亲之子/阳光下雏菊摇曳悠然唱歌——披头士乐队,《大自然母亲的儿子》("Mother Nature's Son"),专辑《披头士(白色专辑)》[*The Beatles (White Album)*], 1968

宗教

莱布尼茨论信仰和善恶

——滚石乐队,《同情魔鬼》

让他向魔鬼忏悔

> 🎤 我这人既有钱又有品位 / 我在这周围多年 / 偷走了很多人的灵魂和信仰[1]

如果说技术给我们一个关于未来的幻觉,宗教则被经常视为一个关于过去的幻觉。这种对宗教的看法有对有错。"宗教"一词可能有两个词源。它与拉丁语 religare 或 relegere 有关,前者的意思是"连接",后者的意思也是"连接"。区别在于,前者作为社会学现象,指的是个体之间围绕对某个神圣或曰不可冒犯的原则或存在的共同信仰而产生的关联。信仰以仪式的方式表现出来,该方式就是对不变的动作按规定进行定期重复,即对该宗教奠基性事件的象征性复原。re- 的意思是"再次",ligare 的意思是"韧带"。后者包含的连接动作使人联想到精装书壳,古时候的精装书装订工把不同的册页集合起来装订成一本书。这样一来,信仰的意思就是:阅读某个宗教的奠基性文

---

[1] 滚石乐队,《同情魔鬼》("Sympathy for the Devil"),专辑《乞丐盛宴》(*Beggars Banquet*),1968 年。

本，对其进行阐释、注解，发现其整一性，这是以个人的手段进行哲学或者神学思考，而不是集体手段，也不是社会现象。但宗教性特有的每种手段都是象征性的，因为这些手段将人或者书页集合起来。象征的反面是分解。dia- 这个前缀的意思是"通过、经由"，与 sun-、syn-（"与……一起"）意思相反，指的是断绝和分裂的行为。diabolique[1] 一词中就有 dia- 这个前缀。这可能是上帝唯一的错误。为什么要让它堕落？上帝难道不应该把恶留在自己身边？上帝很可能腐化了它的本质。但是使它脱离善，让它成为一个单独的实体，结果就是使它存在、赋予它独立行动的可能性。总之，恶人（diabállô）就这样产生了。所以，宗教信仰提出了一个有关善恶之间、魔鬼与上帝之间关系的微妙问题。如果上帝存在并且是善的，那么人间的恶从何而来？如果说恶通过天使的堕落而自上帝来到人间，这样说究竟是肯定还是否定了上帝的至上和完满？如果说恶存在且恶来自上帝，那么上帝存在。但是，如果上帝是一切事物的创造者，那么上帝作为恶的创造者则不是完美至善的。而否定上帝的绝对完满就等于否定了上帝的存在。

没有魔鬼，上帝能存在吗？

这是一个真正的神学问题。诚然，上帝首先是信仰的对象，是不受理性支配的无条件情感。然而，神学在于用理性这不完满的能力来解释神迹，理性由此成为信仰的补充，用我们证实的东西来确认我们相信的东西。只通过信仰不足以解决

---

[1] 形容词，意思是"魔鬼的"。——译注

以上提出的那个难题：一方面上帝的两个本质特征是全能和至善，另一方面恶显然是存在的，如何解释两者之间的矛盾？神正论（théodicée，由théos神和dikè正义组成）是一种哲学论证，意在证明恶的合理性在于它给予创造和生命以意义。"神正论"一词很可能是莱布尼茨创造的新词，莱布尼茨是理性乐观主义的代表，伏尔泰塑造了"老实人"这个小说人物来批评和讽刺莱布尼茨，小说中有一句著名的表述："这是最好的世界"。官方宗教的上帝本应创造的就是这样一个最好的世界，莱布尼茨的神正论正是建立在这样一种基督教传统上的。但是小说的主人公却不断面临各种灾难，因而，这句表述的反复出现就充满了嘲讽意味。一方面是仁爱、慈悲的救世主，带来天堂的希望，另一方面是人间无所不在的恶。奥古斯丁于413年开始撰写《上帝之城》，他是思考这一矛盾的第一人，这位神学家认为，原罪使人背离了上帝，恶就是这一行为的后果。因而恶在奥古斯丁看来不是一个自足的事实，他不像摩尼教那样将善与恶视为彼此分离的两个存在。

传统的神正论可以概述为五点。第一，撒旦是一切恶的表现。例如自然灾害（如伏尔泰在《老实人》中谈到里斯本海啸并由此推出宗教的上帝并没有那么好），自人受撒旦的教唆而违背上帝、犯下原罪之后，自然被放任不管，听凭它自己的法则行事，于是便有了自然灾害这类不幸。第二，上帝存在的宇宙论证据表明宇宙是有秩序的；这样的秩序不可能是偶然的结果，必然出自高尚的智慧，也就是上帝。那么，表面的混乱背后隐藏的是和谐的布置与安排。只有博学而睿智的人才能看出这一点。第三，恶是上帝创造的，上帝创造恶，意在检验人的信仰是否虔诚，检验人对诱惑的抵制能力如何；恶有助于人的养成。这一想法受到末世论的影响（末世论一词源自古希腊语 eschatos，"最后的"，是关于时间的终结和心灵最终去向的思考），末世论认为对恶的抵制通向永福。第四，神正论从本体论的角度（在这里是对事物存在的思考）做出了肯定，明确指出创世是一项复杂的工程，其间出现不完美和缺陷是在情理之中的。恶在世界的缺陷中显现。如果没有恶，则世间一切就是完美的，人世间就成了上帝本身，我们也就成了上帝，而这是不可能的。因此也可以说现在的这个世界是最好的世界。第五点也是最后一点，由于我们有自由意志，所以可在知情的情况下在善恶之间做出选择；恶因而构成了上帝所赐之自由的不可缺的对立面。自由而不幸。

每个论点都受到了反驳。第一，如果上帝是一切事物的缔造者，则他也是魔鬼的缔造者，是恶之因。第二，和谐真的是世界的本质特征吗？世界难道不是服从于混沌原理？第三，如果上帝仁爱、慈悲，则他就不会给人施加任何惩戒，更不会惩戒那些不施恶于人却遭受厄运的无辜者。第四，如果恶包含在善中，那么不幸就包含在幸福中，地狱就包含在天堂中。然而，它们是不同的。第五，从道德的角度而言，我的自由意志并不完全，比如，它不能阻拦我不顾安危去救助一个处境危险的人。我们的很多行为是自发的、本能的或者不得已的。而且，撇开道德而言，我们不能防范生活、自然和历史领域中的一切险恶情形。

莱布尼茨写《神正论》（或曰《关于上帝之善、人之自由和恶之来源的神正论》）的目的在于回敬这些反对意见。他的论述方法是摆出这些反对意见，然后给出自己的回应。这部著作最后有一个"争论问题的形式论证"。以第一个反对意见为例，这个反对意见是按照三段论的方式构成。三段论[1]是一种逻辑推论形式，表述如下：凡 A 皆 B（大前提），凡 B 皆 C（小前提），则凡 A 皆 C（必然结论）。

I 反对意见。

凡是没有做出最好选择的人，都缺乏力量、知识或者善。

上帝在创造世界的时候没有做出最好的选择。

因而上帝缺乏力量、知识或善。

莱布尼茨回应说，"部分中的不完满可能是整体上的大完满所需要的"。他用了两个权威的论据，其中一个引用了奥古斯丁的话，"上帝允许恶的存在是为了从中得出善，更大的善"，另一个引用的是托马斯·阿奎纳的话，"允许恶是为了世界好"。恶的产生本身是一种善，即"felix culpa"，意为幸福的罪恶：亚当的堕落得到了补救，因为他的堕落带来了一个没有堕落则不会有的好处，即基督的来临，基督是灵魂的拯救者，给生活以意义，给过错以宽恕。如果上帝是善的，能让人练习

---

1 亚里士多德,《论辩篇》, 公元前 4 世纪。

自由，这个练习可能会被恶污染。但是，一方面耶稣的受难可以涤除恶；另一方面，人应当好好使用自由，而不是因为个别的例子而剥夺所有人的自由。这样一来，不仅一个有恶的世界比没有世界要好，而且，一个有恶的世界比一个没有恶的世界要好。这个世界比其他任何世界都更好。莱布尼茨的宇宙论哲学建立在两个原则上：一元论（世界是一元的，而不是二元的，与摩尼教的看法相反）和前定和谐（一切，包括恶，都由上帝预先设定好了）。这两个原则都是符合神正论的。

那么，选择莱布尼茨还是伏尔泰？披头士还是滚石？这是个经典问题，也是个十分重要的问题，因为问"披头士还是滚石？"就是在问：《随它去》还是《同情魔鬼》？上帝还是魔鬼？信仰还是不信？应当祈祷并希望还是应当盯着恶的存在和上帝的失败？滚石乐队的《同情魔鬼》只注意魔鬼的所作所为，应用了莱布尼茨的充足理由律，但这一原则又反过来针对莱布尼茨的观点，因为这一原则消除了任何对于上帝神圣力量的肯定。这首歌没有引用上帝本身。

让-吕克·戈达尔（Jean-Luc Godard）在实验性纪录片《一加一》（*One + One*）中使用了滚石乐队的这首歌。主要演员是这一乐队的成员，他们正在录音棚中录制唱片。影片中的一个段落讲述了这首歌曲的诞生（或者说缔造[1]），对米克·贾格尔（Mick Jagger）一伙人的邪恶本性提出了疑问。影片是按照建构与解构、象征与魔鬼的对比来组织的。《同情魔鬼》是

---

1 "诞生"和"缔造"，原文使用的是 genèse 和 création 两个词，与《圣经·创世记》（Genèse）和上帝创造万物是同样的词。——译注

整部影片的天使面庞。它的魔鬼面庞是通过各种混乱、犯罪、社会动荡、革命暴力的场面来展现的，这些场面的出现打断了音乐录制。我们可以看到这首歌曲的创作是怎样受到另一个方面的影响的。某些摇滚乐的题目确实受到了社会影响。罪恶场面中有这样几组：黑豹党（Black Panthers）在一座废旧汽车处理站里处决身披裹尸布的白人姑娘，同时还读着阿米里·巴拉卡（Amiri Baraka）的作品。阿米里·巴拉卡在其戏剧作品中反对白人文化对黑人文化的统治，但黑豹党的解读存在着歪曲。一个人在汽车上涂写。在一家书店里，孩子们在买色情杂志，打了两个嬉皮士，然后向售货员行纳粹敬礼，售货员则在高声朗诵希特勒《我的奋斗》中的段落。海滩上有某位民主人士，她之前在采访中对社会问题做回答时态度十分坚定，可现在显然被无政府主义折服，不由自主地被摄影师的吊车带着走，代表这两种主义的红黑旗帜赫然摆在她身旁。所有这些都是魔鬼的作品。录音棚和外部世界之间不断地来回切换更增强了这些场面的任意性。由录音棚转为外部场景时，声音和画面都是毫无过渡地被剪断、切换。

这首歌的歌词与《一加一》的场景十分相似。

> 很高兴见到你
> 我想您猜出了我的名字
> 啊，您有什么疑惑？
> 这就是我的游戏，噢耶

歌曲遵循的原则如下：魔鬼以真身显现（"请允许我介绍自己"），没有说出自己的名字但说出了自己的特征（"我在这周围多年／偷走了很多人的灵魂和信仰"），并且让人强烈地感到他就是他接下来将要列举的这些事件的罪魁。他的手法是运用迷人而又具挑衅性的谜语游戏。说话者在形式上表现得体，内容却充满邪恶。所谓魔鬼就是我们对这个游戏不明就里，却甘心投入其中。我们既被它吸引，也被它弄得晕头转向。歌曲中有一部分探讨的是魔鬼美学和社会方面的外在特征（"我这人既有钱又有品位"）和他的礼貌殷勤，令人感激（"如果您遇到我／请您有礼貌……有同情心有品位／用上你学到的所有优雅"）。因而，魔鬼正在告诉您要对他有同情心。不然，小心报复！（"我将以你的灵魂为抵押"）为什么不是怜悯呢？让我们瞧瞧……嗯，还是别想了……

外表总具有欺骗性。是邪恶的，是令人不安的。说话者夸耀自己曾亲历一些惨烈的重要历史事件，而没有明确说出自己在其中扮演的角色。他引导了本丢·彼拉多（Ponce Pilate）的决定和行为，他目睹了耶稣被处死，这个罪犯在人群中若无其事地看着自己的受害人被埋葬。魔鬼就在我们中间。亚历山大二世遇害时他在圣彼得堡。在20世纪的闪电战（Blitzkriege）中，他是军队将领，在尸体堆中开着坦克前行。他幸灾乐祸地观看那场以上帝名义发动的百年战争，就像在罗马燃起大火，然后弹着里拉琴欣赏这一切的尼禄[1]。太有趣了……他也染指了

---

[1] 尼禄，古罗马的暴君。——译注

肯尼迪、约翰和罗伯特的遇害。毒品贩子在嬉皮士路线[1]中给嬉皮士们设下的致命圈套也出自他的手笔。

在历数犯下的罪行之后，是一则教训：

> 就像每个警察都是罪犯
> 所有罪人都是圣贤
> 头就是尾
> 就叫我路西法吧
> 因为我需要点克制

简言之，魔鬼是上帝的另一面。一切存在都有不同的两面，一面是善一面是恶。没有正面则反面不会存在，没有反面则正面也不会存在。哪枚硬币没有反面。人们以善的名义发动战争，按照恶的最小化原则去谋杀。没有什么是纯粹的。魔鬼表现出的反讽（他说要保持谦逊，称自己是一个下等魔鬼）也像所有反讽一样是双刃剑。如米克·贾格尔在《一加一》中宣称的那样："魔鬼是上帝的放逐。"魔鬼是度假中的上帝。他有时需要放松一下，把绷紧的弦松一松。太过完美则有害于完美。

滚石乐队的主唱在《滚石》杂志（*Rolling Stone*）中提及这首歌曲的律动时，谈到它强大的催眠力量，很有非洲—南美洲的气氛。歌曲以打击乐（康佳鼓和沙球）和歌手野性的呼喊

---

[1] 嬉皮士路线（Hippie trail），嬉皮士从欧洲到亚洲或者从亚洲到欧洲所走的路线。

声开篇，从一开始就使乐曲具有了狂热的节奏。桑巴音乐加入民谣和流行摇滚中。人声响起，平静而有挑逗意味，由钢琴弹出的三个重复的和弦伴奏。接着，贝斯使整个乐曲节奏跳跃起来，没有变快，但强度随着人声的音高而增强。在副歌部分，魔鬼又回到他礼貌谦恭的样子，与此同时，和弦中断。整首歌曲时长六分钟，在其中两分钟左右响起著名的和声"whoo whoo"，这是后来通过叠录方式加入录音中的，由全体成员一起演唱，支撑起了没完没了的节奏造成的地狱般的气氛。人们制止不了恶。主唱在唱到魔鬼的"丰功伟绩"时语气变得越来越尖锐和坚定。在其余的四分钟内，基思·理查兹（Keith Richards）的吉他独奏如同一个从盒子里钻出的魔鬼一般令人吃惊。独奏十分生硬，太尖锐、太过饱和，很刺耳。这是有意而为吗？魔鬼的原则恰恰在于让我们疑惑和不知所措。太尖锐、刺耳吗？哦……你看到处都有恶！但如果你什么也不说，恶劣的声音就会慢慢地折磨着你的耳朵，就像地狱之火焚烧你的血肉之躯。接下来的部分和尾声是所有配器元素的自由混合，在这样的伴奏下米克·贾格尔发出指令："哦，宝贝，告诉我你的名字……"在浓云密布的夜里，在我的黑暗时刻，轻声在我耳边说出一句动听的话。"随它去"。

🎤 哎，哎，上帝伟大／哎，哎，上帝是善
——琼·奥斯本（Joan Osborne），《我们中的一个》（"One of Us"），专辑《品味》（*Relish*），1995年。

尼采与彻底无神论:"上帝死了"
——尼娜·哈根,《在墓地》

上帝死了
谁想代替他?

🎤 上帝死了 / 主不见了 [1]

如果上帝(或其他宗教的神明)不曾存在,会如何?有两种形式的无神论。第一种不是否定上帝,而是否定教会设立的各种教条,因为那些教条强迫人们按照规定的传统去信仰一个至高无上的存在。每个宗教都想要使自己信奉的真理成为普遍真理,在任何地方、任何时代、对任何人都是真理。在这个意义上,一个人就可能既是无神论者又相信(可以是通过理性的证明而相信,也可以是由于情感和信仰而相信)上帝的存在。自然宗教的教义就是如此,它体现了"自然神论"的概念:人自然地或曰内在地具有信仰上帝的能力,而不必通过那些上帝选民所说的话。第二种形式,"无神论"一词应当作严格意义上的理解,即否定上帝,否定上帝这一想法并否定对他的所有信仰。这个词由 a 和 théos 组成,前者的意思是否定,后者的意思是"神"。世界上没有什么能够证明有这样一个全知、全

---

[1] 尼娜·哈根(Nina Hagen),《在墓地》("Auf'm Friedhof"),专辑《尼娜·哈根乐队》(*Nina Hagen Band*),1978 年。

能、永恒的存在作为世间一切的无上起源。

如果上帝不存在，他又怎会在意识中存在？

于是就会提出这样的问题：如果上帝不存在，为什么那么多人对这样一个存在确信不疑，为什么那么多种文化都发展出对上帝的信仰？难道人类中的大部分都是傻瓜？当代无神论者的新三位一体，马克思、尼采和弗洛伊德，为此提供了解释。马克思认为，"宗教是人民的鸦片"[1]。上帝是统治阶级强加给被统治阶级的想法，以此来麻痹被统治阶级的批判意识，让他们相信"那在后的将要在前、在前的将要在后"[2]。尼采认为，有些心灵是懦弱的，无法承受生命的短暂，上帝及其衍生品（灵魂不朽、有关彼世的承诺）就是对这些心灵的安慰。弗洛伊德认为，不成熟的成年人感到需要继续生活在庇护的羽翼之下，于是就承认存在这样权威的圣父上帝。上帝显然是存在于意识中的，因为人们相信他的存在，或者因为人们认为他不存在。在第二种情况下，无神论者有上帝这个概念，并认为这个概念是合理的，值得关注并成为精神寄托，不然他不会用大量的论证去指出这一信仰的荒谬性。对上帝的批判，说到底，是使上帝这个概念存在。对上帝之子来说也是如此。想要贬低耶稣基督的企图有利于使之成为传奇：殉道者流芳百世的原因恰恰就在于此。

尼采的著作围绕对基督教和对古典哲学的批判展开，这两者有着共同的对上帝、灵魂和永恒的信仰。而尼采认为，生命

---

[1] 马克思，《黑格尔法哲学批判》，1844年。
[2] 《圣经·马太福音》，第20章第16节。

是本能，是身体力量的洋溢，是狄俄尼索斯冲动[1]，也必然是死亡冲动，也就是精神传统唯灵论拒绝的东西。人不能如实地接受这个世界，于是就发明了神，这不过是欺骗那些脆弱和肤浅心灵的安慰剂。在《敌基督者》中，尼采解释说，基督教是纯粹的虚构，由以下虚构元素构成：虚构的原因，即上帝；虚构的结果，即罪或永福；上帝与人之间虚构的关系；虚构的自然科学，其实是人类中心主义（人类中心主义的理论将人"anthropos"作为宇宙的中枢）；虚构的心理，其实是建立在悔过、罪恶感和阉割基础上的道德；虚构的目的论，上帝治辖或者最后审判，都是在幻想的基础上发展起来的。所有这些虚幻的价值使我们偏离了存在的真正价值：

> 什么是善的？一切在人心中激起强力的东西，强力意志，强力本身。
> 什么是恶的？一切根植于羸弱中的东西。
> 什么是幸福？感到强力在增长，一个阻碍被克服。
>
> 尼采，《敌基督者》，1888年

比如说，怜悯是恶：

> 基督教被称作怜悯宗教。——怜悯与令人振奋的情感是背道而驰的，令人振奋的情感能够提升生命的能量；而

---

[1] 狄俄尼索斯，古希腊的葡萄酒和戏剧之神，四处流浪。尼采用他作为"权力意志"概念的象征。

怜悯的作用方式是压抑。

尼采，《敌基督者》，1888年

因此，宗教是一种反自然的、堕落的实践活动。尼采不想做时代的见证者，而是想引发人们去注意其他更加根本的价值，比如权力意志。权力意志的第一个意思是不再相信上帝，"上帝死了"这句名言就是由此而来，德语是"Gott ist tot"。尼采在自己的著作中多次宣布了这个消息，尤其是在《查拉图斯特拉如是说》（1883—1885）中。隐士查拉图斯特拉是一个与基督相反的形象，他在山上冥思了十年之后下山告诉人们这个消息。他遇到了一位圣人，问他道："圣人在森林里做什么？"圣人回答说："唱、哭、笑还有低声抱怨，我以这样的方式赞美我的上帝。"查拉图斯特拉走开后，自忖道："这怎么可能！森林里的这个老圣人还没听说上帝死了吗！"

"上帝死了"是一个充满挑衅性和矛盾的表述。如果上帝是永生的，他怎么会死？因为上帝只是活在意识中而不是在现实中。人创造了上帝，而不是上帝创造了人。说上帝在意识中死了，意思是说基督教信仰产生了分裂，这样一来，最好就是使它终结，把位置留给一种新的道德。在诗人海涅（Heinrich Heine）看来，上帝在弥留之际。尼采缩短了他死前的痛苦。在《快乐的科学》中，这句名言出现了三次，分别以不同的口吻。寓言版：

上帝死了。依照人的本性，人们也会构筑许多洞穴来展示上帝的阴影,说不定要绵延数千年呢。

尼采,《快乐的科学》,第108节,1882年

悲喜剧版:一个疯子逗得一群无信仰的人哈哈大笑,他们在广场上喊道——

> 我在找上帝!……上帝在哪里?……我告诉你!咱们杀了他,你们和我一起杀了他!咱们都是杀他的凶手!……——没觉出神的腐烂吗?——神也是会腐烂的!上帝死了!是咱们杀了他!

尼采,《快乐的科学》,第108节,1882年

逻辑版:如果是我们的精神使他诞生,而他却被驱赶出去,我们就对他的消失负责。

最后一个,可以说是大众传媒版的:

> "上帝死了",基督教的上帝不可信了——这个阴影开始在欧洲大地上扩张。

尼采,《快乐的科学》,第343节,1882年

尼采,在他思想报负的投射中,看到了渴望战胜自造的恐惧和迷信的人类,渴望从信仰的负面作用中解脱出来,原本以为信仰能给我们安慰,可是最终它带来的恶多于善。诚然,尼采式的虚无主义是暂时的,因为将世界认定为没有任何意

义（至少没有任何基督教意义）的想法应当被一个朝向其他价值的运动所超越。但是这个想法同样令人焦虑：我们是不是准备好了过没有他的生活？因为如果上帝是一切事物的起源，他如果死去，则至少他创造的整个宇宙体系和他规定的道德秩序都会在象征意义上随他一同死去。他的死讯在时空中回荡，甚至《时代周刊》的封面都在思考"上帝死了吗？"。[1] 尼娜·哈根那首成为新浪潮先锋的朋克摇滚歌曲《在墓地》也在问这个问题。

这首歌讲述了两个吸血鬼的日常生活。无神论在这里打扮成了吸血鬼的面貌，这个形象很具有挑衅性，善被恶取代。具讽刺性的是，它用一种唯灵论取代了另一种唯灵论，而无神论恰恰是拒绝任何唯灵论的。其他具有挑衅性的地方：上帝的死讯由魔鬼来宣布。而魔鬼在基督教神学中是出自上帝的（是堕落的天使），魔鬼被创造出来是为了让人通过对比而明白上帝之善。通常，人们或者既相信上帝也相信魔鬼，或者两者都不信。而且，有关吸血鬼的迷信并不是与魔鬼直接相关的，这首歌既不是撒旦主义的也不是哥特式的。它难以归类。

歌曲的编排十分精密，充满了音乐的起伏、主题的多样化和音调似有似无的变换。歌曲时长为 6 分 11 秒，其中前奏持续了 2 分 5 秒，意在表明要出事了。乐句越发展，我们就越想知道要发生什么事，当尼娜·哈根终于开始演唱时，我们先是听到风声，轻柔继而猛烈。第一把吉他奏出琶音，然后贝斯发

---

1 《时代周刊》，1966 年 4 月 8 日。

出拍弦的声音，像一个垂死之人在棺材里面拍打棺壁却怎么也无法打开。接下来是低音嗵鼓发出的隆隆声，突然，贝斯发出的两下声音如同茫茫暴雨中走出来的一个身影，一声镲片和一声喊叫，既抒情又令人战栗，但似乎并没有妨碍吉他的演奏。电子琴奏出一段奇异的旋律，其间夹杂着尼娜的尖叫声……

歌手的声音以一种不太严肃的戏剧方式出现。歌曲抒情而庄严。这是尼娜·哈根典型的演唱手法，即从女高音到女低音的经典唱腔，但结束时总是脱离这个经典轨道，就像要毁掉某种传统、破坏某种美。故事讲的是发生在公墓里的事："在墓地"。吸血鬼尼娜和她的同伴在一起。尼采式的主题很明显："在沉默中／那里没有信众，没有避孕药，在沉默中"。一方面，沉默，这个词被重复了三次，显示出话语的空洞，是对意义的否定。另一方面，毫无虔诚可言的歌词表明了无神论的思想，是虚无主义和对上帝的否定。带切分音的吉他连复段打断了描述，制造断裂并强化了夸张效果。然后，她以讲述史诗的口吻来讲述发生的事情，讲述他们如何咬断雪白的脖颈吸血的场景，如同讲述一桩丰功伟绩。尼娜和小吸血鬼站在较高的位置上，俯视人群，似乎把上帝从至高无上的位置上赶走了。

接下来是拟声词构成的桥段。由于吃惊而发出的尖锐嘶喊，接着是以带延迟效果和回声的低音表达出允许的意思："好好好……"然后是表达厌恶，她的声音如同喉返流的声音，好像她喝了太多血，而后是咯咯咯咯叫，还有各种各样因恐惧而发出的叫声，在电子琴的伴奏下，让人想起激光束的射击。无意义、动物性、恐惧的本能和毁灭的本能。接下来一种合成

的声音响起,就像来自坟墓或机器人的声音一样,像一台我们无法制止的机器:

> 血血血
> 血是好的
> 死死死
> 死是必要的

尼采思想中的另外两个主题在这个单音节的爬升中出现了:生命的需要和死亡的真实情况。血的经典象征物是葡萄酒,因而可以说血是狄俄尼索斯的标识,尼采在《悲剧的诞生》中对狄俄尼索斯做了分析,认为他代表着本能和身体的活力。血是好的,"血血血":血的不断流淌是必要的。就像在生命的运动中死亡也是必要的,尽管它会带来忧伤。此处的歌词利用了"不"的多义性,既指必要性,也指痛苦。那个声音和尼娜开始对话,尼娜忧郁而轻柔地说,"我不想死"。然后,那个声音再次响起,"忘了和平和平和平和平"。爱自己的同类,不论他是谁,以此获得和平,尤其要爱自己的敌人,如果他打了你的右脸,你应当把左脸也伸给他,这是基督教的重要价值观之一,但这一句声言如同一幅标语,表达了对该价值的拒绝。尼采说:

> 不是满足而是强大的力量;不是和平而是战争;不是德性而是价值(德性,是文艺复兴式的德性,是 virtù,是

没有道德的德性)。

让弱者和失败者死:这是我们爱人类要遵循的首要原则。我们还要帮助他们去死。

一切恶之中哪一种最有害?对弱者和卑微者的怜悯,也就是基督教……

尼采,《敌基督者》,1888 年

尼娜问那个声音,她误会了,她打消了疑虑并做了自我介绍,就像在请求恩典:"耶稣!?……我是尼娜!"接着是一段电子琴旋律,伴随着打击乐的敲击和吉他对这段旋律疯狂重复,然后是下一段歌词,表达了本能张扬时的幸福感,赞扬了被嘲笑的身体:尼娜只是一具骷髅,她在墓地里跳起了脱衣舞,自我感觉十分性感。后来,魔鬼来了,"魔鬼来了"。尼娜加上一句,"对我们说……"。这里的歌词省略了,乐器也进入无止境的等待。吉他的摩擦发出类似小军鼓滚奏的声音。而后魔鬼又一次从盒子里出来,以一种反规劝的口吻,在吉他的连复段伴奏中宣布了那则重要消息:

上帝死了
主不见了
是的,确确实实

这个信息被传达了两次,为了确保更好的接受效果。转调标志着进入另一个阶段,进入了另一个时代,这个信息在这一阶段应当被重复出来，因为"很可能千百年间，都会有展示（上帝）影像的洞穴"。音乐结尾处单独出现了一个切分节奏的"上帝死了"，表达出极度的惊奇，只有钢琴伴奏，颇有爵士乐歌曲结尾的风格。这是又一次断裂……

在以后的世世代代中，上帝显然将把自己的死讯传遍整个欧洲。阿门。

🎤 他闭上眼睛，因为他害怕看到 /……他梦见了一个神，并称之为基督 / 你的神死了，无人理会
——九寸钉乐队（Nine Inch Nails），《异端》（"Heresy"），专辑《螺旋下降》（*The Downward Spiral*），1994

历史

康德论历史的终结
——蝎子乐队,《变革之风》

幸福的人民
不会闹事

🎤 未来就在眼前 / 我到处都能发觉 / 随变革之风飘扬[1]

宗教的所有悖论就在于,在时间性的领域中确认一个无时间的永恒存在,在历史的变迁中主张不可变。历史能够记住什么,难道不是人类的变迁而非上帝的存在?历史学家即使在谈上帝时,也是在时间的维度中谈,谈信仰的演变和宗教战争。

"历史"有两个含义,在德语中是以两个不同的词来表示的:一个是 Geschichte,即我们学习的历史;另一个是 Historie,即发展着的历史。而法语中只有一个词来指称这两个意思。必须区分"faire de l'histoire"和"faire l'histoire",区分历史知识和历史事件。然而,历史学家的工作方式、他们遵循的方法很可能是由这样一种对历史的认识决定的,即把历史看作人类共同的过去事实。例如,可以说历史是由偶然性驱动

---

[1] 蝎子乐队(Scorpions),《变革之风》("Wind of Change"),专辑《疯狂世界》(*Crazy World*),1990 年。

的,没有什么是真正可预测的。我们也可以认为,历史是一个规则的线性运动(是进步或是持续的衰退),由此得出的规律和决定论使预测成为可能,或至少使所谓的"历史教训"成为可能。有时人们会说,历史是重复的,那么,如果历史沿着一条既定的路线前进,历史知识又有什么用呢?但"记忆的义务"这一概念使得记忆成为一种道德义务,是为未来做准备并从而影响未来。历史哲学是哲学的一个分支,它研究历史的意义、驱动原理和目的问题。目的论(téléologique,源自希腊语 télos,意思是"结束")追问的是历史的目的:它通向哪里?它引领我们走向什么样的人类状况?历史学家分析过去的事实,哲学家试图从中吸取教训,并提出了如下至关重要的问题:

历史有没有尽头?

"历史的终结"这一表述是指人类从"行动"和冲突中走出、最终平静下来的时刻。再没有什么非常重要的事(革命、战争等)发生了。我们已不再是时时警惕的状态。幸福的和平状态充满世间。这种结局的确切形式是什么?谈历史的终结,首先是谈它的方向。黑格尔认为,历史是由绝对精神引导并被引向绝对精神的,黑格尔的绝对精神可以理解为理性,我们也可以视之为上帝;历史遵循逻辑和理性的规则进行辩证的运动,即正/反/合。合的这一刻标志着历史的终结:理性的国家建立了,实现了属于所有人也为了所有人的自由和平等,这是实现人类充分完善的条件。马克思坚持黑格尔的历史观,认为历史是朝着自己的目的和人类的充分实现辩证发展的。但是,马克思不认为历史是以理性(或绝对精神)为指导的历史，而是把历史理解为服从唯物辩证法，即服从其物质实践的内在原则——经济和阶级斗争。因此，对黑格尔和马克思来说，历史的分析不是基于历史事实的特殊性，而是基于历史的普遍性，即导致其自身目的的一般和普遍原则。对黑格尔来说，历史是在他那个时代的德国资产阶级社会中完成的。对马克思来说，历史的完成是在将要到来的那个没有阶级的共产主义社会。这两种理论的问题在于它们对历史事实本身的抗拒。人们本以为19世纪或20世纪将成为历史进程的最后阶段、人类的幸福时光，但是，看看那些构成历史的事件，我们怎么能说它是历史进程的终结？黑格尔和马克思历史思想的另一个不明晰处是：我们对人在历史中的作用知之甚少；我们不知道历史是否会自发实现，如同一种命运，还是我们可以在其中发挥积极作用。是历史造就了人，还是人创造了历史？黑格尔认为，历史是精神的历史，是超越于人的现实，但精神也是人拥有的特性。马克思认为，无产阶级必须进行革命，才能推动历史前进，共产主义社会的到来是不可避免的。我们不知道应当划船还是让船随水漂流，不知道是应当积极主动还是应当无所忧虑。

然而，历史并不总是进步。18世纪的历史哲学似乎没有那么自命不凡、那么充满乌托邦式的幻想。例如，康德试图走出教条主义的角度，研究历史观念本身在多大程度上不与人类自由和世界和平的可能性相矛盾。这是他的《永久和平论》（1795年）和最后一本书《学院之争》（1798年）的共同主题。

在《学院之争》中，康德以批判的方式分析了历史的可能方向。第一，堕落的设想，是恐怖主义的产物，是毁灭人类的永久性倒退。第二，进步，是幸福论的产物，即认为进步是自动的，幸福可以不费吹灰之力获得。第三，停滞，是阿布德拉主义的产物（阿布德拉主义一词来自阿布德拉这个城市名，那里气候恶劣，利于各种传染病的流行），停滞就是倒退。这三种结局都是不可思议的。

康德提出了一种与这三种构想不同的历史结局。康德所说的历史结局建立在完全停止国家间冲突和分歧的基础上。康德的著作寻求最终和平的一般条件，而不仅仅是像历史条约那样，简单地建立起停止敌对行动的特殊条件而已，更不是要通过一个社会阶层对另一个社会阶层的统治来维护和平。《永久和平论》中第二篇的标题很有启发性："建立在自由国家联邦制基础上的国际法"。国家必须是自由的，各国必须就类似的规则达成一致。康德使用了森林的比喻：由于近距离的树木争夺空气和光线，要在不干扰邻居生长的情况下生长，则唯一途径是垂直生长，提高自己的高度。而水平增长则会导致相互侵犯和压抑的现象。

人类应该拒绝成为康德在其《永久和平论》的附录一中所说的"政治的道德家——他根据政治家的利益建立道德"，而是要成为"道德的政治家，也就是说，只接受道德许可的政治原则"。因此，尽管历史似乎遵循一个由自然所驱动的计划（至少根据《宇宙视野下的世界历史》中的论点来看是这样的），但人作为历史的书写者的积极作用得到了高度强调，特别是在政治和法律工作方面。永久和平的六个先决条款：

> 凡缔结和平条约而其中秘密保留有导致未来战争的材料的，均不得视为真正有效。……
>
> 没有一个自身独立的国家（无论大小，在这里都一样）可以由于继承、交换、购买或赠送而被另一个国家所取得。……
>
> 常备军应该随时间推移而全部被废除。……
>
> 任何国债均不得着眼于国家的对外争端加以制定。……
>
> 任何国家均不得以武力干涉其他国家的体制和政权。……
>
> 任何国家在与其他国家作战时，均不得容许在未来和平中将使双方的互相信任成为不可能的那类敌对行动：例如，派遣暗杀者、放毒者、破坏降约以及在交战国中教唆叛国投敌等等。[1]
>
> 康德，《永久和平论》，1795年

当然，康德要确定的那些历史终结的条件，在现实历史中还不曾实现过，我们的现实距离这样的目的甚至还很遥远。但康德的优点是不让我们自欺欺人。当国家之间的屏障解除，一堵耻辱的墙倒塌，国家与国家走到一起，像森林里的大树一样共同生活的时候，我们就会想到康德的计划。

当代历史上的事件都是朝着这个方向发展的，它们启迪

---

[1] 译文参考康德：《永久和平论》，何兆武译，上海人民出版社，2005年。根据法语原文，译文略有改动。——译注

了蝎子乐队的这首《变革之风》。这部作品介于黑格尔所说的"原始历史"和"反思历史"[1]之间,前者是一种描述性史学,几乎在事件发生的那一刻将事件表述出来,后者是拉开距离对一个过去的时代进行分析。碰撞乐队(The Clash)的《伦敦的呼唤》("London Calling")与《变革之风》遵循同样的创作原则:第二次世界大战和对披头士的狂热已不再,必须从沉郁麻木中醒来。这首歌的目的是要了解过去的时代,告诉人们它已过去,新的事物正在发生。

《变革之风》是在柏林墙倒塌后的第二年发行的,当时正值冷战结束,美苏冲突告一段落。一个分裂的国家重新统一,国家间关系缓和,一个联邦主义的欧洲正在建立,这些似乎都符合康德的期望。在这首歌里,这个硬摇滚乐队选择了抒情风格,放弃了沉重的声音和快节奏,以此去表达一种和平的感觉,让自由的风吹拂。这首歌很容易理解,它试图把人们团结起来,应该可以感动所有人。这首歌有意地担负起了历史使命。歌中涉及历史的终结问题:标题"变革之风"是一个隐喻,表明历史的一页已经翻了过去。米哈伊尔·戈尔巴乔夫(Mikhail Gorbachev)显然是肯定歌曲传递的这则信息的,因为他于1991年接见了这个德国乐队。

歌曲的创作背景是1989年8月的莫斯科音乐与和平节,这是俄罗斯在铁幕统治倒台之后第一次举办此类活动,蝎子乐队就参与其中。这首歌的第一部分表达了平静的政治环境中所带

---

[1] 黑格尔,《历史中的理性》,1830年。

来的内部与外部的安宁。开头是一段平和的口哨声，就像散步时吹的口哨一样悠然。抒情曲风表现的是闲庭信步。给口哨声伴奏的是电子琴的平滑旋律和吉他带着清脆琶音的柔和演奏。第三把吉他是原声吉他，弹出简单而流畅的和弦，而后的第二段主歌增强了令人安心的气氛。克劳斯·梅因（Klaus Meine）用温柔的歌声讲述了他如何沿莫斯科河前往"中央文娱公园"，即高尔基公园（Gorky Park）。这里有两个象征：第一个象征着集体时间，流逝的集体时间把人们带入新的天地；第二个象征着娱乐时间。自然（河流）和人文（公园）的综合得以实现，并相互通达。克劳斯倾听着变革之风。风也是大自然的一种元素，由此这首歌等于再次指出是自然在引路。康德认为，历史遵循的方向与自然的普遍规律是一致的，而人类并不一定能意识到后者。风是自然的象征之一，它不可见，它推着我们向前。它的普遍性超越了我们又支撑着我们。"士兵们继续前进/倾听变革之风"；接着的下一段，"未来就在眼前/我到处都能发觉"，风影响着所有人，无一例外。宇宙论的事实决定了宇宙政治的方向。人类要有足够的智慧去认清这个宇宙事实，并在这些新的基础上建立自己的自由。"世界在走近"表达出一个结局，这个结局已经实现，或者至少我们正在走向这个结局。历史的结局被表达为一种意想不到但真实的友爱："你有没有想过/我们可以像兄弟一样亲密？"友爱的主题是整个欧洲的主题，贝多芬支持这种想法，他说："人类成兄弟。"[1]《欢乐

---

[1] 贝多芬《第九交响曲》第四乐章的结尾，也称《欢乐颂》。

颂》包含着康德和蝎子乐队共通的元素：同一个欧洲，同一个世界；在更高力量（自然或某种神性）的影响下，提升人类情感（欢乐和友爱）；分裂后的和解。1795年，康德的《永久和平论》出版，贝多芬在同一时期创作了《欢乐颂》最初的音乐主题。历史之风已经在伟大的心灵中吹拂。另一个巧合：伯恩斯坦（Leonard Bernstein）在柏林墙倒塌时指挥演奏贝多芬的《第九交响曲》，克劳斯·梅因也是在这个时期创作了《变革之风》这首歌。毫无疑问，人类可以成为兄弟，在友爱中长大，树也可以肩并肩地茁壮成长。

梅因的抒情在继续，但强度增加了，不仅是为凸显美好的普遍情感带来的振奋，也是为了满足慢摇滚（slow rock）的创作要求：在慢摇滚中，打击乐必须比吉他独奏的声音显得遥远。《仍然爱着你》（"Still Loving You"）和《送我一个天使》（"Send Me An Angel"）在音乐上很接近。就在副歌开始之前，打击乐声出现断拍，为前进的步伐注入了活力。团结起来！

> 带我去看那时的奇迹
> 在一个光荣的夜里
> 明天的孩子们做着梦
> 在变革之风中

旋律变得更加突出。和声重复着乐句的句尾，以表达人类的团结。和平不再是希望，而是正在进程中。我们已经在和平中。和平是光荣和持久的。这一刻的魔力，与内战和国家间战争的黑暗时期形成鲜明对比。荣耀属于光明的人类，即使在夜里，人类也被和谐的光明普照。梦想变成了现实，一个永久的和平，代代相传，而不仅仅是康德所希望的休战。副歌描绘出孩子们共享和平的情形——"与你和我分享他们的梦"。世世代代的纽带已经建立起来。和平在时间和空间中延展。它是普遍的。

>变革之风迎面吹
>面对时间
>像暴风一样响
>心灵宁静的自由钟声

最后一段再次把风作为历史的引擎，用隐喻的方法回答了"历史的原则是什么？"这个哲学问题。这一原则以一种不带恶意的方式推动集体时间朝着一个明确的目标前进，朝向一种普遍的、以人与人的和谐为前提条件的自由。"让你的巴拉莱卡[1]唱出／我的吉他想说的话"：巴拉莱卡和吉他一起演奏出和谐的乐章，这是东西方重新统一的象征。

桥段的部分提出了这样一种观点，即过去只是一段不愉快的记忆："遥远的记忆／永远埋在过去"。在和平的神奇时刻，我们必须忘记那些不快。这并不意味着必须对它进行完全抽象，坏的历史不应该重演。这就是为什么《变革之风》的短片中交替出现了这首歌的现场版本。现场版一方面展示了一个

---

[1] 巴拉莱卡，俄罗斯的一种弦乐器。——译注

身处黑暗中的群体，这个群体中的每个人由他们各自携带的荧光棒所代表，他们就像那些在历史转折时刻上街游行的人；另一方面，现场版还展现了有关冲突、镇压和技术灾难的影像资料。《变革之风》的影片整体首尾呼应，它以柏林墙开始，也以柏林墙结束，"波茨坦广场 1961—波茨坦广场 1989"[1]。在这两者之间，是快速切换的画面：越南战争、阿富汗战争、南非种族隔离、巴以冲突、埃克森·瓦尔迪兹（Exxon Valdez）、阅兵式、暴乱。接着是亲近友好的画面：约翰·保罗二世和米哈伊尔·戈尔巴乔夫、抗议者和士兵在独裁统治结束时干杯、一名士兵找到了他心爱的人。

幸福的和平。问题在于，并没有普遍认同的幸福概念，所以我们为自己的想法辩护，甚至为自己的想法而战。历史不会停息，就像一本永远合不上的书，一页翻过又有新的一页出现，而最后一页将是人类的灭亡。命运也许比历史更强大，我们不是命运的主人，但面对命运，至少我们还有爱。

🎤 什么能救我们，能救我和你 / 俄国人也爱他们的孩子吗？
——斯汀（Sting），《俄国人》（"Russian"），专辑《蓝龟之梦》（*The Dream of the Blue Turtles*），1985

1　柏林墙位于波茨坦广场。——译注

第三部分 理性与现实

证明与解释

休谟与经验论

——海滩男孩,《美好的共振》

证明不是感觉!

> 我喜欢她穿的五颜六色的衣裳／喜欢阳光那样照在她头发上／我听到一句轻轻的诉说／风把她的香气在空中散播[1]

一次迷幻经验可能会导致这样的声明:"我再也不碰那东西!"不试试怎能知道呢?难道不是经历了才知道吗?不一定。他人的见证、历史和书籍都可以告诉我们,让我们知道。有人会说这样的知识是纯理论的。我们可以反驳他说:是理论的,但也是普遍的,因而适用于所有的情况,也适用于我。确实如此,但每个人都以自己的方式去经历事物。同意,但统计数据显示:服用这种物质的人中有很大比例受到某些副作用的影响。那么,应当根据什么做出判断?个人生活还是一般规律?经验还是理论?让我们换个环境,进入一个科学实验室:对真理的寻求和对现实的认识从哪里开始?身体还是理性?亚里士

---

[1] 海滩男孩(Beach Boys),《美好的共振》("Good Vibrations"),专辑《笑脸》(*Smiley Smile*),1967年。

多德说，"只有关于一般的科学"，他由此被认为是一位实在论者。亚里士多德认为知识始于疑问，疑问始于惊讶，但这并不能解决我们的问题：惊讶是一种感觉，因此是非理性的；它也是灵魂生命的表现。在我感知到一个物理现象（例如月亮）时，惊讶使得我提出了一个理论问题（例如，为什么月亮不掉下来？）。另一个例子，也解决不了问题：实验推理[1]。科学方法是一个循环，它包括发现一个物质事实，通过解释其实现的原因和方式来形成一个假设和抽象的想法，并对该假设进行实验验证，在验证中观察到一个新的事实，从中得出一般性的规律。问题：根据定义，循环没有开始。什么是真正的证明？什么是证据？是我们观察到的一个具体现象吗？就像在医学中讲究的是循证医学（evidence based medicine，基于证据，即量化事实的医学），或者在数学中讲究的是假设—演绎逻辑的结果。

换言之：证明，是对物质事实的解释，还是对抽象推理的逻辑结论？

我们对现实的认识首先是建立在经验上，还是建立在理论上？

从认识论的角度来看，观察一个具体的事实和建立一个抽象的想法究竟何者为先？"认识论"一词（在希腊语中是 épistèmè，意思是"科学"），是指研究使科学理论和知识得以形成的方法，由此来确定这些科学理论和知识的逻辑价值和准

---

[1] 克洛德·贝尔纳，《实验医学导论》（*Introduction à l'étude de la médecine expérimentale*），第一部分第一章 VI，1865 年。

确性。一种知识的有效性建立在什么基础上？理性主义哲学家认为是理论，经验主义哲学家认为是经验。

理性主义认为所有的知识首先来自理性（理性，在拉丁语中是 ratio）。这一切都可以解释为一个最初的观念。当然，否认物质的存在、否认感觉在知识发展中的作用是荒谬的。但感觉是次要的，因为我们必须对它的误导性保持警惕。什么是最初的观念？笛卡尔阐述了有关先天观念的理论。事实上，有三种观念："在这些观念中间，我觉着有一些就是天赋的，有一些就是从外面来的，有一些就是由我自己制造出来的。"[1] 我想象某一事物的能力通常而言只能来自我的头脑，因为在外面的世界里，我们看不到普遍的东西，而只有特殊，比如赤脚上沙子的温暖、海浪的声音、海盐的味道。从这些经验中产生的观念是外来的，使我能够与现实世界发生关系。但这些观念不一定真。而单纯依靠想象力所产生的观念，则可能是完全错的。我想象出了各种神奇的生物，比如美人鱼和半马半鹰的怪兽，它们不存在，并且在任何情况下都不能成为严肃知识的对象。

经验主义与之相反，认为所有的知识首先是感官的知识。"经验"一词来自希腊语 empeiria，指的是一切由对外部世界的感知开始的知识。"循证医学"中的证据当然是推理的结果，但这种推理是基于物质事实的，就像在电视连续剧《专家》（*Les Experts*）和《豪斯医生》（*Doctor House*）里一样。大卫·休谟

---

[1] 勒内·笛卡尔，《第一哲学沉思集》，3，1641 年。

（David Hume）在哲学上使用了一种他称之为"调查"的方法，"调查"也是一个刑侦领域的术语，意思是调查、寻找线索和事实。在《人类理解研究》中，休谟确定了人类理性运作的本质，并证明了这些运作在多大程度上只能源于感知。如果观念是存在的，那是因为它们来自感知，次要的和残余的感知。经验主义是通过归纳或推理来运作的，推理是一种心理操作，通过这种操作，人们可以从被认为是真的命题中得出结论，从观察一个特殊的情况到阐明其普遍规律。归纳法与演绎法相反。演绎法是从普遍推出个别，就像在数学中一样：要处理一个问题，你必须从一个普遍适用的定理或定义开始，推理出适用于个别的结果。让我们用两个具体情况来证明这一点，解释经验主义，理当如此：

> 如果一个人在荒岛上找到一只表或几件工具，他会得出结论，这岛上曾经有人。……
> 如果你在海边看到一个脚印，你会得出这样的结论：有人走过，他的另一只脚也留下了脚印，只不过因为海水冲刷，沙子流动，把那只脚的脚印冲走了。
>
> 休谟，《人类理解研究》，第四章，1784年

"这岛上曾经有人"和"有人走过"的结论都是观念，因为当我说出它们时，我并没有看到任何人，没有任何经验。然而，如果我以前没有见过人，我就不可能产生这些观念。如果我从没见过手表，我也不会产生这样的观念。如果我不知道是

人类制造和佩戴的手表，就更不会产生这样的观念了。换言之，必须先有经验，然后才能有观念。这就是观念的起源。但休谟并不认为观念只是一个简单的回忆，只是我的头脑从感知中保留下来的一个简单形象。这位苏格兰思想家也承认，我们的印象可能是误导性的，我们的想象可能是模糊的。然而，它们仍然是我们内心最生动的东西，并且，最重要的是，它们是一切知识的必要条件。有人会反驳说，理性能够进行抽象的证明，进行纯粹的逻辑联系，指出可能性，对没发生的事进行预测，而没有发生的事是无法被感知的。对此，休谟的回答是，我们理性的运作分为以下几类："相似性、时间或空间上的毗邻性，以及因果性。"这些观念的连接方式来自对事物联系的观察。因此，如果观念是被感知事物的复制品，那么观念之间的逻辑联系就是感知事物之间联系的复制品。休谟称被感知的事物为"事实"。为什么我能肯定地预测明天太阳会升起，或者台球A向台球B滚去，则台球B将会运动起来，这些事在没有实现之前都是纯粹理论上的，我怎么能够肯定地预测它们？因为我已经在外部世界看到了因果关系的链条，使我能够根据因果关系原则进行推理。因此，习惯，也就是说，事实的重复和我对这一重复的经验，在建立知识及其一般规律方面起着至关重要的作用。一个科学规律是由同类型的许多次经验观察得出的。任何纯粹的精神发明都是武断的。"人们发现因果关系是通过经验而不是理性。"此外，"只有经验才能让我们毫无例外地了解自然的所有规律和身体的所有属性"。

休谟哲学带有一种自我宣传的形式，这种自我宣传是在该著作开始时进行的,特别是通过"做一个哲学家:但别让你的哲学妨碍你做人"这句话。你要思考,但也要像大卫一样玩槌球,或者也可以去冲浪。休谟区分了两种哲学。一种"精确而深奥",把人视作"一个理性的存在,而不是一个积极能动的存在",尤其对普遍的和理论的规则感兴趣。另一种哲学认为人"生来就是为了行动",对道德、品位和情感感兴趣。换言之,如果你想悲伤,想让人讨厌你,那么就做一个理性的人吧。如果你想变得有趣、善于交际、聪明,想感受生活的乐趣,那就做一个经验主义者。我们可爱的大卫当然站在那些"没有远离生活"的思想家一边。

但是休谟想要开心,他讲哲学的时候从海滩上找例子,这是否让他成了一个海滩男孩呢?

我喜欢她穿的五颜六色的衣裳
喜欢阳光那样照在她头发上

在海滩男孩的《美好的共振》中,开头几句歌词可能会让人想起休谟的说法,即人类"最美丽、最迷人的颜色"必须用"心灵的自然感觉"来表现。在这里,通过美丽的姑娘捕捉阳光这个形象,以最经验性的方式完成了对休谟所说的"最美丽、最迷人的颜色"的表现。你可以很容易地想象出1963年加利福尼亚海滩上的那个冲浪女孩:"我在海边看着你 / 站在海的咆哮声中 / 你爱我吗,冲浪女孩? / 冲浪女孩冲浪女孩 / 我们可以一起冲浪"。休谟说:"这是一种温和的愉悦。"嗯……经验主义是一种感官主义,感官是它的王国。感觉的哲学是永远不会脱离感官愉悦的哲学,脱离感官主义的哲学。休谟批评某些哲学,如斯多葛主义,认为它们是"更精致的利己主义体系""把我们的愉悦完全限制在我们自己的心灵中"。那么,就让布赖恩·威尔逊(Brian Wilson)喊出他那尖锐而性感的"I"(我)吧。五种感觉之中的三种都受到了震撼,这已经是多半感觉都受到震撼了,这三种感觉是:视觉,衣服的颜色和头发的亮度;听觉,温柔的话;嗅觉,她的香气。"气味、颜色和声音彼此回应",波德莱尔(Charles Baudelaire)在诗集《恶之花》(*Les Fleurs du mal*)中的《应和》("Correspondances")一诗中这样写道。少了触觉和味觉。这两种感觉需要身体的直接接触。歌曲结束之后,可能会有吧。而现在,感知在吉他下行的、低音分离音符与风琴的多音和弦上闪现着。演唱十分流畅,与使用了切分节奏的乐器不同步,就像冲浪板在波浪上颠簸跳跃一样,让人感觉到内部共振,并且这种振动在增强。这些都是好的感觉,可靠的体感和联觉印象。人们会说,"我能感觉到",或"我感觉好极了"。贝斯的演奏开始了,这是"起飞",接下来是副歌部分,多人一起冲浪,一切都要控制好,同时却让感觉与外部世界自由融合。

>我感觉到了美好的共振
>(美好的共振)
>她让我兴奋
>(兴奋)

> 好，好，好，好振动

在主歌和副歌之间，我们已经从对外部环境的描述转变为一种现象学，即对意识的经历的陈述。原因和结果：这个女孩使我兴奋，我感觉到一阵美好的共振。振动在这部音乐作品中是通过不同类型的变调来实现的。首先，在演唱方面：迈克·洛夫（Mike Love）的贝斯代替了布莱恩的假声，然后在主唱的声音中混合了高音合唱、"嘟-喔普"，然后是以更高的音唱出的"好，好，好，好振动"，以此表示对"好"的肯定。在器乐方面：在一把常规吉他上弹出三连音，用特殊乐器发出一个既浅表又深邃的声波，让人联想到鬼魂。这个特殊的乐器不是音锯，而是特雷门琴（Theremin），由特雷门于1929年发明，保罗·泰纳（Paul Tanner）在《美好的共振》中使用的就是这一电子乐器。它就是振动的工具。它给这首迷幻歌曲增添了电子音乐的效果。第二段副歌让我们回到外在的感觉。几乎已经是触觉了。"闭上我的眼睛她现在近了"。我闭上眼睛感觉到她的微笑，我再次睁开眼睛，看到她的眼睛，我和她一起回到波浪间，进入内心感觉的通道里。"她和我一起去鲜花盛开的世界"。

歌曲中间的部分，是一个接一个的桥段，由不同的、独立编排的部分拼接录制而成。因此，这首歌的结构是经验性和实验性的。最初的版本由20名艺术家参与录制，共使用了17种乐器。第一个桥段的特点是钢琴摇摆。特雷门琴与和声仿佛将我们带入另一个维度、另一个通道。我不知道我在哪里，但我和她在一起。多美妙的经历啊！

> 我不知道是哪，是她把我送到那
> （哦，我爱的感觉）
> （哦，我心的牵绊）

第二个片段出现之前，是前一个片段突然但并不突兀的中断。又是一个新维度，就像在有些电影中，忽而是一个布景，忽而又是另一个布景，让你不知道是为什么或是如何变化的。这个片段的节奏与之前不同，不那么快，更连续。先是风琴和沙球，然后是贝斯。"我要呵护这些爱的'美好共振'，这就是和她爱的经历"。休谟说："最生动的思想还不如最微弱的感觉。"我要呵护这些爱的美好共振。但演唱在这个乐句第三次出现时淡出了。第三个片段由一个停顿和一声如释重负的叹息（就像从水里探出头来一样）开始。然后我开始正常呼吸，演唱又开始了："好，好，好，好振动"……

《美好的共振》把思想化为歌，是对想象的浪漫回忆。正如休谟在关于记忆和想象的文章中所说："它们永远无法恢复原始情感的全部力量和活力。"除非你发起烧来，想象大卫臂下夹着冲浪板、身上穿着花短裤，从水里走出来，性感的加利福尼亚女人向他鼓掌。

是啊，真的，离开你的数学作业，去海滩吧。离开抽象的数字，去看看女孩子。如果还有一本哲学书从你的口袋里悄悄露出一角，那就更好……

🎤 我只是在猜测 / 那些数字 / 解开谜题 / 科学问题 / 科学与进步的问题 / 不像我的心那般响亮

——酷玩乐队（Coldplay），《科学家》（"The Scientist"），专辑《一时冲动》（*A Rush of Blood to the Head*），2002

德里达与后现代解构主义
——老鹰乐队,《加州旅馆》

对,
就是它,对……

🎤 他们在院中跳舞 / 夏日的香汗淋漓 / 有人跳舞为了记住有人跳舞为了忘却 [1]

无论是理性知识还是经验知识,都必须是可靠的。任何科学可靠性的标准都是证明,即证明命题真实性的推理。但是,除了对知识的追求之外,人类也在追求意义。然而,任何可靠的、确定的、真实的 1+1=2 型的知识,都不会带给我们意义,或满足我们对于意义的追问。如果知识的工具是证明,那么意义的揭示者就是解释。同样,如果知识必须是可靠的,则解释必须是合理的。我们是意义的寻求者和生产者,但这个意义不能是牵强的。

什么是合理的解释?

解释是从一个符号、文本或现象开始,追溯到它的意义,使它初看起来晦涩的意义变得可以理解。解释就是试图解答一个谜。解释不同于论证,论证是科学的,需要定量、客观和普遍的表述,即系统化甚至数学化的表述。解释是某种主观性的

---

1 老鹰乐队(Eagles),《加州旅馆》,专辑《加州旅馆》(*Hotel California*),1976 年。

行为，虽然它是开明的和讲究方法论的，但不可避免会被批评为偏激，哪怕这种偏激并非有意为之。也就是说，在数学中，证明没有解释，逻辑没有意义，那么在哲学中，或者在精神分析学以及在一切人文科学中，如果没有证明，就不能产生一个合理的解释。解释有其优点也有其缺点。解释不是确定不可变更的，它是开放的；它是多元的，是可以讨论的；它依赖于一种抽象语言，可以采用一种美学的形式出现；它不是客观的，它与我们的内心生活和情感有关。在任何情况下，一种解释本身都是不合理的，只有与产生该解释的体系和方法联系起来才是合理的。解释需要解释学，解释学一词在希腊语中是 herméneutikè，这个词中包含了赫尔墨斯的名字，他是神的使者，传达和解说神的命令。广义的解释学是指以阅读和理解文本为目的的理论。我们从一个浅表的意义出发，走向一个隐藏的意义，就像弗洛伊德在《梦的解析》中所做的那样，从梦的显化内容到梦的潜在意义。

在哲学家们运用的所有解释学方法中，德里达的解构主义方法最有意思，因为其文本应用牵涉美学上的论争。解构是文本分析的一种实践。它的目标仍然是经典的：消除混乱，理解隐藏的意义。它的方法是新的：它试图通过挖掘文本背后的预设以及文本本身产生的疏漏和空白来理解文本。最初，解构主义其实是一种建筑潮流。那么德里达法国理论[1]的建筑基础是

---

1 法国理论（French Theory）：美国学界将德里达、福柯、利奥塔、鲍德里亚、德勒兹等理论家看作一个群体，将他们的理论统称为"法国理论"，这些理论家曾相继到访美国，在美国学界引起很大反响。——译注

什么？在20世纪，针对现代主义建筑风格（现代主义要求线条、表面和形状的纯粹化，认为这有利于理性的运作，例如包豪斯主义），出现了后现代主义（与德里达相关的另一个术语）和解构主义的建筑风格。后现代主义建筑回归装饰，但是以不协调的，甚至是幽默的方式使用装饰。解构主义主张建筑应当体现出一种受掌控的混乱，主张建筑与环境、历史脱节，打破规则的几何和线性设计，不给人稳固的印象，最重要的是，主张建筑与自身的脱节。后现代主义建筑运动［以彼得·艾森曼（Peter Eisenman）为代表］提出了"人造城市"的概念，并推出了与之相关的一系列手法，例如缩放或挖掘。缩放包括旋转、缩放变化或叠加，这些手法不是被应用在整个建筑结构中，而是在几个点上分散出现。因此，这个既没有原点也没有终点的图形失去了所有的时间顺序感，并会使人觉得有无数个可能的解释方向。至于挖掘，它是建筑的基石，但它与建筑的经典运动方向——上升——是反向的。挖掘使一座建筑具有层次，这些层次可以是具体的也可以是抽象的，其中可以有存在也可以有非存在，所谓非存在，比如可以是类似鬼魂的东西，也可以是一个比这个地方出现得更早的存在。柏拉图式多面体的纯粹性、作为美的标准的对称性、等级概念、统一性和起源都不再适合当代人：事实上，我们生活在一个多面和多变的世界中，被这个世界分割和分裂。一般来说，艺术必须是独立的作品，其形式必须从知识中解放出来，不受思想主体对思想对象的任何先决支配。德里达解释了解构的原理：

49 对上层结构的解构并不是为了最终到达底部，到达建筑或建筑师思想的最根本的生长土壤。我们不是回到建筑本身的纯粹性、回到建筑本身的本质。我们针对的是基本图示以及由此引出的二元对立："底／表""物质／质量""本质／偶然""内／外"，尤其是"基础研究／应用研究"，最后这组对立在此具有重要意义。

50 承诺，挑战：考虑这种有秩序的建构或无秩序的必要性，并且不破坏它，也不只注意其负面影响。"解构主义"建筑是对结构主义的肯定，其无根基性可能会令人难以接受，但无根基并不等于虚空，不是大混沌的残余，不是毁坏造成的裂隙。

德里达，《以 52 句格言为前言》，
《蓬皮杜中心笔记（特刊）》，1987 年

解构，无论是在建筑还是哲学中，首先是对一系列概念和语言的二元表达进行挑战，这些二元表达包括：上和下、垂直和水平、低层和高层、外表和内涵、空虚和充实、未完成和完成等等。因此，解构主义的方法并不是使用概念上的二元性来进行理性解释，这种二元性的解释注重将存在视为在场或本质基础。在某些房屋建筑中，就像在文本中一样，外和内、空虚和充实、不存在和存在、装饰和基础、开始和结束是一体的。许多文本的解释必须像建筑的解构一样：质疑和开放。不是给出最终答案，而是提出问题。一个文本从来没有真正植入土壤，而总是有些悬浮着的。为理解这个文本，需要在它所包含的两

极之间不断来回移动。解构不会破坏什么，而是拆除藩篱，给解释以自由；它挖出孔洞让空气流通，使空间重获新生。例如，德里达借用了弗洛伊德的精神分析方法，将其从病患身上转移到文本中：让文本言说而不是阅读文本；以可理解的逻辑形式填充未说的话，让被压抑的主题、被回避的问题、深层动机浮现出来。这些因素使得话语不那么连贯，使得话语已经变样但仍具有统一性和结构性。因此，解构主义是在同一中寻找他者，在重复中寻找差异。德里达认为，差异就是"différance"（延异）[1]，因此可以用可重复性[2]原则来解释。可重复性（itérabilité）一词出自梵语 itara，意思是"其他、另一个、他者"：他者总是从重复中产生。重复这一事实本身就预设了差异、他者，或者说预设了延异，预设了解释，解释可以产生他者。在任何一种语言（包括音乐语言）中，延异就是在符号和非符号（即无声）之间产生的。"寂静之声"。这种形式的差异不仅如语言学之父索绪尔所指出的那样对每个符号的意指和符号之间的关联是必要的，而且这种延异游戏本身是无声的。

那么，在摇滚中又如何呢？难度会加倍，因为音乐是文本的他者，文本也是音乐的他者；甚至是三倍，因为这种延异游戏如果不是无声的，至少也是十分难以捕捉的，是无意识的。老鹰乐队的《加州旅馆》就像某种你熟识的东西一样，让你任由它引领，任由它进入你心头，同时你也明白它自带的谜题使它成为他者，过去是，将来是，现在也是。

---

[1] 德里达，《哲学边缘》（*Marges de la philosophie*），第一部分，午夜出版社，1972 年。
[2] 同上书，最后一部分。

如何用建筑和哲学意义上的解构手法解释这个歌名？为什么说这首歌中包含着解构的主要元素：开放的文本、悬念、抽屉式结构，提供了不同的切入口和视角。这首曲子有许多可能的解释，这就是解构的标志。首先，必须指出的是，创作者唐·费尔德（Don Felder）、格伦·弗雷（Glenn Frey）和唐·亨利（Don Henley）开辟了一些解释的路径。唐·亨利说："我们都是中产阶级的孩子，来自中西部。《加州旅馆》是我们对洛杉矶高品质生活的憧憬。"因此，从这个角度来看，这首歌既是一个寓言，也是一个社会学的代表，把加利福尼亚社会作为整个美国和西方社会的原型来讽刺，今天的人已不再是整体，而是分裂的，能够通过速度技术和复制技术既在此处又在彼地。这首歌是对社会物质主义、唱片工业及其引发的过度行为的批判。此外，其他对这首歌曲的解释也都围绕着这个主题展开。

是毒品吗？这首歌通过一系列梦幻般的场景和话语描述了一个地方（也是一种状态），人们待在那里不出来。

是邪教组织吗？据说加州旅馆曾是一座废弃的教堂，1969年起被撒旦教徒掌控。

是与性有关的活动吗？1969的象征意义，即它的颠倒性仍然可以说明问题。性可以是指女性的性器官，在精神分析中，阴道是退行（régression）所憧憬的目标，是反向运动的地方，是对子宫内平静生活的怀旧渴望，是回归最初的家园。

是爱情吗？并且与毒品有关？

是婚姻吗？婚姻可以是福，也可以是祸，可以是天堂也可以是地狱。或是离婚？回到夜总会跳舞，以纪念爱的幸福或将它忘却。1969年这种幸福离开了。爱曾是我们的毒品。不管我们想消灭它、想逃脱掉，都是不可能的。在这首歌曲的创作时期，洛杉矶的离婚率惊人。在法官和律师面前，每个人都有自己的"借口"[1]。

是明星们的老窝吗？专辑封底的照片上是比佛利山酒店（Beverly Hills Hotel）。

是鬼屋吗？专辑封底的照片上附了一则有关这座城市的传说，讲到在它的发展时期，出现过死人。

死亡？这可能是对歌曲中"地狱"或"天堂"一词最明显的解释。

疯癫？洛杉矶北部的卡马里略（Camarillo）精神病院和戒毒中心，其俗称就是加州旅馆。也可能是受希区柯克的电影《精神病患者》（Psycho）影响，或是受《迷离时空》[2]的影响，在这些作品里，事件无逻辑地连接在一起，如同精神分裂症患者的语言。

疾病？无法治愈的癌症？为死亡做准备并不能摆脱疾病。

食人者团体？

柏拉图的洞穴？

可以就歌曲中的很多因素开辟出多个解释场域。歌词中的"colitas"既指一种烟草的叶芽，也是墨西哥俚语中的"鞭炮"；"杀死那野兽"既可以解释为在对待毒品、撒旦、癌症、

---

1 即歌词中的"alibis"。——译注
2 《迷离时空》（Twilight Zone），美国的科幻与奇幻类型连续剧，1959年播出。——译注

痴呆症、性，也适用于任何你要打倒的敌人；"1969"既适用于魔鬼，也适用于性；等等。不同解释之间唯一的一致性似乎只是建立在歌曲本身的一般原则上，即它模糊的氛围之上……

如果借用建筑解构主义中的"人工城市"概念，你可以说加州旅馆是一座人工建筑，所谓人工的，不是说它是虚构的，而是说它是处在一个自然空间中的人造建筑："在黑暗的沙漠中"。人工与自然之间的联系是通过叙述者的位移来实现的，这个叙述者的来源我们不得而知，但他对感官感受的偏好与自然界的诱饵十分协调（"我头发里的凉风""温暖的烟草味"），也与一家散发出烟草味的酒店相协调（"闪烁的光""警报"）。已经是醉态了，并且让人觉得是在不可抗拒的推力作用下靠近最大的危险，即未知（"我对自己说，'这可能是天堂，也可能是地狱'"）。第一个内在阶段，是身体的感觉，促使他决定违背自己的意愿去冒险（"我的头变重，我的视线变暗"）。很快为这个自知的错误找到了一个借口（"我必须停下来过夜"）。她站在门口，就好像认识我们，在等我们。可重复性原则作用下的假设：我回到了一个过去的地方或状态，遗忘使这个地方或状态具有了新意。她拿着蜡烛给我指路。第二阶段：吸引和警觉的双重矛盾运动。"这可能是天堂，也可能是地狱"，两者择其一。"走廊尽头的声音"传来，就像美人鱼的歌唱：

> 欢迎来到加州旅馆
> 如此美丽的地方

多么可爱的容颜

加州旅馆有足够多的房间

一年中任何时候你都能在这找到住处

……

他们就在加州旅馆

好得令人吃惊,你没有理由不来

这些如同旅行社的广告词,但它们的信息却变成了一种困扰,变成了一场噩梦,半夜把你惊醒。好的变成坏的,这是第三步。来这里是犯错,这一点很明显:你必须找借口不来这里,在疲惫时,在夜幕降临后。但一旦到了这里,就没有人睡觉了。人们发现了一场表演,并被它吸引,这场表演成为我们的行动场地。一切都是错位的,层次的差异是显见的:精神(是那个女孩的吗?)被扭曲、被折磨(被什么?),与她的身体形成对比,她的身体曲线流畅,就像奔驰车的线条。她似乎把自己的痛苦传染给了所有那些处在某种集体狂热中的人:"他们在院中跳舞/夏日的香汗淋漓/有人跳舞为了记住有人跳舞为了忘却"。对可重复性的确认,健忘症患者的归来,记忆和遗忘的混合:叙述者点了他最喜欢的酒,但船长(这个船长是谁?)回答说:"我们从1969年起就再没有过这种酒"。其间发生了什么?

第四步,道德扭曲,这一次是后现代主义幻想("天花板上的镜子")与责任召唤之间的对比:"我们在这里只是落入了自设的囚笼"。

第五步,两种状态之间的矛盾:一方面很享受这种狂欢,但同时也知道这样的狂欢是邪恶的("他们挥动钢刀刺它"),强烈地想要消除这种恶;另一方面你一旦选定了什么,就彻底不可能摆脱它("却杀不死心中恶魔")。

第六步,时间扭曲:尽管这首歌的结尾说不可能离开这个地方,但"我记得的最后一件事"这句话在逻辑上意味着叙述者最后仍然离开了。他忘了是怎样离开的。他讲述事情的方式有点像在对警察招供,这就引出了另一个线索:这座旅馆可能是犯罪现场。除非他疯了,在旅馆里编造出一派胡言。旅馆形成了一个共时性的整体,其中发生的事,其时间顺序不再清晰,入口和出口、开始和结束、右侧和左侧也都发生了混淆("我拼命跑向门口/我必须找到来时的路/回到我来的地方")。最荒谬的是,"你可以随时退缩,但你永远不能离开"。这可能隐喻了双重的负债。你必须为经历的欢愉付出代价:1)用现金;2)接受后果和惩罚,留下来。

这首歌的结构也是解构型的:器乐前奏/第一段主歌/第一段副歌/第二段主歌/第二段副歌/第三段主歌/吉他独奏。也就是说,这首歌以三段主歌搭配两段副歌,而通常而言,一首歌中的副歌段落比主歌段落多。此外,独奏出现在歌曲结尾处,虽然这种情况在同类歌曲中并不是绝无仅有的,但绝大多数歌曲都把吉他独奏放在整首歌的 2/3 或 3/4 处,然后在结尾时以副歌的自由演奏方式重复这段吉他独奏。唐·费尔德(Don Felder)和乔·沃尔什(Joe Walsh)的器乐独奏是一种隐而不言,它包含了一种没有所指的意思,一种没有正式名称的价值。它的使用完全不是装饰性的:它使你能够自由想象接下来的事，想象这之后的事，想象这之外的事，就像一个神秘的保险箱，在这里永远是关闭着的，但可以在另一个地方被打开，让你发现其中的内容。整首歌的音乐是序列化的，音乐序列中的每个阶段都由一个拍子、一个和弦和一个乐句组成。每一层都是前一层的一部分，深入到前一层当中，并使前一层消失。最后，这首歌是由乐队鼓手唐·亨利演唱的，这等于发生了空间的倒置：在现场版中，吉他手们一字排开，没有主唱（主唱通常站在舞台前部），这很特别。鼓手当然应该位于乐队后方，但他却是演唱者。前在后，后在前，这是解构主义的绝招。而摇滚有时也需要解构主义的解释……

🎤 布丁甜点和沙丁鱼 / 努力地在攀登埃菲尔铁塔 / 小企鹅虔诚地吟诵着曼陀咒语的精华 / 你那时真应该看看 / 它们是怎样把爱伦·坡踩在脚下 / 我是那个蛋形人，他们都是蛋形人 / 我是海象，咕咕咕渚 / 咕咕咕渚，咕咕咕渚 / 咕咕咕渚，咕咕咕渚……

——披头士乐队，《我是海象》("I Am the Walrus")，专辑《披头士（白色专辑）》，1968

生命

克洛德·贝尔纳论生命、疾病与死亡
——伊基·波普,《生之渴望》

生命是一种致命疾病

> 嘿,伙计,你从哪儿弄来的乳液?/ 自从我买了这个叫爱的玩意 / 我就一直很伤心 / 爱爱爱 / 就像给小鸡催眠 [1]

从生物学的角度来看,生命有两个意思:对组成一切有机体的细胞进行研究的个体发生学意义上的生命,对物种进化进行研究的种系发生学意义上的生命。在第一种意义上,生命是根据细胞活动、自主发育、分裂和繁殖、愈合和再生的主要原则而存在的。细胞(cellule)一词来自拉丁语 cellula,意思是小房间。我们的身体只有在其特征同时也是其基本单位的运动特征时才是有生命的。我们的肢体和器官的协调尤其取决于细胞间的自发协调。细胞可以再生,而我的胳膊被切除之后不能再长出来,但我的胳膊是由细胞组成的。另一个困难是,有生命的身体是一个有机整体,其各部分相互关联。然而,即使我的胳膊死了(如果我被截肢或者我的胳膊被感染了),我仍

---

[1] 伊基·波普(Iggy Pop),《生之渴望》("Lust for life"),专辑《生之渴望》(*Lust for life*),1977 年。

然活着。如果我病了，我不是带着病（带着死去的细胞）活着吗？如果我的器官是为了生命而工作的，难道它们不需要死去才能再生吗？那么，为了保存自己，我们应该节省自己的细胞和器官不用吗？习惯会抑制欲望，而欲望是一种生命冲动。如果要加剧欲望，那么，可以使用兴奋剂吗？但我们有可能很快筋疲力尽、濒临崩溃。因此，任何生命体本身都包含一个病态的过程，也就是说一个朝向死亡的正常趋势。例如，欲望和生长是抵抗生命本质和矛盾运动的主要形式。因此，比沙（Marie François Xavier Bichat）说："生命是所有抵抗死亡的功能的集合。"[1] 由此，黑格尔和时间上距离我们较近的乔治·康吉莱姆（Georges Canguilhem）[2] 在哲学上推断出，生命与死亡、健康与疾病、正常与病理之间的区别不是状态和本质的区别，而是程度上的区别。这两种现象在生命中相互渗透，不是构建起一条从健康到死亡的不可逆转的线性路径，而是形成健康和死亡之间的一系列往来。

那么，生命是死亡吗？

克洛德·贝尔纳（Claude Bernard）的生命概念有两个明显相反的含义。这位医生说：一方面，"生命就是创造"[3]；另一

---

[1] 比沙，《生与死的生理学研究》（*Recherches physiologiques sur la vie et la mort*），第一部分，第一篇，1800年。

[2] 乔治·康吉莱姆，《常态与病态》（*Le Normal et le pathologique*），1966年。

[3] 克洛德·贝尔纳，《实验医学研究导论》（*Introduction à l'étude de la médecine expérimentale*），第二部分，第二章，1865年。在《动植物常见生命现象讲义》（*Leçons sur les phénomènes de la vie communs aux animaux et aux végétaux*, 1878—1879）第一讲中再次使用同样表述。

方面，"生命就是死亡"[1]。这个矛盾可以通过推论来解决：如果生命是死亡且生命是创造，那么创造就是死亡。所有组织器官都服从于生命，如同戏剧中的每个部分都服从于整体，我们该如何理解这场生命的大戏？说生命是创造，指的是它是一个自发的发展过程，它产生于有机形式并赋予这些形式以生存的手段。问题是，这些手段使得它们与外部世界（太阳、食物、空气、水……）的接触必不可少。这种接触是维系生命的，但也会导致损蚀、刺激，有时甚至损害生命。外来元素和对外来元素的吸收既是有机体存活的原因，也是它们缓慢或迅速衰亡的原因。我们没有摆脱矛盾：生命就是死亡。正因如此，克洛德·贝尔纳认为生命是不可定义的。这里的问题是生命原则，即生命赖以生存的原则。活力论（vitalisme）认为，生命不能被简化为物理定律。一种生命力（例如灵魂）能够赋予物质以生命。相反，对生理学家来说，生命是一组物理化学属性，当身体机制运转正常时，它们是相互协调的，当身体机制出现问题时，它们是相互冲突的。克洛德·贝尔纳认为，没有一个理论立场是完全合适的，特别是活力论，它与基于观察和生物学定律的实验推理不符。对生命的研究表明，生命的功能需要生理运动；这些运动会产生器官的损耗，进而导致衰老、疾病和最终死亡。因此，进程中的生命确实包含着强大的死亡力量。萌芽的生命中也包含着萌芽的死亡。生命和死亡不是敌人，而是盟友。因此，如果有生命的终结，那么这个终结就属于生命

---

[1] 克洛德·贝尔纳，《两个世界》（*Revue des Deux Mondes*），第九卷，1875年。在《动植物常见生命现象讲义》中再次使用同样表述。

本身。因此,贝尔纳写道:"承认生命源于一种生命力,这就是用生命来定义生命。"[1] 自然的目的实际上就是过程的持续:活和使之活。如果在科学知识的范围内认识生命,则生命的本质终归是谜:"生命可以被描述,但不能被定义。"[2] "生命是最难理解的,它也解释不了什么。"[3] 当然,对贝尔纳来说,生命有五个一般特征:组织、繁殖、营养、有机个体的进化、衰老、疾病和死亡。此外,每一种现象都可以解释为一种物理化学属性。但是,我们必须承认,很难从中找到那个从哲学上可以被称为生命本质的有机合成原理,更不用说把生命的各个部分分开之后再去寻找了。这个不可量化的,但我们在我们身上感受得到的原则,难道不就是对生的渴望、迷恋和激情吗?此外,我们必须认识到,任何生命的组织(创造)都面临着自己的瓦解(死亡)。

> 我认为生命中必然有两类现象:
> 1. 生命创造或组织的合成现象;
> 2. 死亡或组织的损毁现象。
>
> 克洛德·贝尔纳,《实验医学原理》第二十章,
> 1858—1877年

这种合成/分解或生病/痊愈的运动阻止了生命体坠入化

---

[1] 克洛德·贝尔纳,《动植物常见生命现象讲义》,1878—1879年。
[2] 同上。
[3] 克洛德·贝尔纳,《实验医学研究导论》,第一部分,第一章、第六章,1865年。

学惰性中。前一个运动是"真正有生命的东西",第二个运动是"物理化学层面的",属于腐烂、燃烧、发酵、退化一类的现象,但这些现象同时也赋予了生命,从而有了生与死的混合。生命的合成难以成为科学观察的直接对象,因为它是内在的、隐蔽的,因为它是一种"聋哑工作",是"默默地收集将要被消耗的材料",而解剖和活体解剖的练习对于理解生命合成是徒劳的。但是,损毁现象对我们而言却是容易看到的,生命的运动似乎是通过生命的损毁才得以显现。例如,你感觉不到细胞的繁殖,但是能感觉到肌肉撕裂的痛苦。"生命中任何现象的表现都必然与有机体的损毁相关。"

黑格尔在《自然哲学》(1817—1830)中从疾病分类学(nosologique,这个词源于古希腊语 nosos,意思是疾病)的角度出发,认为创造现象和健康现象与疾病的某些状态是相反的,这些疾病状态包括活动和欲望的减弱、减少或丧失(冷漠),还包括愉快或不愉快的有意识或无意识麻木(嗜睡)。敏感性的丧失表现为对外界刺激的反应性降低。面对这种情况,药物是一种刺激,使身体摆脱疾病导致的迟钝状态(例如食欲的缺乏)。食物引起病人的厌恶感。"但当药物刺激病人消化时,身体就被带回到一般的吸收循环活动中。"对黑格尔来说,所有的痊愈都是消化,因为所有的生命都是对外部世界的吸收和同化。"身体不希望外部因素获胜。"战胜外来成分意味着通过吸收来否定外来成分。当然,在这个过程中发生腐蚀的不是身体本身,而是被吸收的东西,除非身体无法进食,在这种情况下,是身体发生了退行。这清楚地表明任何层次的分解现象都是生命现象。在为生而进行的斗争中总包含着死亡的因素，就像在消化现象中，有机个体的内部环境和摄入的外部食物之间总在发生斗争。

这种生与死、洁与污、纯净与腐化、健康与病态的混淆，是一个经典的文化主题。耐人寻味的是，在一种语言中被视为科学正确的说法，在另一种语言，比如摇滚乐中，是被视为具有颠覆性和挑衅性的。

有生命的身体与它的腐败和它可能到来的死亡之间有着千丝万缕的联系，伊基·波普与大卫·鲍伊共同创作和录制的《生之渴望》提出了这个问题。这张专辑是伊基·波普面临毒品问题时构思出来的。在英语中，drugs 一词既指那种具有毁坏性的非法物质，即毒品，也指能够治病救人的药物。它既参与了克洛德·贝尔纳所说的"死亡现象"和"对机体的破坏"，也参与了"生命创造现象"。然而，如果与"酒精"关联起来，则必须选用第一个意思，因此逃避毒品即是朝向生命的奔跑。专辑主打歌曲《生之渴望》的特点是其疯狂的节奏，从一开始就有打击乐。鼓声是音乐的心血管系统，音乐也变成了有机体，由一心摆脱迷幻药和苯丙胺、摆脱它们在血液中的残留物的想法所驱动。《生之渴望》的主题非常接近达尔文"生存斗争"的表述，达尔文以此来描述生命的一个构成性现象，这个现象也是一个悖论，并且体现了对一切生命的悲观：生就是让他人死。出生的个体比能存活下来的多。空间有限，资源有限。所以，我们的同类是我们的捕食者，我的兄弟是我的敌人。无论大自然，还是我们的城市丛林，都是竞争而非合作之地。每个人都必须划出自己的地盘。大自然母亲并不慷慨，她在盘算她的财产。毒贩只在第一次给你诱饵、引你成瘾时才慷慨大方。但伊基·波普的逃生之路不再是一种追求，他通过音乐来逃避他的捕杀者，他的音乐由反拍和和弦的中断组成，运用音乐拼贴的手法，从一个调转到另一个调，从一个画面转到另一个画面，就像在不同街道上奔跑的画面一帧一帧拼接起来，就像在电影《猜火车》（*Trainspotting*）中一样。《生之渴望》就是这部影片的插曲。强度的增加。暂停。不，重新开始。伊基·波普，赤裸着上身，穿着皮裤，半人半兽，弓着身子，灵活，肌肉发达，时间在这个活的生命上几乎没有痕迹，皱纹只是证明他已很好地适应了不断变化的世界。他装出冷漠和无所谓的样子，低沉的声音在他的演唱中占据主导。生存本能。如果死亡就在生命中，那么你必须持续地运动，不让自己被死感染。但猎食者还是带着死亡追来了：

强尼·延又来了
带着酒和毒品
还有那台肉机
他要再跳一次脱衣舞

歌词似乎与威廉·巴勒斯（William Burroughs）的小说《爆炸的车票》（*The Ticket That Exploded*）有关，这部小说里也有一个强尼·延和给鸡催眠的故事。巴勒斯宣称："语言是病毒"。文学或音乐中的拼贴是一种摆脱病毒的方法，可以阻止病毒传播。强尼·延带来的乳液会产生毒副作用，比如疼痛、过敏和中毒（"我买了这个东西就开始疼""你买了这个东西后皮肤开始发痒"）。肉机指的是对某物成瘾的身体，而脱衣舞则是诱惑的象征。抵抗。令人失望的爱，或者至少是一种叫作"爱"的东西，在致幻剂的影响下变成了对鸡的催眠。从现在起，伊基·波普宣称自己是清白的："我只是个现代人"。我是一个不同的人，新的一代，我进化了，我对新生活有着强烈的渴望，在这种渴望的驱动下，我开足马力前行。

  我对生活有强烈的渴望（生之渴望）
  因为对生活的渴望
  我有生之渴望
  哦，生之渴望……

  我要我的奖励，一辆庞蒂亚克 GTO。我应该得到它，因为我的生命又恢复了健康："对，我不睡人行道了"。由于我的自我保护本能，我避免了死亡的侵袭。狂热的渴望是生命主体性的本原，是它的动力。我不再追随生命中包含的死亡诱惑："不再用酒精和毒品／伤害我的大脑"。生命就是死亡，但不是现在就死。"生之渴望"：是全人类的合唱，肯定了这种对生命的渴望和与死亡的搏斗。我病了，我痊愈了。我堕落了，我再生了。我的细胞有强大的生命力，它们又恢复了功能。
  贝尔纳说："生命就是死亡。艺术是生命，所以艺术也是必死的。"但艺术比别的生存方式（比如石头、植物）要好……

🎤 什么都感觉不到/无意识,矿物/再无一丁点欲望/再无恐惧再无邪恶

——杰拉尔德·德·帕尔马斯(Gérald de Palmas),《我仍有梦》("J'en rêve encore"),专辑《沙上行》(*Marcher dans le sable*),2000

物质与精神

柏格森：大脑与精神
——舞韵乐队,《性犯罪》

控制精神，控制肉体

> 🎤 我会把砖头一块块推倒／在墙上留一个大洞／就在你往里看的地方 [1]

灵魂是否是任何有机体的本原？这就引出了一个更普遍的问题，即灵魂与身体的关系问题，进而是精神与物质的关系问题。"精神"一词指的是人类所有的智力，它使人能够思考。"精神"一词比"意识"一词更具专业性，后者涵盖了内在生活的多种表现形式和状态。而"灵魂"指的是一个神秘的实体。从哲学角度来看，这三者都是无形的，当然，唯物主义思想家不这么认为，他们对精神的定义不同，认为所有现实都是物质的，由此推断出精神也是物质的。今天的唯物主义认为，"精神"实际上指的是大脑，"精神"这一概念只是因为我们暂时缺乏先验知识才存在，考虑到将来科学的进步，这一概念将不再有效。因此，精神只是一个哲学神话。于是就有了一个

---

[1] 舞韵乐队（Eurythmics）,《性犯罪（1984）》["Sexcrime（Nineteen Eighty-Four）"]，专辑《1984（纪念大哥）》[*1984（For the Love of Big Brother）*]，1984 年。

问题：如果思想是物质的，那么科学为什么还没有建立起关于思想的完整和绝对的知识？脑科学能对我们的大部分神经活动进行定位。例如，当佛教僧侣进入慈悲冥想时，功能磁共振成像显示出大脑某些区域被激活，这些区域被认为是情感的所在地，例如位于大脑前部的脑岛和右半球的颞叶。问题是，人们观察不到这项活动的内容，也不可能读出产生的思想本身。脑部扫描永远无法从外部客观地显示大脑产生的思想。思想只能由思想主体从内部"阅读"，只有语言而不是技术才能向他人解释思想。换言之，所有可能的和可想象的智力测试我都通不过，我表现得就像班上的学渣，但是，只有我知道我脑子里究竟在想什么。

精神是物质的吗？

精神是肉体吗？精神与物质、精神与肉体之间关系的本质是什么？如果精神是肉体，那么哲学意义上的精神就不存在了。另一方面，如果精神与身体是可分离的，那么科学就无法掌握人的本质。

柏格森主张精神独立于身体，实际上肯定了精神的根本自由，不认为精神可以被简单地视为大脑的一部分，从而批评了他那个时代的科学方法，尤其是心理生理学，心理生理学把意识看作一种身体机制，认为意识可以受到所有可能条件的影响和制约。这些心理生理理论是什么样的？

现代对身心关系的思考起源于笛卡尔，尤其是在他的《论人》(*Traité de l'Homme*) 中，他的思考围绕着两个关键概念展开：身心二元性和身体机器。一方面，人是由一个有一定大小的、可被触及的身体（类似于机器）和一个不可见的精神组成的。这两个元素可以分离。另一方面，与精神分离了的身体本身就像一台机器，有它的零件、齿轮和流体物质。当代心理学接受了笛卡尔的看法，也把身体视为机械，而完全忽视了精神能够以独立于身体的形式存在。心理学是借助数字和电子仪器开展研究活动的，想要通过获得精确的、可量化的结果来追求科学地位，这样的学科当然会把独立于身体的精神看作一个过于唯灵论的想法。行为主义认为一切意识（包括精神）都是行为事实，因此，我们所说的精神是行为的附带现象，只是身体的一种运行机制，是心理生理学的研究对象。所谓心理生理学是一种还原论，行为主义的目的是研究可观察到的人对环境的反应和人与环境的相互作用，以证明人的动作和言语在多大程度上由环境决定而不是源自人的内在意识。也就是说，从外部把习惯甚至思想方式强加给大脑是可能的。由此，学习的概念被理解为一种心理条件：主体对他所接受的外部刺激的反应将会导致他的行为的改变。最著名的例子是1904年诺贝尔医学奖获得者生理学家巴甫洛夫对狗所做的实验。实验分为四个阶段：1）无条件刺激，给狗吃食物，狗就会分泌唾液，给狗吃食物是狗分泌唾液的无条件刺激；2）中性刺激，给狗吃食物的同时响铃，将中性刺激（铃声）与无条件刺激（进食）结合，狗流唾液（在这个阶段，中性刺激与无条件刺激结合成有条件刺激）；3）先响铃，狗流唾液，然后给狗食物，作为中性刺激的铃声由于与无条件刺激联结而形成了条件刺激，由此引起的唾液分泌就是条件反射；4）只响铃，狗就会流唾液，这在正常情况下是不可能发生的事。狗受到条件制约。要研究那些对服从和社会秩序概念进行批判的作品，则巴甫洛夫的条件反射研究是不可绕过的参考，例如斯坦利·库布里克（Stanley Kubrick）的电影《发条橙》(*A Clockwork Orange*)，主人公是一个强奸犯和杀人犯，他在接受条件反射治疗和精神洗涤，治疗的目的是在他身上引起对性和暴力的消极反应，让他变温顺，避免他使用暴力。我们的行为既不是思考后产生的，也不是自由意志的结果，而是我们所服从的某种决定论，特别是社会恐惧、惩罚或失败的决定论。

在行为主义的传统中，一些认知科学已经构建出了思维的计算理论。计算机、人工智能将成为我们用来解释思想的模型：硬件是控制整个身体机器的大脑；软件是所有的学习，记忆会在硬盘上存储我们学习的印记，比如我们学习到的语言、程序和其他操作模式，这些就是软件（可以这么说）以及我们经验的内容。这样一来，就可以对人进行编程操作了……

但柏格森并没有回到笛卡尔二元论，而是试图通过与身体的联系来解决思想的相关表征问题。这位法国哲学家在《精神能量》中写道：

> 经验告诉我们什么？它告诉我们，灵魂的生命，或者说意识的生命，与身体的生命有关，它们是相互团结（solidarité）的关系而非其他。……绝不是说大脑和精神是等价的，不是说你可以在大脑中读出相应的意识中发生的一切。一件衣服与悬挂它的衣服钩是相关的。如果钉子被

拔掉，衣服就会掉下来；如果钉子晃动，衣服就会摇摆；如果钉子的头太尖，衣服就会被刺破、撕裂。这并不意味着钉子的每一个细节都与衣服的每一个细节相匹配，也不意味着钉子就是衣服的等价物，更不意味着钉子和衣服是一回事。因此，意识毫无疑问是与大脑关联的，但这并不意味着大脑能描绘出意识的所有细节，也不意味着意识是大脑的一个功能。观察和经验，因而也包括科学，告诉我们的只是大脑和意识之间存在某种关联。

柏格森，《灵魂与身体》，出自《精神能量》，法国大学出版社，"战车丛书"，2009年（1919年第一版）

首先必须说明的是，对于柏格森来说，精神不是一个不可解释的现象，身体也不是精神的工具或媒介。此外，柏格森反对平行说（平行说认为精神和物质是彼此独立发展的两个实在），也反对副现象论以当代及各种形式的神经生理学还原主义。但是他的批评主要针对后者：如果精神可以被看作是大脑，看作仅仅是物质实在，则科学将能够"读取"其中的一切，将神经元的运动转化为思想、记忆或情感。

但当柏格森谈到"大脑和意识之间的某种关联"时，他所说的是什么关系？"相互性"（solidarité）的概念很好地解释了这种关联的性质，用挂钩和大衣所做的比方也是一个很好的解释，大衣（精神）挂在钩子（身体）上，同时也保持着自己的个性，而不是说两者之间存在结构的相似性，不是说钉子的某个部分对应着大衣的某个特定部分。换言之，身体和大脑受制于它们自己的决定论，受制于它们自己的生理机制，而精神、意识仍然是我们身上最自由的东西。柏格森认为，自发的意识才是自由的，当它在我们的行为中缺失的时候，我们的行为就是机械的。这就是学习和心理反射之间的区别：当我学习时，我意识到自己的努力、困难和策略选择。如果有人想灌输给我一个我不同意的想法，我的精神就会反抗。但当我的身体进行活动时，我的意识并没有完全参与其中，则我就受到了条件的制约。

然而，这个关于大衣的比喻中，似乎缺少了柏格森本人认为意识所具有的活力，因此，似乎可以用近来约翰·塞尔（John Searle）在《心灵的再发现》(*The Rediscovery of the Mind*)中提出的最新概念来对柏格森的想法进行补充：精神是神经生理过程的一个更高层次，精神依靠神经生理过程以获取动力。约翰·塞尔的意向性理论肯定了精神和身体之间的连续性。这一理论吸收了哲学和神经科学的成果，建立在三个原则的基础之上。首先是希腊整体论（整体论 holisme，来自希腊语 holos 一切）：整体不能被简化为其部分的总和，精神不仅仅是神经的不同区域和功能的并置。然后，从一个事实或状态的某种程度的复杂性中产生了新的特征：精神依靠整个身体（尤其是大脑）的某种复杂性。最后，一个整体（物理事实、社会等）往往会采取一种行为，虽然可以理解，但不能仅仅通过分析（即对其各个部分的详细了解）以及数学量化或物理测量来解释。因此，精神指的是大脑的一种意向属性，从形式上讲，精神的某些运作（记忆、情感等）是客观和普遍可定位的，就像纯粹的身体、解剖或生理事实（例如骨折、肝硬化）一样。但是，只有当我自己有这样的想法、记忆或经历过这样的情感，才能对这些运作有实质性的独特理解。塞尔在《自由与神经生物学》一书中从意向和自由意志问题的关系角度阐述了其意向立场，提出了如下假设：

> 我想，如果自由意志是世界的一个特征，而不仅仅是一种幻觉，那么就必须有一个神经生物学的事实：大脑的特征必须符合自由意志原则。[1]

行为主义的衰败表现在这样一个事实上：自由或自愿的行为构成了一种"经验，这种经验使得决定论的解释成为不可能"。因此，某些内容，如自由、幸福、意志或责任，不能被给予大脑，因为它们是由意识给予意识自身的。另一方面，我们知道如何通过改变大脑，比如脑叶切除术、条件反射、洗脑等过程来消除大脑中的一些念头。可以说，我们不能选择我们的神经条件，它们要么是由自己决定的，要么是由心理条件决定的，但是我们的神经条件使我们能够做出选择。除非与选择有关的那部分大脑区域受到了损伤……

因此，大脑和精神之间的联系问题涉及精神条件反射和自由的可能性。柏格森认为，意识的真正特征是自由。然而，如

---

[1] 约翰·塞尔，《自由意志与大脑》（"Le libre arbitre et le cerveau"），出自《自由与神经生物学》（*Liberté et neurobiologie*），新哲学学院丛书第四辑，格拉塞出版社，2004年。

果说自由像一个运动中的身体一样容易受到影响，而且它的物质性构成了它的主要特征，它就像一种材料一样具有可塑性，这难道不是为了维护条件反射这一独裁政权和任何形式的权威政治吗？正是从这个意义上说，舞韵乐队的《性犯罪》是对这个问题的新浪潮摇滚（介于迪斯科和摇滚之间，但没有哪个时代是完美的……）表达。这首歌是迈克尔·雷德福德（Michael Radford）导演的影片《1984》预告片的一部分，这部影片改编自乔治·奥威尔的同名小说。

奥威尔的《1984》是一部反乌托邦小说，它展现的虽然是个虚构的社会，但充满着对历史的影射，这个社会处在独裁统治之下，妨碍个人幸福的实现。而乌托邦（utopie）则正相反，它展现了使幸福得以可能的条件。在乌托邦和反乌托邦这两个词中都包含希腊语单词 topos，意思是"地方"。乌托邦是不存在的地方，u- 表示失去的、被剥夺的，但也接近 eu-，意思是"快乐"。相反，dys- 指的是一种社会政治畸形，在历史和小说中都是真实存在的。故事发生在伦敦。《性犯罪》让人想到小说中大洋国的一项重要禁令，大洋国是在 20 世纪 50 年代的原子战争结束时形成的集团，其官方政治意识形态是昂格社（Angsoc，该集团自创的新词，意思是"英国社会主义"）。温斯顿·史密斯伪造历史文件，要删除与邻国（即官方敌人东亚国）结盟的一切证据，他对人们进行精神操控，使他们产生了选择性遗忘，而他自己则免于此项操控。社会政治条件旨在将个人变成顺从的劳动者。用另一个反乌托邦主义者奥尔德斯·赫胥黎（Aldous Huxley）的话来说，他们的世界是"一切世界中最好的"。老大哥的工作是给人做永久性洗脑,他是领袖和总监督,人们看不见他,但他能看到所有人,他出现在公共海报和家庭电视上,他与别人的位置关系堪比圆形监狱[1]中看守与犯人的关系。"老大哥在看着你"。这个人物是对执政党的一种神秘化表现。同样,艾曼纽尔·戈尔茨坦(Emmanuel Goldstein)也是如此,他是个人人都应当憎恨的敌人形象。憎恨的感觉在"仇恨的两分钟"里以集体仪式的方式被表达出来,在"仇恨的两分钟"里,敌人的影像被人群的辱骂所吞噬。然后温斯顿遇到了朱莉娅,爱上了她。他们做爱,这是被官方明令禁止的,于是,他们被思想警察带走了,思想警察的任务是确保任何个人的思想都符合规范许可,他们还能通过心理学工具(心理学工具在此很可能暗指对行为主义的滥用)来识别包含异端思想的行为,发现政治犯罪和政治犯。事实上,温斯顿早就被怀疑有"错误思想"。他和朱莉娅的性关系是一种反常行为,这导致他们遭受酷刑,而酷刑是进行再教育的最终武器,迫使两个情人相互背弃。刑具是行为心理学实验中最常用的工具,就像老鼠是医学实验中最常用的动物一样。温斯顿的身心都成了残障,但他崇拜"老大哥"。外部世界掌控着他的自由意志。这部小说的哲学意义在于它展示了行为心理学和某种精神观念如何成为监视和惩罚的工具,如何被扭曲,迫

---

[1] 圆形监狱,英国法理学家、哲学家边沁(Jeremy Bentham)提出的监狱建筑构想。其基本结构是:四周是环形建筑,中心是一座瞭望塔。瞭望塔有一圈大窗户,对着环形建筑,中心控制塔只需安排极少数的监视者,甚至可以只安排一个人,就可以监视整个监狱的情况。——译注

使一个民族出于害怕惩罚、害怕一些人为的观念联系（性＝犯罪）而维护独裁政权的利益。

　　舞韵乐队的《性犯罪》围绕一组对比展开，一方面是对"性犯罪"的机械、几乎不间断的重复，一方面是对自由和幸福最绝望和最悲观的呼唤。"性犯罪"一词的演唱不连贯，让人想到禁令。他的连环重复让人联想到心理治疗实践中使用的重复指令。在立体声中，单个音节从左到右摆动，好像要让我们在摇晃中入眠。主题"1984"由合成音效唱出，没有明确的演唱者，似乎想让个体停留在某个特定的时间，不让他们有任何前进的可能，也就是不给他们任何走出去的可能。伴随这些演唱的音乐是机械的，安妮·伦诺克斯（Annie Lennox）的声音几乎像机器人，男声结结巴巴地高呼性是犯罪。后来发行的电子乐版本更加强化了这种非人的效果。然后，发出一声尖锐的"嘿"，并以回声的方式重复，让人想起训诫过程中的命令和其他支配性手段。主歌部分的音乐则相反，都是旋律性的、人性化的、流畅的、精致讲究的。歌词描述了一个十分简朴的地方，大洋国，但人们却背弃了它，要去迎接一个更光明的、也许藏有宝藏的未来："在这个地方／这个寒冷的家／我知道总是有人""所以我面朝墙／背对它"。爱是一种疯狂的希望："你的眼睛看着我／我怎能不理睬？"虽然平克·弗洛伊德乐队（Pink Floyd）的墙是一块石头一块石头地建造起来的（"墙里的另一块砖"），构成了一座精神分裂症的堡垒，包围了主体，把主体与外部世界分隔开来，并引发了对外部世界完全扭曲的看法，但安妮描述的精神之墙已经由"老大哥"的规训约束作用建立起来了。因此，我们必须把它拆毁，以便至少在视觉上进行爱的接触。这一次，观察者的眼睛发出的只是温柔的目光，而不是监控信号。他者的目光充满爱意，而不再是压制性的；变得充满魅力，而不再是恐怖之源。爱是一种解放，推倒一座又一座囚禁我们的墙。"墙上的一个大洞／就在你往里看的地方"：墙上的这个洞，是偷窥者的形象，被普通法律禁止但被个人道德允许的偷窥者，同时也是一个逃出地狱的愿望，逃脱传说中的独裁者之后开始的第二次生命：

我多么希望我没有出生希望我没有生活在这里

如果物质、身体和社会都在那里，那么精神就在另一个地方，在另一个身体里，在另一个社会里。但副歌部分提醒我们性是犯罪。"罪行"就像看门狗的嘴，下颌肌肉发达、牙齿锋利，一波又一波地用严酷的惩罚来威胁我们。为了不让思想的自由萌生，作为暴政力量工具的行为心理学已经发现了思想异端，两人爱的行为证实了这一异端，深刻的感情同样也是精神的复兴。政治独裁和科学在没有看到大脑中的思想和情感的情况下，随心所欲地使用了一种最野蛮的手段，即通过腐蚀大脑来消灭大脑中的精神效果。某种形式的教育有助于实现这一目标。然而，大脑虽然可以任由渗透，但精神仍然在并且一直在抵抗。如果精神尽其所能不让自己被困入高墙之内，则没有什么能让它囚困在肉体的监狱里，不管怎样，这个监狱最终会一点一点地坍塌，我们就能脱离这个牢笼。

🎤　到野外走走吧

　　——卢·里德（Lou Reed），《走错路》（"Walk on the Wild Side"），专辑《变压器》（*Transformer*），1972

梅洛-庞蒂：我的身体与有机主体性
——平克·弗洛伊德乐队，《舒适的麻木》

他的脑海里，有很多鸟……

> 没有痛苦，你远去 / 远处船上的烟 / 你从浪里走来 / 你嘴唇翕动但我听不到你说什么[1]

什么是感知？是拥有一种感觉，一种身体的印象，伴随着对感知到的东西和对感知本身的意识。我的身体进入外部世界，精神能使这个进入有意义，但我们也不应该忽视这样一个事实，即我们进入物质空间的能力是由身体来保证的。身体性，指的是我们身体的状态和我们对这一状态的意识，身体性这个概念使我们认识到，虽然身体是物质的，但它不仅仅是一件事物，也不仅仅是科学研究的对象，而永远是我的经验的条件。我的身体是我的。因此，在某种程度上，与笛卡尔二元论相反，可以说一个人的身体与他的意识是同外延的。正是这种精神和物质的统一决定了我们是活着的人。以约翰尼为例，他是达尔顿·特朗勃（Dalton Trumbo）的小说和电影作品《无语问苍天》（*Johnny Got His Gun*）[2]中的人物。在第一次世界大

---

[1] 平克·弗洛伊德乐队,《舒适的麻木》（"Comfortably Numb"），专辑《迷墙》（*The Wall*），1979 年。
[2] 金属制品乐队（Metallica）受此启发创作了《一》（*One*）。

战期间，年轻的士兵乔·博纳姆（Joe Bonham）被炮弹严重致残，失去了胳膊、腿和一部分面部组织。他不能说话，也听不见，失去了三种感官：视觉、听觉和嗅觉。但他仍然有清醒的意识和触觉。他成了身份不明的伤兵，被安置在一家军事医院里，靠人工维持生命，以便医生进行实验研究。医生们倾向于相信他已经丧失了思维和感觉，如同植物一般。他被困在一张床上，成了一个被绷带包裹着的物体。他逐渐意识到自己的状态，并在一个醒着的梦中重温自己的记忆，这个梦有时看起来像是一场噩梦，由镇静剂维持。他想交流，但无能为力。只有一个年轻的护士发现他仍然有内心活动。她通过触觉与他交流，使他与外界保持联系。他用头来传达摩斯电码，以这种方式来表达。圣诞节晚上，她用手指在他胸前写"圣诞快乐"。然后，他便让她杀了他。她试图满足他的要求，但医生阻止了她。医学认为约翰尼已经没有了精神生活，但他还活着，他仅仅是物质，他缺乏身体反应意味着他缺乏任何感觉。那位护士的看法与此相反，她表现出同情。

在无自主能力的物质中有灵魂吗？

万物有灵论认为每一个物理现实，一块石头、一座山、一阵风，都像动物一样有灵魂。然而，活石头和死石头没有区别。或者，我们说风吹或不吹没有区别。但当它吹的时候，我们不说它活着；当它不吹的时候，我们不说它死了；当它再次吹起时，我们也不说它复活了。相反，这些词都是我们用来描述生命体，特别是描述人体的。必须经过大量的医学鉴定才能说一具没有反应的身体是死尸。客观地把握生命体要用到许多工具，因为对他人身体的感知是外在的。如果我们能把自己放入这个无自动能力的身体里，我们自然会立刻感觉到它的状态。这是因为对身体的主观感知，对自己身体的主观感知，以最生动的方式告诉我们这个身体的情况，哪怕它被认为是没有生机的。因此，我们必须区分客观的身体和现象的身体，现象的身体也就是被经验的身体。例如，眩晕、恶心或神经痛可能需要精确的科学检查，但最能说明问题性质的是主体所描述的眩晕、恶心或神经痛的感觉。在心理学中，一个人如果对自己的身体在空间中实际或可能的运动及位置能够自发地且或多或少自觉地表现出来，这种表现就是身体模式。我站在一条引水渠的栏杆上，我的脚上绑着一根粗大的皮筋，另一端系在水渠上。在那一刻，我感觉到了在跌落之前我的身体所能做的。一位年长的女士走在人行道上，不远处有一群打打闹闹的男孩子与她相向而来，男孩子们根本没注意她，女士如果照直走下去，几秒钟后就会被男孩子们撞到，于是她将注意力集中在自己的身体上，并制定了一个停止策略，这样就不会被男孩子们推搡到一边。在这些时刻，我们不是在看我们的身体，而是把身体当作一个摆在我们面前的事物一样来看待。身体的内部感觉会进行自我调整以适应我们感知到的现实中的事件。例如，在危险情况下，勇气意味着以适当的方式做出反应，而不是让身体受到恐惧的影响而出现抽搐、颤栗、做出本能的自保举动，或者昏昏欲睡，当我认为不值得让我的身体做出反应时，我便以这种方式不让我的身体做出反应。在某种程度上，我决定了自己不在身体上做到这一点。在任何情况下，我都不需要监督我的身体、对它进行调整、使它的运动适应外部世界，因为我是从内部感觉到我的身体的。设想这样一个例子：一个飞行员驾驶飞机在空中飞，他要避开一个山头，他的眼睛没有看那个山头，而是盯着操作盘……结果会如何呢？

正是在这个意义上，梅洛-庞蒂（Maurice Merleau-Ponty）在《知觉现象学》（*Phénoménologie de la perception*）中提出"本己身体"的概念。心理维度（psuchè，在希腊语中是灵魂的意思）和身体的生理维度没有区别："我们的身体不是'我思'的对象：它是一整套平衡发展的被体验到的意指。"我的运动起源于它的具体运作，精神和身体朝着同一个方向前进。

> 但是我不是在我的身体前面，我是在我的身体中，更确切地说，我是我的身体，因此，我的身体的变化及其变化中的不变者不能明确地被确定。我们不仅仅思索我们身体的各个部分的关系，视觉的身体和触觉的身体的关系，我们自己就是把这些胳膊和这些腿联系在一起的人，能看到它们和触摸它们的人。用莱布尼茨的话说，身体就是其变化的有效规律。如果人们还能再对自己的本己身体的知觉中谈论一种解释，那么可以说，它是自己解释自己，在此，视觉材料只有通过其触觉意义才能显现，触觉材料只有通过其视觉意义才能显现。每一个局部运动只有在整体位置的背景中才能显现，每一个身体事件，尽管它只能揭示身体的分析者，只有在意义的背景中，才能显现。在这个背景中，其最遥远的回想至少能被认出，感觉间等同的

可能性能直接地被提供。[1]

梅洛-庞蒂,《知觉现象学》,第一部分第四章,
"本己身体的综合"

因此,身体本身是我的身体,我通过它来行动,我看待它不能像它不是我的身体那样,我不能客观地了解它。同样,在空间中,物体的空间性和物体本身不必分开,"身体的经验教导我们如何将空间扎根于存在中"。我们的身体在空间和世界中,而不仅仅是在自身里面。生命的意义来自我的身体和世界之间的互动,由此,这个世界成为我的世界、我的习惯、我的行为。世界意识、身体意识和自我意识是一体的。从这个意义上说,梅洛-庞蒂并没有完全遵守笛卡尔的二元论原则。或者更确切地说,法国现象学家和存在主义者重新定义了笛卡尔的"我思",认为"我思"发端于"我能"。只有事先意识到身体在世界上的可能性和行动能力,意识才能向自己显现。因此,这里的首要原则不是我思,而是身体的意向性,也就是存在。有机主体性的概念清楚地表明,精神和身体的分离是不可接受的。

要证明这一点,病理学的例子是最合适的,因为更容易由之进行推理,也就是说,有些现象在正常情况下会发生,在异常情况下初看来不会发生但是却也发生了。例如,失去手臂的人不应该再感觉到手臂或寻找手臂。梅洛-庞蒂举了一个例子来说明这

---

[1] 译文参考梅洛-庞蒂:《知觉现象学》,姜志辉译,商务印书馆,2001年。——译注

种暂时的疾病感缺失，称为幻肢错觉，即一种仍然拥有被截肢肢体的短暂感觉。如果一个人把他失去的手臂说成一条冰冷的蛇，如果他在那条手臂应该在的地方寻找它，如果他在某种程度上感觉到它，那就是说，尽管他的视力客观地证实了手臂的缺失，但对这只手臂依然存在着一种心理上的依赖、一种在场和情感上的延伸。另一个更简单的例子显示了对身体的纯空间和客观认识上的局限：我的脚在我的鞋子里，在我的桌子下面。我缩回我的脚。我看不到我的脚也看不到缩回的动作，但我知道。还有一个更好的例子：我有要缩回我的脚的意向，我身体感知到了这一意向；我没有移动小腿、脚踝和脚，我在这些部位感觉到预热和绷紧。我已经准备好了做这个动作，就像开赛枪响之前一秒钟时完全静止的短跑运动员。别人对此是不知道的。我的身体是我的秘密。把它隐藏起来，谨慎是一门艺术，就像我们在一个人面前说话，内心激荡，却依然语气平和。

同样的内在不可见原则也适用于昏睡现象：从外表看，我看到一个人没有任何感觉，好像睡得很沉；但我对他的精神过程和内心生活一无所知，这些都是他内在身体的状态。人们会说，这个人没有意识。事实上，他是因为事后不记得了，因为主体可能会有对昏睡的印象。Léthargiques（昏睡）一词来自希腊语 lêthê（遗忘）和 argia（休息）。在这个遗忘的休息中，遗忘的主要是那些与昏睡状态本身无关的东西。

在艾伦·帕克（Alan Parker）导演的电影《迷墙》（*The Wall*）中，主人公平克（Pink）是一个狂妄自大的摇滚明星，由鲍勃·吉尔道夫（Bob Geldof）饰演。在演出即将开始前，平克被发现处于昏迷状态。有人摇晃平克想把他叫醒:"里面有人吗?"约翰尼大约也希望有人这样问他。《舒适的麻木》这首歌构成了《迷墙》的一个关键段落,在平克之后的生活中发挥了很大作用。平克的生活是这样的:父亲死于战争,他被人遗弃并充满被遗弃感,避世隐居与母亲强烈的情感占有欲之间的矛盾,内心的痛苦和平庸感,退缩和建造保护墙、情感盔甲,精神分裂症的愈演愈烈,复仇的欲望,毒品和性的深渊,加上作为摇滚明星的成功,使得摇滚明星转变为权威的政治传教士。在这首歌曲中,精神分裂症和昏睡都是从主体的角度,通过内聚焦来表现的。我们面对他的幻觉,在他的墙里,就像在他的身体里。从外面看是墙,从里面看就不再是墙了。《迷墙》展现了别人要隐藏起来不让我们看的东西……

《舒适的麻木》的线性结构如下:黑色部分 A/ 白色部分 B/ 独奏 / 黑色部分 A′/ 白色部分 B′/ 独奏。大卫·吉尔摩(David Gilmour)将这首曲子的各个部分命名为"黑色"和"白色"。A 部分由罗杰·沃特斯(Roger Waters)演唱,他表现的是医生对病人从医学角度解释病情。医生对平克说话,展现的是外在于身体的视角。B 部分由大卫·吉尔摩演唱,他是从昏睡者的角度演唱的,与平克的身体、视觉和思想一致。因此,我们时而在墙外,时而在墙内。虽然医生对病人的情况一无所知,病人的昏睡对他来说只是不明病理的一个症状,但是,病人知道导致该情况的确切原因,他讲了自己童年时期的一个事件,一种由老鼠引起的传染病。仿佛创伤复发一般,平克又一次进入昏睡状态,而其他更直接的原因又助长了这种昏睡状态。根据这首歌的创作者沃特斯的说法，把昏睡用音乐表现出来这一想法，是自己从亲身经历中得到的灵感：那时他患了肝炎，还未确诊，在音乐会即将开演前，他服用了镇静剂，在药力作用下进入了昏睡状态。在罗杰·沃特斯和大卫·吉尔摩相反的意愿作用下，这首歌曲既冷静又摇滚，既柔软又强硬，既轻盈又沉重。它反映了昏睡状态中的矛盾，既舒适又麻木。

A部分——比较短，主要利用滑棒制造出清晰的吉他滑音，表示快速陷入昏睡状态。医生用冷静的声音试图叫醒平克，但没有成功，医生要给他做诊断，问他："家里有人吗？""能告诉我哪里疼吗？""放松""我首先需要了解一些情况／只是基本事实"。医生先柔后刚，在问完这些问题后，给他打了一针："好吧／只要打一针就好。"平克唯一的反应是：一声蒙克式的嚎叫。这声嚎叫是由突然醒来而引发的，平克的嘴大张着，艾伦·帕克的电影正是以这个画面做了海报，大张着的嘴占据了半张脸的面积。但医学是为商业服务的：

> 你能站起来吗？
> 我相信这很管用，很好
> 可以维持你演完节目
> 来吧，该走了

"你好""放松"和"好吧"以回声的方式重复，然后是吉他的延迟效果，给人一种滑翔的感觉。在这部电影中，我们看到医生给平克做检查，整个节目组的工作人员在他身边忙乱，但都是徒劳：他就像一个软绵绵的洋娃娃。

B部分——角度发生变化，转向身体自身，角度的变化以和弦和音调的变化为标志。音乐越来越强：吉他弹奏出挂留和弦，与合成器的旋律混合起来，像起伏的波浪一样将我们轻轻摇晃。这个部分在歌词上可以划分为三段。首先，平克根据自己的感受对医生描述说："远处船上的烟／你从浪里走来／你嘴唇翕动但我听不到你说什么"。平克本身就像在大海里，他的身体就像一只醉舟。[1] 他感觉很好，在他看来，是医生对现实的感知发生了扭曲："没有痛苦，你远去"。平克在昏睡中想起了那个引发他创伤的事件，被死鼠携带的病毒感染，引发高烧和谵妄："小时候我发烧／感觉我的手就像两个气球"。影片展现了孩提时代的平克，他把一只垂死的老鼠放进自己的毛衣里，等它死后，平克把毛衣穿上身。今天，他的身体在创伤中回忆起过去的感觉："现在我又有了这种感觉"。梅洛-庞蒂所说的"身体的统一性"证明了这种感觉，体现出一种共时性（在昏睡时刻的统一性中身体自身的印象维度）以及历时性（生命事件、儿童疾病和成人疾病之间的联系）。此外，平克的内心话语强调了身体自身的感觉具有不可交流性："我无法解释你为什么不理解"。如果主体的感觉对他来说是不透明的，那么对外部观察者来说更是如此。这句话重复了解释（理性的）和理解（情感的）之间的概念分歧。我无法逐项分析我的感觉。内在的感觉是不可分割的，身体的运动也是不可分

---

[1] 作者在这里化用了法国19世纪诗人兰波的名诗《醉舟》（Bateau ivre）。——译注

割的。梅洛-庞蒂认为，我的臀部、躯干、肩膀和手臂上的肌肉，一个抓握动作就能抓起响着的电话，这是非常自然的，在这个过程中没有任何关于如何把我的身体肌肉收缩进行逐步分解的思考。即使我能向别人解释我身体的内在生活，他也无法理解，也就是说，他无法理解我从自己的身体中获得的内在身体感觉对我的意义。"我不是这样的"：你以为客观地看到的我根本不是我。我对自己身体似有似无的意识，你理解不了。你认为我病了，但我很好："我舒适地麻木"。让我待在云端。然而，虽然第一个 B 部分展现了儿童和成人之间的联系，但在对该部分的重复中，却展现了两个年龄段之间的断裂：

> 小时候
> 我不经意间
> 匆匆瞥见
> 当我转身去看但它已不见
> 现在不能用手指去碰它
> 孩子已长大
> 梦已远离

一次错失、一次跳跃。一个必须填满的空隙，就像墙砖之间的空隙一样。我们不知道这到底是怎么回事，但缺失的可能会拯救我们。也许是个像父亲的人？因此，在昏睡中，你会有一种得到补偿的感觉，一种甜美的遗忘，遗忘了自己和世界。但这些感觉是由创伤和精神分裂症引起的。这部电影展示了一个摇滚明星向狂暴的独裁者的转变：身体里满是蠕动的幼虫，一只蛹把平克包裹起来，平克把它撕下来就像撕下自己的皮肤。为了克服昏睡状态和儿时的创伤，一个新的全能的自我诞生了，暴君已做好准备，发丝光洁，衣着无可挑剔。他坐上车，驶向他的崇拜者，座椅中的他不再萎靡不振，而是坐姿笔挺、神态坚决。

几段吉他独奏相当于副歌。它们就是那无法表达的、不可能的话语，是原初的感觉，是精神错乱的自我的那种不可交流性。如果说，正如斯特拉文斯基所言，"音乐不表达任何东西"，那是因为音乐是另一种语言，旨在表达我们的情感，不是用它们的意义来表达，而是用它们纯粹的形式强度来表达。这就是某些电吉他独奏的全部作用。《舒适的麻木》中第二段独奏比第一段更长、更有力，并且难以言喻，也许让我们瞥见了他人的有机主体性、他大脑所受的折磨、创伤的影响、内心遭受的沉重打击、剧烈的痛苦。整首作品在吉尔摩吉他演奏的淡出效果中结束，如同一个问号。西德·巴勒特[1] 舒适而麻木地在某个地方睡着了……

🎤　体温升高 / 高烧不退 / 看不见未来 / 看不见天空
　　——约翰·列侬，《冷火鸡》（"Cold Turkey"），单曲，1969

---

[1] 西德·巴勒特（Syd Barrett），乐队的创始成员，因精神问题于 1968 年被开除出乐队。

真理

皮浪与怀疑主义

——齐柏林飞艇乐队,《天堂之梯》

我知道我不知道
但我不确定……

🎤 是的你有两条路可走/但从长远看/你还有时间改变你的路 [1]

在对自我和事物的感知中——通过多重事物感知自我,通过模糊的自我感知事物——哲学试图用它的光照亮迷雾,寻求突破。哲学是对真理的追求。"真理"这个词究竟是什么意思?我们应该说小写的真理(vérité)还是大写的真理(Vérité)?对于一个出身不明的人来说,最关键的真理是揭开自己的身世之谜,他的出身就是他生命中的那个唯一真理。但对这个特殊的真理感兴趣的只有他一个人。他的追求、他的问题、他的焦虑,没有人能像他经历的那样去经历。如果他是在法医实验室工作的专家,他破译了犯罪现场发现的血迹中的DNA,但还未曾找到血迹的所属人,则对他来说,真理就是这个谜团的谜

---

[1] 齐柏林飞艇乐队,《天堂之梯》("Stairway to Heaven"),专辑《齐柏林飞艇 IV》(*Led Zeppelin IV*),1971年。

底。同样，对这一真理感兴趣的只是世界上少数的人。但它决定了这些人的全部存在。世界上有无数小写的真理，每个人都在追求自己的那一个。而大写的真理则是普遍的：生命起源的真理、世界目的的真理以及……关于真理是否存在的真理。从原则上说，每个人都对这个真理感兴趣。但矛盾的是，宇宙真理对个人的震撼、感动和困扰没有个人生平的真理那么强烈。在真理的这两个维度之间，还有一个中间层次，即重要的历史真理（"谁杀了肯尼迪？""希特勒死在地堡里了吗？"），不是那些决定世界命运的真理，而是那些能够改变我们文明进程的真理。我们要注意，在所有情况下，如果我们自发地以一种疑问的方式表述真理，则真理也会有疑点。真理不是我们所拥有的东西，而是我们所寻求的东西。从这个意义上说，真理是欲望和缺乏。如果笛卡尔把怀疑作为发现真理的一种手段、一种理性的方法、一种有效的工具，那么我们必须看到，一般来说，怀疑不是一种理性的力量，而是一种心理上的偏好，一种我们所经历的感觉：我们在怀疑中，怀疑淹没了我们，我们被淹没在怀疑中。当真理离我们很远，或者当我们发现了它，但它却不符合我们的期待和希望时，怀疑是对思想的压抑。"医生，我怎么了？——先生，您请坐……"但也有一些中立的真理："物质真理是思想与现实的符合。"如果我说"这里现在不下雨"，而且，经过经验验证，确实不下雨，那么我的命题是正确的。形式真理的意思是思想与自身的符合，而不涉及现实。如果我说 A=B 是真的，那么非 A≠B 也是真的。因此，真理是一种陈述。主体的陈述。那么，真理一定是主观的吗？它不能独立存在吗？圣杯、上帝、柏拉图的理念难道只是头脑中的发明？黄金的珍贵，不是因为它本身，而是因为我们赋予它的价值？那么，当我们寻求真理的时候，我们寻求的是什么呢？对这些问题，有两种明显对立的态度，教条主义和怀疑论。前者认为我们掌握了真理，后者认为我们没有能力找到真理，因此，就不再寻找……寻找真理的过程有时真的太久。

但我们应该停止寻找真理吗？

怀疑论（希腊语是 skeptikos，意思是考察）并不宣称真理不存在。"真理不存在"这种说法是自相矛盾的：正如"一切都是假的"是真的，"我怀疑一切"是假的，因为我不怀疑我的怀疑。同样，"真理不存在"的说法想要成为真的，却包含着对自身的否定。真理之所以存在，是因为它不存在吗？不是。怀疑论者的观点是，我们无法知道真理是否存在。不幸的是，事实确实如此。真实而可悲，当一个人寻找真理而找不到，必须在不知道放弃是否合理的情况下决定放弃寻找。怀疑论是一个古老的思想源流，由皮浪（Pyrrhon）开始，皮浪的著作并没有流传下来，我们只是通过塞克斯都·恩披里柯（Sextus Empiricus）的《皮浪学说概要》和第欧根尼·拉尔修（Diogenes Laërtius）的《名哲言行录》间接了解到他的思想。怀疑的态度表现为判断的悬置（épokhè），也就是说，因为没有找到真相，所以不做判断。这种悬置使我们的内心处于不动心（ataraxia）[1]的状态，让我们的灵魂在紧张、痛苦而无益的思考之后得以安歇。塞克

---

[1] ataraxia 是古希腊语，许多古希腊哲学家提倡不动心，指不受外物干扰的心灵宁静状态。——译注

斯都·恩披里柯说道，画家阿佩利斯（Apelle de Cos）想要画出马身上的汗，但没有成功，他既生气又沮丧，把手里的海绵扔在画布上，但这个不经意之举却实现了他求之不得的结果。你入睡不是因为你专注于睡眠这件事，睡眠是自发的。同样，怀疑论者不是通过判断来得出真理，而是悬置判断，然后毫不费力地意识到，真理跟随着对真理的放弃而到来，就像影子跟随着身体。真理最终在于不动心。我们在逻辑中寻找真理，而真理却在情感中。层次错误。

然而，以前，怀疑的正当性是需要证明的，并且最好以合理的方式证明。所以就有了《皮浪学说概要》中的五种存疑的论证（实际上是怀疑论者阿格里帕指出的）。从某种意义上说，这些论证为怀疑提供了理由。论证1——观点的矛盾：即使大思想家们的意见也不一致，巴门尼德认为世界是一且是稳定的，赫拉克利特认为世界是多且是变动的，相信谁呢？论证2——向无限的回归：要证明A是真的，你需要一个证据，即证据B；但要证明你的推论方式是正确的，则你还需要证明证据B是真的，因此就需要证据C；等等。你越想证明A，你就越远离它，就像那种中国式的捕鼠器：老鼠越是拉扯着想出去，它就闭合得越紧。论证3——循环论证，在希腊语中的意思是"一个被另一个"：要证明A为真，你需要一个证据，也就是证据B。啊……对，我们已经走上过这条错误的道路。让我们从头来，我们说A=B是因为B=A，而B=A是因为A=B……，如此等等，恶性循环。论证4——假设。如果证明没有结果，那么让我们做一个假设，以此为开始，然后进行证明。是的，但如果初始的假设最终被证明是错误的呢？那么一切就都不成立了。还有，为什么不把我们所寻找的视为真的呢？是的，但我们到底在找什么？如果我们知道，我们就不会找了。论证5——相对性。普罗泰戈拉的一句话可以给我们启发："人是万物的尺度。"我们不知道事物的本来面目，而是知道我们所看到的事物的面目，我们看到的事物的面目与我们的具体手段和有限的能力有关。因此，我们只能从一个角度把握世界，任何完全的真理都是不可能的。另外，又有十种论证来解释第五种论证：

> 第一种根据动物的多样性，第二种根据人与人之间的差异，第三种根据感觉器官的不同构造，第四种根据外部环境，第五种根据位置、距离和地点，第六种根据混合体，第七种根据物体的数量和组成，第八种根据相对性，第九种根据相遇的连续性或罕见性，第十种根据生活方式、习俗、法律、对神话的信仰和独断假设。

举例。第一种："鹌鹑和铁杉一起发胖，铁杉对人类是致命的。"第二种："亚历山大大帝的听差德莫芬在阴凉处取暖，在阳光下冷得打战。"第三种："哲学教室的门到底是什么颜色？"第四种："年轻人进入了一个不同于老年人的世界。"第五种："锯齿状的灰色山峦从远处看起来蓝莹莹的，且线条柔和。"第六种："紫色跟红色在一起时和紫色跟绿色在一起时色调不同。"第七种："什么是一天？按照有多少个小时来算，还是按照有多少光照来算？"第八种："热和冷只有通过比较才知道。"第九种："地震在世界某些地区很常见，其他地区很少下雨。"第十种："波斯人可以娶自己的女儿，而不违礼法，但希腊人认为这是最严重的罪行。"所有这些都令我们产生了怀疑。

但怀疑论的本质在于关注灵魂的宁静。我们对真理的追求，是我们面对这混乱而不确定的世界时，内心焦虑的信号。从某种意义上说，寻求真理是症状，灵魂的忧虑是疾病。如果我们消除症状，可能就会消除疾病。寻找真理有时是一种科学上的过度狂热。停止你的过度狂热，你将不再是一个过度狂热的人。我们不想天真地把真理简化为"真理就是要快乐"之类的口号，但我们必须认识到，由于放弃我们认为重要的真理而产生的平静中包含着某种真的东西。这种真也许不符合逻辑，但却是真正的真。真理，如果存在的话，只属于它自身，不能被任何标准或证据来界定。真理也许不合逻辑，也许只是为了满足非理性的需要。

> 这令我好奇
> 这真的令我好奇

在齐柏林飞艇乐队的专辑《齐柏林飞艇 IV》中，每个乐队成员都有一个标志。罗伯特·普兰特（Robert Plant）的标志来源于古埃及女神玛特，她象征着真理、世界和谐、和平与正义，这个标志由一个象征生命生生不息的圆环和圆环中央的一根羽毛组成：⊕。吉米·佩奇（Jimmy Page）的标志有些令人疑惑：🙰。吉米·佩奇痴迷于神秘主义，这个标识把星座和炼金术符号结合在一起。与这些个人标志一样，《天堂之梯》这首歌是从神秘主义的角度来看待真理问题。从题目就可以看出这是一个怀疑论的叙述，用怀疑论来反对教条主义。歌曲中有三个人物，一个女人、一个长笛手和一个叙述者，他们分别代表教条主义者、智者和怀疑论者。女人是唯物主义者："有一位女士确信所有闪烁的东西都是金子"。她确信该走哪条路，她就下定决心走哪条路，不后悔。从表面上看，这是一条通向她认为的真理的最便捷途径，天堂在这里是真理的象征。她认为只要付钱，说一个词就行，就好像这个词有魔力一样，只要使用正确的密码，只要花钱买到方法就行，比如一架梯子，就是这样一个简单的事物，象征着明确的通往真理的道路：

> 只要一句话，她就能得到她想要的东西
> 她要买一架通往天堂之梯

有了第一段主歌的铺垫之后，以下几段讲述了一条我们认为简单、直截了当的道路如何变成了一条蜿蜒崎岖的寻求真理之路，艰难险阻重重，但也有帮助我们前行的因素，只要我们知道如何运用它。首先，这位女士面临着表达的模糊性和意义问题。她看到墙上有个标记，想知道那是什么意思：

> 墙上有个标记，但她想确认一下，
> 因为你知道有时候一个词有两种含义

确定性暂时受到质疑。这个词含义模糊：是否能够走上正确的道路取决于对这个词能否正确理解。仅仅买梯子是不够的。必须得考虑。"小溪边的一棵树上，有只鸟在歌唱"：这只鸟的歌声传达了什么信息和线索？必须解释。传统意义上，鸟是彼世的信使。但对于怀疑主义者来说，标记是无用的。认为可见的标记揭示了看不见的真理，这不过是幻想，我们试图通过解释现实而建立的因果关系只是我们想象的产物。因此，"有时我们所有的思想都受到质疑 / 这令我好奇"，似乎本该困扰这位女士的疑虑转移到了叙述者心里。他惊讶于这位女士本该感到惊讶的事物，也惊讶于发生在她身上的事。因此，就有了第三段主歌，叙述者转向了自己：

> 我有种感觉
> 当我往西看的时候

他心中感到来自西方的召唤，应当朝着太阳的方向走，让太阳把我们带到地球的另一边，他需要一次出发、一段旅程，即便不是朝向真理，至少也要离开此地虚伪的人际关系，他人的冷漠（"那些旁观者的声音"）依然令他不安。这段主歌告诉我们，追求真理不能是个人的追求，更不能是个人主义的追求。尼采说："真理从两个人开始。""有人低声说，如果我们都同声相应 / 笛手很快就会领我们走上理性之路"。我们必须唱同一个曲调同一首歌。如果在这次考验中获胜，我们将迈向更高的水平，并且获得一项额外的奖励：长笛手。按照歌中的隐喻，长笛手变身化为了鸟。他是精神向导，他指明道路。他就是道路。他激发我们的行动，他是我们路上的光明。总之，用罗伯特·普兰特的话来说："我认为这是一首希望之歌。"

至此，音乐是柔和舒缓的。吉米·佩奇在双柄吉普森吉他上弹出他著名的琶音。两只柄——两个声音、两条路，一只用于伴奏，一只用于独奏。长笛声加入进来。真理从两个人开始。它结束时数目将会更多。目前，罗伯特·普兰特正在向着真理平静地启程。但行至半途，打击乐响起，奏出断拍，有些出人意外。"这令我好奇"一句需要一种释放、一份新动力。第四段主歌的旋律稍有不同，开始时的主题是复苏和一定会到来的春天："五月女王迎来新的春天"。树篱隐喻的是心灵和心灵受到的洗礼（内心的完全清空）：全部清空，重新开始，以便更好地理解。这彻底的清理究竟是为什么？为了认识得更清晰：两条路，必须选择正确的那一条。"是的，你有两条路可走，但从长远看/你还有时间改变你的路"。两难。怀疑。道路A还是道路B？哪条对哪条错？真理还是谬误？天堂还是地狱？

史密斯飞船乐队（Aerosmith）的《走这边》（"Walk This Way"）确信只有一条路，它微不足道，不容置辩："嘿，叮咚叮咚"。但《天堂之梯》不是这样。目前，我很困惑。"这真的令我好奇"……齐柏林飞艇乐队的天堂之梯可能会转向AC/DC乐队的《通往地狱的高速路》（"Highway to Hell"）。往天堂的上升变成往地狱的下坠！一切都是相对的……对一方有利的对另一方有害。反之亦然。在第五段主歌中，明确出现了神经痛，这是精神错乱的创伤性症状："你的头嗡嗡作响不停"。哲学上的怀疑可能产生病理作用。那位女士似乎最终在选择上受到限制，被魔鬼的欺骗性外表所吸引，不理睬长笛手的呼唤，而那才是她的救星。但闪耀的并不都是金子，她对梯子的信仰并不建立在任何有形的基础上："你的梯子搭建在风的低吟中"。不过是风。

音乐中出现了的桥段和明显的节奏中断。我们又跨越了一个阶段，向前迈进。吉米·佩奇的独奏。时间。空间标识的消失。对物质的提升。思维领域的扩大。回声。

打击乐的断拍和演唱的重新开始，这一次是尖声叫喊的演唱，宣告最后的行动。每一句歌词都伴有一个由全部乐器共同造成的切分断拍。"当我们像风一样一路行来／我们的影子比我们的灵魂还要高大"：在宗教的意义上，这是堕落的开始；我们因傲慢而有罪，我们的影像和自我（我们的影子）超越了我们的灵魂，而灵魂本该是我们拥有的更伟大的东西。物质占了上风。那位教条主义的女士坚持认为，黄金的价值在于黄金本身。面对个人主义和外部世界的要求，真理的秘密在于一首乐曲，必须让它浸入我们的身心，我们必须一起仔细聆听。一首歌，不仅仅要听见，还要会听。态度是怀疑的，而且更喜欢生活而不是判断真理的标准。让我们放弃寻找真理，它会来找我们。从此，当我们团结一致，当团结取代了冷漠，我们将停止跌坠、滚落、下滑，我们将稳定住自己，像不朽的真理一样：

当一切是一，一是一切
做一块石头而不是滚！

但这首歌最后使用了一个阿卡贝拉，在一种绝望的平静中结束了，"她买了一架通往天堂之梯"。她固执地买下了这架通往天堂的梯子。但就像我们购买赎罪券一样，她可能是白费力气，因为……

🎤 上帝，魔鬼，天堂，地狱和炼狱 / 善有善报，恶有恶报 / 上帝身在圣体盒底 / 圣油和圣饼 / "这些话我一句也不相信"
——乔治·布拉森斯（Georges Brassens），《怀疑论者》（"Le sceptique"），专辑《最后的歌》（*Dernières Chansons*），1982

萨特论谎言与自欺

——阿兰·巴雄,《夜里我撒谎》

阴影区域
普通的橱窗

🎤 夜里我撒谎 / 我乘火车穿过平原 / 夜里我撒谎 / 厚颜无耻地 / 我有一大堆问题 / 你的回声还在 [1]

寻求真理的道路上有许多障碍,不可小觑,它们包括:无知、谬误、错觉、谎言或自欺。无知是不知道自己不知道。这个人要么是一个什么都不知道的白痴,要么是一个虚荣的人,自以为知道,却不知道自己不知道。谬误是指把真与假混为一谈,从而做出错误的判断。谬误于人是在所难免的,只要可以改正。不改正谬误、坚持谬误,则不是人应该有的作为,而是"魔鬼行径"。因此,错觉也就有些魔鬼的邪恶了,因为它是不可改正的谬误,尽管我们知道它是谬误。一根棍子插入水中,我从水面上看去,棍子像是断了。但我的手沿着棍子摸,却没有感觉到断裂。我开始学习光学,我从科学上了解到什么是折射现象以及折射定律。尽管我能触摸,能证明断裂不过是幻觉,但我看到的依然是折断的棍子,我看到的依然不是真的:

---

[1] 阿兰·巴雄(Alain Bashung),《夜里我撒谎》("La nuit je mens"),专辑《军事幻想》(*Fantaisie militaire*),1998年。

一根断了的棍子没有断。谎言是这样一个人的行为：他知道真相，故意隐瞒真相，欺骗他人，通过说假话或者隐瞒来以假乱真。自欺驱动下的行为是与真理的要求背道而驰的。作假是最大的恶，它指的是在知道什么是真的情况下，为了自己的利益而扭曲真，使假的东西从外表看起来像真的。更糟糕的是，采取这种做法的人往往不仅相信自己的做法是正确的，而且相信其结果是正确的。我所伪造的东西，在我给予它的刻意扭曲的形式中，成了一个新的真理。自欺就是让自己相信自己的谎言绝对是真的。如果真理存在，那么这些都是真理经常遭遇的陷阱，它们会让人怀疑抵达真理的可能性。比陷阱更糟的是死路，起初我们以为那是通往真理的坦途，但其实我们会身陷其中走投无路。此外，我们也有能力对谬误进行调整，使之最终成为真理——不是成为那唯一的真理（la vérité），而是成为我们的多样的真理（nos vérités）。

真理是自发地向我们显现的，还是说真理是人与自我的和解？

> 让我们看看咖啡馆侍者。他动作灵活，有些过分精确、过分敏捷了，他以有些过分灵活的步伐来到顾客身边，过分殷勤地鞠躬，对顾客的要求，他的嗓音、眼睛表现出过分的关注，最后，他又返回来，举手投足模仿着机器人的刻板，他像走钢丝的杂耍艺人一样惊险地举着托盘，使托盘处在一种永恒的不稳定状态，总像要翻了似的，又总被他轻巧地用胳膊和手稳住。他的整个行为在我

们看来就像在做游戏。他专心地将他的种种动作关联得如同相互制约的机械联动，他的动作和嗓音都像是机械的，他显示出了物的敏捷和无情的速度。他表演，他自娱。但他是在演什么呢？无需很长时间的观察我们就能明白：他在演咖啡馆侍者。

萨特，《存在与虚无》，"自欺的行为"，1943年

萨特认为，自欺是一种存在现象。谁注定要成为咖啡馆侍者、致命的女人、哲学教授、涵洞爆破手或者马戏团驯兽师呢？萨特认为，没有人如此，因为如果"存在先于本质"[1]（我们通过成为这样的人，才决定我们是这样的人），如果上帝不存在，那么在我们出生之前，没有什么也没有人可以赋予我们真正的价值、给予我们本质或指派给我们角色。谎言和自欺的结构是相似的。然而，前者是对他人的否定态度，而后者是对自己的谎言："意识不是把它的否定指向外部，而是把它转向自己。"[2] 我的意识确实参与了我的自欺行为，因为自欺需要有计划、有意图。矛盾的是，它也隐含着"意识的统一"：即使我是对自己隐瞒真相，我也打算这样做。萨特强调了自欺的意图性，批评对无意识这一概念的使用，当一个人"不由自主"承担了某种责任时，有时会用这个概念来替自己辩解。萨特认为，因为意识是意向性，因而它是有自我意识的，因此是有责任的。萨特对咖啡馆侍者的描述意在告诉我，我们的存在

---

1 萨特，《存在主义是一种人道主义》，伽利玛出版社，1946年第一版。
2 出自萨特，《存在与虚无》，第一部分第二章，"自欺与谎言"。

是被我们选择的，而不是预先决定的。"人注定是自由的。"[1] 这意味着，如果没有什么东西强加给我们一种性质或价值，我们可以自由地做出任何决定。存在是以事实为标志的：它以偶然的方式把我们带入并非由我们所选的境遇中，存在是这些境遇中的一个，是我们首先要面对的境遇。自由是一个真空，在这个真空中，我们被迫做出选择：比如当咖啡馆侍者。我们的行动取决于我们指派给自己的角色。没有什么是天生的。我们并非天生就是咖啡馆侍者，而是后来成为的。他不是咖啡馆侍者，但他在演咖啡馆侍者。在萨特的意义上，超越指的是成为我们所不是者、成为外在于我们者的方式。这个人扮演的咖啡馆侍者的角色并非最初就是他这个人的组成部分。让他扮演一个不属于自己的角色，因为这个角色不是他的，所以可以说他以不真诚的方式担任起这个角色，这一点通过他的一套老套定型的表演而变得明确，每个成为好的咖啡馆侍者的人都会进行这样一套老套定型的表演。换言之，咖啡馆侍者的态度是对自己撒谎：他自欺。同时，他也欺骗了别人，如果咖啡馆侍者没有咖啡馆侍者的这一套表演、如果他迟钝而笨拙，别人会失望的。例如，萨特不同意如下说法："他变成了原来的样子。"这句话的意思是，一个男人曾经（比如在他出生之前）是咖啡馆侍者，这指的是一种志愿，一种天然的功能，或者是一个基因程序的结果，存在只不过是命运或神所定的宿命的正常展开："墨水瓶是墨水瓶，玻璃是玻璃。但是，从内心看，咖啡馆侍

---

[1] 萨特，《存在主义是一种人道主义》。

者不能立即就是咖啡馆侍者。"墨水瓶和任何物体一样，都是按照一定的形状设计的（有一个洞），是为了某种功能而设计的（盛装书写用的墨水）。它是预先规定好的。但人的情况并非如此。首先，我什么都不是，注定要自由，也就是说，选择"做我不是的人"[1]。我所是的，我不能是，我只能演，也就是说，想象我是"。就是如此……我**不是**哲学教师，我所做的只是用了不属于任何具体个人的服装、文化、语言和技能，同时说服自己它们是我的。自欺。然而，即使自欺的演员意识到了自己的行为，他最终还是会忘记这一点："自欺的问题显然源于自欺是相信。"自欺确信自己是真诚的。因此，可以说，这是次一等的状态。它变成了一个你不知道自己在做的梦。咖啡馆侍者的态度是那么严肃……他确信自己是个咖啡馆侍者。他的自我已经忘记它应当是真实性的化身。他不再怀疑他的真诚。

如何成为英雄？不断地说这一点，不断地把这一点告诉自己也告诉别人。巴雄的《夜里我撒谎》是一首介于两个时刻之间的歌：一个时刻是你知道你在撒谎（因为他说的是"我在撒谎"）；另一个是你转向对撒谎的诚实，即自欺。

巴雄讲述了一部传奇，其中有丰功伟绩，有人生教训，有几乎算是权威的论据，有一个男人对一个姑娘隐蔽的谎言。以此展示了谎言和自欺的双重运动，展示了外部和内部、超越和内在的真理的交替。这是对他人和对自己的谎言。词作者

---

[1] 萨特，《存在与虚无》，第一部分第二章。

让·福克（Jean Fauque）说，歌词抄录了一位前同事说过的话，这位同事声称自己在二战期间参加了抵抗运动，给自己编造了一个辉煌的过去来引诱一位年轻女子。巴雄在一次访谈中做出如下分析：这首歌影射了1942年的一部秘密发行的小说，即维尔高尔（Vercors）的《海的沉默》（*Le Silence de la mer*），整部小说是一位德国军官的独白，他住在一座被征用而来的房子里，房子的主人是一个男人和他的女儿，他们在德国军官面前一语不发，德国军官的独白就是在他们面前说出的。"维尔高尔"也是维尔高尔的马基（Maquis du Vercors）领导法国抵抗运动反对德国侵略的阵地。因此"维尔高尔"是一个文字游戏："我在维尔高尔被看到了。"这首歌提出了一个令人不安的问题：我必须在抵抗和合作之间做出选择，还是什么都不选，任其所为，也就是说，做个被动的同谋，陷入自卑和另一种沉默？巴雄解释道：

> 我在阿尔萨斯时，看到很多老人不说话，一个字也不能说。这是一种顽固的沉默。发生的事太可怕了，他们再也不能回顾。我更懂得一个人为什么在这种情况下会整天闷声待在一边。写《夜里我撒谎》时我想到的就是这一切。
>
> 2003年12月接受《简书》（*Topolivres*）杂志的采访

巴雄承认这首歌使用了许多风格效果，旨在加强自欺特有的两面性，从谎语癖的省略开始，让叙述者从一个壮举说到另一个壮举,而略去了真相。表面上海阔天空的闲聊是为了让人忽略掉遗漏的可能性,并最终打破谎言的沉默。就像在政治上:说为了不说。巴雄还指出,这是一种诱惑手段:"我同时还讲了另一个故事:我如何哄骗引诱一个女孩,让她以为我是个英雄。"这首歌有多个不同的阐释层面,由此便提出了真相何在的问题:这究竟是一个懦夫的故事还是一个诱骗者的故事?或者两者兼有,因为一个谎言可以掩盖另一个更不道德的谎言?还是两者都不是?巴雄说:"一反常理,因为我还坦率地承认了我在撒谎。"事实上,如果他说他在撒谎,而且他真的在撒谎,那么他就没有撒谎。那么,他撒谎了吗?两面性就在于此。我们不知道他到底是不是在撒谎。我们就像被言语所诱,堪称最杰出的诡辩,他巧舌如簧,假的成了真的,真的成了假的。如果"我撒谎"是真的,那么"我撒谎"便是假的。没有什么比这种模棱两可更能迷惑人、让人产生"幻想引爆器"。这幻想是什么?它会引爆什么?

首先,这可能是课间操场上吹牛的人、马戏团的专业演员、抵抗分子、"涵洞爆破手"、自欺欺人的英雄主义。名单越长,我们就越惊叹、越觉察不出谎言。谎撒得越大,就越可信。但自己必须相信。自欺是使谎言可信的必经之路:如果我不相信自己,别人怎么会相信我?为了自保,前合作者编造出了不可信之事让我们相信:他是一个抵抗者!是的,他又穿起那时的伪装。只是说说而已吗?不,因为"有人看见我":有历史的见证者,也即有真实的证据。人们也相信这是真实的所作所为。正如萨特所说,我们就是我们之所为,有人看到我做什么,那么我就是什么。我是个英雄。自欺的顶峰:"我遇到了一点"麻烦?为了让人相信,叙述者让人相信"人人都会犯错"这句谚语,他自己也是人,会有错误的想法,他险些投入邪恶和黑暗势力。但没有……

接下来,是关于爱情的幻想。"在海滨浴场 / 你没有摆架子。"女孩屈从了什么诱惑?"水的故事"也有两种可能的解读:既指水城维希,即德军占领时期的法国首都;也暗指一部情色电影。"间歇泉""马鬃手套":就像爱情一样,他的爱抚既令人舒适也让人不适,既让人平静也让人兴奋。爱情的占有幻想:萨特认为,爱情都带有对他者的占有欲,所以凡是爱情都带嫉妒。想要拥有另一个人就是想站在他的位置上控制他,知道他在想什么,进入他的头脑里,知道真相!你是我的:"我已经度过了这个季节 / 在这个脑壳里 / 你的思想,我把它们变成了我的 / 独占你,只是独占你",好像"独占你"并不是什么要紧的事……

道德的幻想。在经验丰富的男人给年轻女孩的教导中,自欺和谎言相互支撑、相互满足。"你不是天生的",所以我知道,你不知道。我所说的是真实的,是我经历过的,屡试不爽。你应该像尊敬长者一样尊敬我。你可以从我身上学到很多("我向海鸥求爱 / 我做爱 / 我装死"),我太聪明了。谎语癖长成。疯狂蔓延。

自欺的幻想。即使是内疚也取决于你能否说服自己相信。他没有悔恨,但知道他应该悔恨。于是他说他感到悔恨。他忘不了她:"我有很多问题 / 都是你的回声"。他知道他犯了一个无法弥补的错误,他人(那个女孩)仍在付出代价,还有人(无辜被举报的人?)是受害者:"从一个舞台到另一个舞台 / 我让如此多的误会起舞 / 绵延数里礼赞幸福人生",这是对虚假的希望所做的夸张,是对自欺的隐喻。怀疑:知道我"是不是为了几个鸡蛋出卖了邻居"?我这样做了,但我说的却恰恰相反。现在,我脑海中的谎言支配着我、吞噬着我("我乘火车 / 穿过平原"),我的头上挨了一拳,像流星划过长空、子弹穿越头颅,像恢宏的记忆闪过空虚的内心,悔恨在我的脑海中穿过。我仍然试图调整自己,告诉自己这一切对我来说都无关紧要:"夜里我撒谎,我洗手不干"。但夜里我又撒谎。他洗手不干了,还是把"脏手"[1]洗净?

这首曲子的音乐摇曳,盘旋,就像你刚开始入睡一样,让我们从清醒慢慢变得不清醒,享受着被诱惑的乐趣。我们被成熟、平静、催人自信的嗓音和原声吉他的滑弦所吸引。他在给我们讲故事。从一开始就是讲述,而没有音乐前奏。然后贝斯逐渐进入,还有风琴同样安静的声音。音调有时带着些挑逗,有时又类似说教。第一段主歌以无休止的和弦结束。打击乐的断拍,电吉他清晰的和弦久久回荡。有人把我们带入谎言之夜,几乎没有被承认的捏造如同一辆黑暗列车。歌曲继续,歌手的声音在交响乐乐器的旋律上响起。我们飞跑,重又经过平静的阶段和紧张的时刻。副歌的最后一次重复以淡出结束,把自欺释放在什么也不说的完全沉默中。

---

[1] 《脏手》是萨特著名的戏剧作品。——译注

🎤 这不是一种习惯，很酷，我感觉到自己活着 / 如果你没有它，那么你属于另一边 / 我不是瘾君子（也许这是个谎言）

——K的选择乐队（K's Choice），《不是瘾君子》（"Not An Addict"），专辑《天堂在我》（*Paradise in Me*），1996

第四部分　政治

社会与交换

叔本华的豪猪与社交
——电话乐队,《对讲机》

请勿越界
为了尊重
私密的地区!

🎤 这样从自己的一方看着对方 / 我们看起来像是被困在鱼缸里的石斑鱼 / 但你我之间 / 必须打破有机玻璃[1]

"政治"来自希腊语 polis,"城邦"。法语中有 la politique 和 le politique 之分。la politique 是一项活动,le politique 是一个维度。前者是管理"公共事务"(res publica),由此出现了"共和国"(république)。后者是我们通常所处的环境,与自然相对,但对我们来说如同第二自然,我们自然而然地成为政治存在,也即社会、文化存在。无须社会契约、人为规定,我们就自然而然地以社会的方式生活。至少亚里士多德的"zôon Politikon"[2] 要表达的就是这个意思。我们生来就要生活在一

---

1 电话乐队(Téléphone),《对讲机》("Hygiaphone"),专辑《电话》(Téléphone),1977年。
2 亚里士多德,《政治学》,公元前4世纪。意思是"人是政治动物"。

起，或者，如果可能的话，快乐地生活在一起。然而，我们共同组成一个社会是为了快乐还是为了利益？康德所谓人的"非社会的社会性"指出的就是这个问题：一方面，我们有一种出于利益而聚集的倾向；另一方面，如果利益消失，就给相互厌恶留下了空间，而相互间的厌恶可能危及社会。因此，对集体的需要和对孤独的渴望之间存在着不稳定的平衡，社会就建立在这个不稳定的平衡之上。客观地说，社会是一个交换网络。交换是在数量价值相等基础上进行的货物或服务的双边转让。这就为用金钱来量化这种转让并给予这种转让一定程度的透明性提供了依据。面包师一边递给你一个长棍面包一边对你说"请付 80 生丁"，这是一种明确、清晰和精准的交换行为。设想，如果她说，"请付一个吻"……对顾客而言，不论面包师是谁，80 生丁的价值都是一样的，但吻却不是。所以，吻和面包的交换缺乏规则。网络，无论是水利网络还是社交网络，通常既是一种人文手段也是一种技术手段，使得交流、联系、共享得以可能，并能促进交流、联系、共享。但一个社会越发展，网络就越复杂；网络越复杂，交换就越困难；交换越困难，共同生活的平衡就越不稳定，与他人的关系就越微妙。规则越来越严格，态度和外表使我们越来越不信任，思想越来越僵化，我们对集体共同项目的看法也越来越不一致。我们比以往任何时候都更不愿意在这个世界上独处，与此同时，我们对选举计划中所说的"共同生活"也越来越不信任。

我们准备好了一起生活吗？

为了说明这个问题，叔本华讲了一则寓言，即他著名的

"豪猪寓言"：

> 在一个寒冷的冬日，一群豪猪为避免冻僵，相拥取暖。但它们很快就被彼此的硬刺扎痛了。因而它们被迫分开。但为了取暖，它们的身体又再度相互靠近，身上的硬刺又再次把它们扎痛。豪猪们被这两种痛苦反复折磨，直到终于找到一个适当的距离，使境况可以忍受。所以，由内心生活的空虚和单调而产生的社交需要把人们推向彼此。但各人许多令人厌恶的素质和无法让人容忍的缺点又把人们分开。人们最后找到的、可以让大家在一起而又能相互容忍的适中距离就是礼节。在英国，谁若不保持这一距离，人们就会冲他喊道："Keep your distance!"（"保持距离！"）通过这种方式，虽然相互取暖的需要并没有完全得到满足，但大家起码不会受到硬刺的烦扰。谁要是自身拥有足够的热量，那他就更愿远离社交，既不给别人添麻烦，自己也不会遭受来自别人的烦扰。
>
> 叔本华，《附录和补遗》II，1851年

既不太近，也不太远：这就是叔本华希望通过这个生动的隐喻来表达的礼貌和社交原则。哲学老师在教室里面对学生上课。他不坐在学生的膝盖上，也不坐在走廊里，因此既避免了不雅行为，也避免了不利于正常教学接触的自我边缘化。社会关系是中道、是尺度。"proxémie"一词指个人在社交和互动关系（例如两个朋友在大厅里聊天）中的身体距离。对 proxémie

的人类学和社会学研究表明，在欧洲南部这一距离比在欧洲北部短。当然，无论在哪种文化里，距离会随着社会关系中的不同角色而改变：在欧洲南部，朋友的距离范围从45厘米到120厘米，而如果只是认识，则距离范围从120厘米到360厘米。换言之，如果在巴塞罗那，一个陌生人距离你20厘米，则你必须小心。这些研究使建筑师能够计算出适合每个国家习俗的距离，例如公共场合的座位间距、电梯站立面的面积。当然是在经济条件允许的情况下，因为空间是一种稀缺、昂贵的商品。

　　礼貌令人愉悦。然而，有人在礼貌方面很主动，并害怕自己的一声热情洋溢的"您好"只能换来一个不冷不热的"好……"；有人接受别人的礼貌并认为有义务给予对等的回报。无论对哪种人而言，礼貌都是一种严格的限制。因此，虽然行礼是一种社会必需，不是一种社会风险，但是它会带来某种不适。叔本华想用豪猪来形容的正是这种不适，这些豪猪永远不会感到舒适：它们总是会感到寒冷，而且不可避免地会被近旁的豪猪刺伤。社会中的他者既是我潜在的帮助者也是我潜在的破坏者。但社交的目的是生存。个体生存取决于群体生存。我们必须度过冬天。在糟糕的时刻，我们有两种选择：一种是不舒服和不稳定的生活，另一种是死于寒冷或饥饿。你必须忍受街上其他人的眼神、餐厅里邻座人的气味、拥挤的地铁里或多或少可疑的身体接触、当你有急事时偏要跟你谈生活的室友、在办公室教训你的那个监督员浑浊的口气。你咬紧牙关，屏住呼吸。有时你真想离开乐队，去跳华尔兹。打破一切，独自上路，或者最多两个人，把自己边缘化，不依赖任何人。把一切都抛开。

据说对于整整一代人而言，约翰尼·哈里戴（Johnny Halliday）都是法国刮起的一股强烈的解放之风。对下一代法国人来说，电话乐队也有这样的效力。为了证明法国有摇滚，乐队以一曲《对讲机》成名，这首歌以查克·贝里式的连复段开篇，然后用法语演唱。各段主歌也呈现出同样的美国/法国关联：标准蓝调吉他演奏出的三种传统和弦，吉他上带有六角形[1]的象征"P&T"，也就是年轻人说的"邮政和电信"，后来简称为PTT，再后来就称"邮政"了。叔本华认为礼貌是一种象征性的阻碍物，个人之间的距离似乎得到了控制。在电话乐队的这首歌里，这个阻碍物被一个物理边界所取代，一个障碍，就像在监狱里隔在囚犯和来访者之间的有机玻璃窗。就是人们恨不得把它炸掉的那种隔窗，因为炸掉之后就能和另一侧的人在一起。歌词里有许多关于"既不太近也不太远"的象征，在副歌部分也有重要体现：

  用对讲机说话
  你不必按门铃
  问内线电话就行
  如果你想找谁
  拿起电话就行

---

[1] 法国本土的版图形状酷似六边形，所以"六边形"成了法国的代称。——译注

"对讲机""内线电话""扩音器""电话"原本都是旨在促进社会交流和拉近距离的工具，但事实恰恰相反，它们成了安全技术，阻断了与他人的直接接触。关于社会交往的幻想……歌词揭露了这样一个错误，即认为要建立联系，只要拿起电话就行了。你好，友谊急救中心吗？即使是"有线广播"也阻止了现场性。交流技术越发达，我们真正的交流就越少，也就是说，眼睛看着眼睛的交流就越少。在这里，社交出了问题，因为亲近是一种社会需要，并不伴随着对真正建立关系的渴望。被迫的善。康德的"非社会的社会性"（ungesellige Geselligkeit）。对他人的容忍是有限度的。电话乐队以悲惨的语气说，这让人想起了一位几乎不与人交流的国家通讯人员的日常生活，一位整日在P&T工作的"宝贝"，躲在一个用便宜的"胶合板""刨花板"和"塑料板"制成的、装饰乏味而做作的柜台后面。叙述者只想看到她，只要看到她就好了。"我有话跟你说"，希望进行一次自然的交谈，没有技术设备做中介。

　　"交流"的意思是"分享"。我们拿什么分享？什么东西被分享了？一个想法，一种可以转化为语言的感觉，还是仅仅是一种交流方式，比如电话网络？一个社会的成员只能通过他们所属的线路相互接触，奥伯尔（Jean-Louis Aubert）对这样的社会持悲观看法。歌中所说的"神圣的一天"是社会的和职业的一天，承载着新的圣三位一体——"地铁、工作、睡觉"，我们被这个新的圣三位一体充盈。"地铁太多了，地铁太多了"，同一张专辑中的另一首歌曲《地铁》（"Métro"）中这样唱道。叙述者向"宝贝"要什么？从表面上看，他要的不过是邮政电信提供的服务：他想向她购买一张"100法郎的邮票"，或者请她打开电话亭。纯粹的实用性对话，不需任何真心的交流。但是，细想可知，他要的其实是一张地铁票："给我一张金色的票／去散步"。这是一种躲避行为，在地铁里可以漫无目的去任何地方，地铁网络运转时，身在其中的人们可以不必相互遇见，而没有目的也就是没有意义。这样一来，在这首歌中，地铁这个交通手段（也是交流手段）就可以成为没有内容的形式，成了空转的交流系统。因此，叙述者是要向她购买地铁票，但他不能坦白地告诉她他真正想对她说的话，失误的动作、失败的交流意图，他的目的没有实现："但总有一天／宝贝我会当面和你说话"。在真实和直接的话语出现之前，我们被社会在你和我之间设置的篱墙隔开了。总有一天，我们必须打破僵局，克服我们的羞怯，走向他人。但是有机玻璃像安全门一样坚固，我从一侧看着你，你从另一侧看着我，我们每个人都得大喊大叫（"石斑鱼被困在水族馆里"），眼睛睁得大大的，却什么也看不到，嘴巴张开，却什么也说不出来。

我们想跟对方说什么？给他讲故事，不是几个故事，而是一个故事，关于"那张打了孔的小票／它根本不能用来去散步"。实际上，那张金色的小票是黄色的。如果它真的能让我们旅行，那将是一个城市传奇。在地铁里，我们被困在土地和隧道里。真正的散步是自由的，是阳光和雨水，是走向户外。"在路上"（on the road），无论是在《电话》专辑中还是在凯鲁亚克（Jack Kerouac）的同名小说中，都表达了同样的意思：豪猪可以离群，一个人喜欢自在地流浪而不是社会生活的舒适。在离群的生活中，它感到没那么暖和，但更有生命力。而贴在一起互相取暖会使我们陷入一种植物性的静止状态。"我在路上，我什么也不在乎"：事实上，真正的社会性是不在社会中生活，这样就不会打扰别人，也不必忍受别人。这是一种社会斯多葛主义，安静而从容。

地铁里，乘客们挤作一团，就像罐头里的沙丁鱼一样，车厢的栏杆旁边通常是最拥挤的地方，音乐的节奏像飞驰的R.E.R.[1] 车头一样快，我们被节奏裹挟，无法控制速度，也无法控制频率。对于列车上的人来说，要尽量减少移动，以免触碰到别人。他们的手如果在栏杆上相遇，便立刻缩回，他们手肘或腿如果碰了别人的手肘或腿，也会马上分开。这是一种社会反应。人们看着对方，好像在说"你打扰了我，但如果你容忍我，我就容忍你""我们别无选择，只能往好的方向做，或者至少别做得那么糟"。他们在地铁里，就像森林里的豪猪，被迫忍受和承担一种必要的接近，这种接近程度超过了通常的极限。

《对讲机》的歌词中常常穿插吉他的连复段和弯音、打击乐的切分音、停顿和反复、刺耳的尖叫声、故意的吐字不清、喊"停！"的声音、无意义的音素（比如"电话电话电话嗒嗒嗒嗒嗒嗒跳舞"）。就像在社会来往中，每个人都在寻找自己的位置，不断地破坏对方的舒适感。特技制造出各种干扰：口吃的说话声、耳鸣声、油炸声、通信中断、电路故障、网络

---

[1] 巴黎全区快速铁路网（Réseau Express Régional）的缩写，该铁路网中的列车往来于巴黎大区。——译注

故障、网络堵塞、网络缺失、节奏性敲击、混乱。在很可能是故意发送的错误信息和故意制造的故障中，社会沉浸于自己的角色扮演。社会最喜欢的指令变成了：闭嘴，我们替你说；或者，"你别大喊大叫"。阿维塔尔·罗内尔（Avital Ronell）的《电话簿》（*Telephone Book*）一书将电话描述为一种不受欢迎的电气化语言的原型，一种社会精神分裂症，一种如同电话铃发出的声音，永远在说"好的"但永远让人等待。电线消失了，取而代之的是看不见的电波，它就像我们绕在自己脖子上的脐带，好像在说，有了这种工具，交流将会发生，但它是扭曲的、可怕的。另一个人不在时，电话就是和你一起睡的人。那只是一根细线，最终也会被切断："很快就到了线的尽头／谁也不在"。孤独在一个被其他房间包围的房间里，在一幢被其他建筑包围的建筑里，在一座被其他城市包围的城市里，是一张被陌生的（或奇怪的）面孔包围的社交面孔。一个被其他灵魂包围的真正的灵魂，在街上虚假的烦嚣喧闹中熄灭。

🎙 我们睡在一起／我们住在一起／我们互相抚摸，我们互相哄骗／我们互相理解，互相安慰／但最终／我们意识到／我们总是一个人在这世界上
——米歇尔·伯杰（Michel Berger）、卢克·普拉蒙顿（Luc Plamondon），《挤在一起》（"Les uns contre les autres"），出自摇滚歌剧《星际迷航》（*Starmania*）第二幕，1978

卢梭与社会契约

——披头士乐队,《一起来》

他人即是地狱[1]

> 他没擦鞋油他踢足球时脚趾卡住了 / 他用猴子的手指他射可口可乐 / 他说,"我了解你,你了解我" / 我能告诉你的一件事是你必须自由[2]

叔本华的豪猪感到很冷。卢梭也看到了气候对社会关系的影响,以及当气候变得越来越严酷时所带来的问题,即不能再独自生活。于是聚集变得至关重要。但社会的起源是纯粹生物学的吗?一方面,如果自然状态先于社会,那么社会应该是建立在生物学原则的基础之上的。另一方面,如果社会的意思是文明,那么它从定义上而言是反自然的,它若以自然为基础,就是自相矛盾了。此外,把社会说成是人类聚集的时空,意味着"自然的"人生活在孤独中。如果我们看看史前研究的数据,就会觉得更加不确定了。没有前-社会吗?于是,问题就不再是要明白我们为什么和如何从自然的动物转变为社会化的人类,而是人类社会为什么和如何从一个原始的、接近自然的

---

1 语出萨特,《禁闭》,1944 年。
2 披头士乐队,《一起来》("Come Together"),专辑《修道院路》(*Abbey Road*),1969 年。——译注

社会转变为另一个复杂的、文明的、政治化的社会。因此，便出现了如下问题：社会的基础是什么？社会的基础是自然吗？如果社会从自然中诞生，就意味要讨论两者之间漫长的演变过程。社会的基础是纯粹社会的吗？如果社会与原始生活之间存在根本性的断裂，那么就有人讨论人类意志支配下的断裂，即一种创始行为，如同订立一份契约。是遵循人类自然和正常的进步，还是为了生存而紧急进入新的生存环境？具体情况不同，则聚集的目的和实质不同。

那么，我们究竟围绕什么聚集在一起？

共同利益（为了生存）？共同价值（共和国、宽容……）？需要（为了不孤单）？我们可以回顾卢梭的《社会契约论》，下文摘录其中有关自然与社会之间的过渡以及政治起源的关键解释：

> 我设想，人类曾达到过这样一种境地，当时自然状态中不利于人类生存的种种障碍，在阻力上已超过了每个个人在那种状态中为了自存所能运用的力量。于是，那种原始状态便不能继续维持；这时，人类如果不改变其生存方式，就会灭亡。然而，因为人类不能产生新的力量，所以只能结合并控制已有的力量；人类没有别的办法可以自存，除非是集合起来形成一种力量的总和才能够克服这种阻力，由一个唯一的动力把已有的力量发动起来，使它们协同行事。
>
> 卢梭，《社会契约论》，第一卷第六章，1762 年

卢梭认为有这样一个协议，他的想法与自然的概念完全不同，如果社会状态是真的，那么自然状态本身就是一种假设，一种猜测，是"我设想"。卢梭借用霍布斯的自然状态假设，为自己提供了一个逻辑概念，一个出发点和支撑点，以思考人类在早期的社会出现之前的状况。随着人类古生物学的发展，一些经过科学处理的物质线索比哲学理性的演绎更有说服力，自然状态假设几乎不再被使用了。目前，人们认为，正如卢梭在题为《论人类不平等的起源和基础》的演讲第一部分所说的那样：人类生活在自然状态中，孤独且独立；环境的变化促使他们走到一起。因此，自然的人是独自生活的。"曾达到过这样一种境地"这一表述是指人注定要变化。这篇演讲肯定了人类的可改进性。"障碍"指的是自然给人类设置的障碍：气候、恶劣天气、猛兽的威胁、食物短缺。大自然变得越来越充满敌意。"每个个人"，独自一人，都无法增强自己的力量（在原始森林中可没有健身房）。人类被迫消失在水下、寒冷中或猛兽的嘴里。只有一种逃脱的可能：因为没有人能增加自己的力量，所以个人的力量必须聚集在一起。就像海地国徽上的铭文所写的："团结就是力量"。"于是，那种原始状态便不能继续维持"意味着，不管怎样，这个状态注定要消失，要么是它自己改变，要么是人类改变了"生存方式"。只有增加力量才能抵抗环境。然而，这样的团结不应仅仅是个体的集结，而应成为人的协会。一个社会要出现，必须满足两个条件：一方面不分散，确定一个单一的目标，"一个唯一的动力"，即所有人的生存；另一方面，建立一个集体，朝着同一个方向前进，"协同做事"。

为了集合的稳定，必须把聚集正规化。协议必须成为一份契约，强调每个人的生存取决于所有人的生存。因此，卢梭阐述了社会契约的要求和一般条款：

> 要寻找出一种结合的形式，使它能以团体内全部的力量来卫护和保障每个结合者的人身和财富，并且由于这一结合而使每一个与全体相联合的个人又只不过是在服从自己本人，并且仍然像以往一样地自由。……
>
> 我们每个人都以其自身及其全部的力量共同置于公意的最高指导之下，反过来每一个成员作为全体之不可分割的一部分。
>
> 卢梭，《社会契约论》，第一卷第六章，1762年

孤独个体的自然自由与团结社会的自由完全不同，团结社会的自由是在我们同意的条约和立法的框架内行使的集体和公民自由。遵守一项法律并不意味着服从它，失去受制于环境变化和世界上的危险的个体自由，获得受法律约束的、确保我的安全的社会和政治自由，这不是一种奴役。在这种情况下，自由是安全的，由契约保证，也由法律保证，每个人都平等地受到法律的约束。总的来说，我们所组成的政治团体是以普遍意愿为基础的，表达了所有人对共同利益的一致意愿。与之相反的是个人或团体的特殊利益，这可能导致冲突。因此，政治统治者不是某个人，而是人民自己。那么，便出现了一个问题：

这样的社会需要领导者吗？卢梭认为，有必要由一个人来代表契约并使契约得以执行。契约也是必要的，契约缺失是独裁统治的标识。在"必须始终追溯到第一次协议"[1]一章中，卢梭指出了"让群众服从和管理社会"之间的区别。在奴役中："我只看到主人和奴隶，看不到一个民族和它的领袖。"社会的起源要么以暴君自作主张的宣告为标志，要么以契约或公众审议为标志。但无论如何，"人民首先是人民，然后才把自己交给君主"。因此，必须弄清"一个民族能够是其所是的那个行动是什么"，那是社会的创始行动，不是一个群体服从一个领导人，而是一个群体订立协议，然后选出一个领导人。一个重要的协议是投票。如果我们想要的领导人不是同一个人，那我们就举行选举，由投票来决定。但这需要一个先决契约：少数服从多数。这一原则本身必须首先得到一致同意。

> 少数服从多数这个法则，其本身就是一种约定，预设了至少有一次是全体一致的。

因此，政治家的力量在于团结众人，也就是说，以他的行动，加强从第一个契约就表现出来的众人联合体。我们现在深入到选举问题和竞选办法中，竞选办法中首要的一条就是让自己以一个群众领袖的姿态出现。"一起来！"这个词是最好的选举口号。要赢得选举，你要么借助一个政党的力量，要么试图

1　卢梭，《社会契约论》，第一卷第五章，1762年。

用自己的人格魅力把人们聚集在一起。不幸的是，一个暴君可以戴着民主的面具，一个人没有获选也可以当领导人，或者获选了却当不了领导人。这就是民主的缺点："如果有一群神的子民，他们以民主的方式实行着自我统治。这样一个完美的政府不适合人。"如果人是可以改进的，那么也就意味着他现在仍是不完美的，则一切困难都在于如何使一个理想的系统与一个复杂而有缺陷的现实协调运作。

"大家一起来，快点，跟着我！"这首歌是由约翰·列侬创作的，人称"LSD教皇"的蒂莫西·利里（Timothy Leary）曾以这首歌作为自己的竞选主题曲，利里于1969年竞选加州州长，他的竞争对手是罗纳德·里根（Ronald Reagan）。利里的竞选口号是"一起来，加入派对"。利里参与了小野洋子和约翰·列侬在蒙特利尔的"床上和平运动"[1]。所以，披头士的这首歌先有了这样一个政治性的版本。后来，在录音棚录制歌曲时的歌词为即兴创作的，在即兴版本中，出现了一系列明显无意义的词句，有关集体的思想已经从选举领域转移到了普遍的爱。政治信息虽然没有完全被扭转，但至少已经带有戏仿和讽刺意味了。

这首歌讲的是一个人，他可能是个领袖人物，比如政治家、先知、领袖或者社会活动家，总之是一个有威信的人，他

---

[1] 1969年5月26日至6月2日，新婚的约翰·列侬和小野洋子没有去度蜜月，而是为声援越南实现和平举行了如下活动：两人在蒙特利尔的伊丽莎白女王酒店的房间里，身着睡衣待在床上整整七天，接待了来采访这次行为艺术的数百名记者。这一行为艺术名为"床上和平运动"。

让人们聚集在他周围,为他和他的目标服务。歌中没有表明他的目标是什么,但很可能是公共利益或者所谓的公共利益。这首歌陈述了一种政治原则:集合。它传达的信息是:"我知道你,你知道我""一加一加一等于三""我可以告诉你的是你应当自由"。第一条信息肯定了相互了解:我知道你的需要,我是一个实地工作者,你知道我有能力满足这些需要,我是一个行动主义者、组织者、管理者,我有能力。第二条信息指出了一个无情的逻辑,简单、有效、真实,没有玄奥词句。这就是正在进行的选举辩论,为了取悦听众并鼓励他们加入自己的团体:"团结就是力量。"相信我。把你的选票投给我。第三条信息主张思想和行动的自由:你是一个独立的存在。把人们聚集在一起的人必须是一个进步主义者,旧的独裁言论已死,社会的枷锁已被打破,民风更加开放,一个新时代开始了。

他看起来很不寻常?!当然,他紧跟时代。作为领导者,最重要的是要被认可。因此,必须有明显的标志。吸引注意力的最好方法是维持如下偏见:有威信的领袖一定是不可接近的,先让每个人的想象力尽情发挥吧,让他们把你想象成任何超凡脱俗的样子("他肯定很好看,因为很难看到他")。然后,让自己显得完全可亲近,与常人无异,这样就会给他们带来惊喜。"他的双脚跪在地上",太棒了,他和我们一样!选举辩论和获得他人支持的秘密在于直接接触、亲近、与商贩握手或亲吻养老金微薄的退休人员,这是政治姿态的顶峰⋯⋯"你的真人比照片上好看,我会投票给你!""谢谢您,吉内特夫人。""他像一个年迈的智者,缓步走来":总是他来找我们,而不是我们去找他，他的做法很酷。他发长到肩，看头发就能认出他。有人不喜欢长头发，而是喜欢一头短发整齐地梳向一侧，或者是那种完全过时的发型，头发叛逆地竖起。那也没有关系，长发会成为一个独特的标志。他的目光像着了魔，样子吓人吗？这是一个独特的标志。他看起来不是很严肃，也不是很可靠，他的鞋子没有打蜡，他在足球比赛中踢腿球？这是一个独特的标志。他的手会不时地抖动，人们会想他是不是可卡因服用太多了？这是一个独特的标志。一旦他的外貌特征在前两段主歌中被识别出来，接下来就是承认他的道德品质和超能力。他是为集体服务的超能力者。他的资源无限："他管理生产"。"他性子急，他只是收到一条警告"：他冒了什么特别的风险？他做错什么了吗？像他这样的人？不行……不管怎样，他很可能是对的。"他身上沾了脏水"：如果他身上有脏东西，那是因为他能忍受世界上的邪恶，他能帮助别人摆脱污垢，自己沾染一身脏，他是个英雄，是社会的驱魔者。"他有一个魔法筛"：他使有毒的东西变甜、污染的东西变干净。也许他是在洗钱……但如果这确实是为了大家的利益……必须得找到资金嘛……作为公众人物的最后一个特征，他有老百姓的特征，"他有海象胶靴"，哇哦……他出现在著名人物身边，"小野站在他旁边"。小野洋子支持他？哇哦！当然了，他工作很勤奋，废寝忘食，所以他有时会滑倒，"他有一段脊椎骨折了"。但你不能怪他，他是人，我们的领袖。他在服用安非他命吗？嗯……最后，列侬用刺耳的声音唱道："你坐在他的椅子上，你可以感觉到他的病痛"。他的一切都是如此的公开，他接受一切同情，只要它们被媒体报道……而且，比定期交流他的健康状况更好的是，能够获得关于他的心理平衡的消息。了解他的想法、他面临的问题、他的焦虑……成为他，坐在他的椅子上，那是新的王位，当代的权力工具……"必须！""权力属于人民！"还有新的吸引人的景点："来总统办公室坐坐！"副歌部分不再使用第三人称的描写，而是采用了直接引语："一起来，现在，到我这里来！"就像在一次政治会议上那样跟人交谈。当然，公开演讲者是对摇滚明星或流行歌星的隐喻，反之亦然，列侬本人就是一个领袖，传达出一条无比人道主义的政治信息："给和平一个机会！"

通过一种在政治和公共话语中常见的修辞格，即首语重复（anaphore），政治人物的一系列品质都被表达了出来。这里是"他有"（he got）。这个首语重复既是真的又是假的。真，因为"他有"在所读句子的开头被重复；它假，因为当句子被唱出来时，它是在句子的结尾被重复。

第一行中的"他有"标记出正常读取歌词时断句的位置，第二行中的"他有"标记歌词演唱时断句的偏移。这个做法可以强调"他有"，也就是说，强调主体本身，即这个政治人物。音乐的主导动机是由保罗·麦卡特尼（Paul McCartney）发明的低音线，即两个挂留音通过滑奏和反弹，回落到原来的两个音符上，这个主导动机就像一个必须深深印刻在脑海中的想法。整个音乐氛围主要由这把贝斯营造，它使用了滑弦连复段和共振音符。接着，林戈·斯塔尔（Ringo Starr）敲起嗵鼓。政治演讲中常常使用委婉语和迂回的措辞，你必须知道如何读出字里行间的意味。

在主导动机中，列侬低声说："开枪打我！"（Shoot me）他在说这两个单词时，每说一个单词就拍两下手。两次拍击等于增添了明显的回声，使"我"这个单词几乎听不见。一个公众人物对人群说的这样一句话可能意味着什么？开枪打我：把我扔出去，让我沉醉在权力中？投票给我，我会百倍地偿还你？就音乐而言，主歌部分是沉重的，低音鼓和乔治·哈里森的吉他弹出经典摇滚的伴奏。人声的旋律由于列侬的音色和略带讽刺意味的音调而变得更加响亮，尤其是当他在公共场合嚼着口香糖唱歌时就更加响亮了，但演唱的旋律实际上没有太大的变化。他的演唱带有公共演说的口气，特别是在每段主歌的最后几句话中，这几句是阿卡贝拉，无伴奏，只有打节奏的声音伴随他的演唱。然后副歌在高音中展开。"一起来！"如同在演说台上发表讲话时的尾声，吉他声渐强，掀起了整首乐曲的高潮。你可以想象出一大群人热烈地尖叫和鼓掌。在音乐明显中断之后，"跟着我"再次响起，阿卡贝拉的形式更好地突出了歌手/演说者和一番只谈论自己的话语。从第三段主歌开始，主唱的声音变成了二重或三重唱：一个好的领导者总是知道如何让人簇拥在自己周围。"现在"，键盘独奏，然后是吉他独奏，伴着约翰唱出的"快点"，直到"一起来！"，中间不时插入音调越来越高的吉他连复段，所有的演绎都是为了让观众感受到他传递的信息充满力量。

卢梭写道："一个民族及其领导人。"也许这首歌中的主人公将会完成一项重要的政治活动，即通过他自己的人格，将人们聚集在由他提议的社会契约的化身周围。总之，这是政治所具有的崇高含义，即关心人民的共同利益，帮助他们"共同行动"，而不是文字游戏……

🎤　你是共和国总统 / 你是伟大政党的领袖
　　——电话乐队，《普鲁木普鲁木》（"Ploum ploum"），专辑《夜之心》（*Au cœur de la nuit*），1980

正义与权利

洛克：抵抗的权利、公民不服从
——尼尔·杨，《俄亥俄》

这台机器干掉法西斯[1]

🎤 士兵们砍杀我们 / 早该如此[2]

　　共和主义政权的作用之一是保护民族和个人。为此，它保障权利，并建立起人人都能借以捍卫这些权利的司法制度。因此，法律和权利是密切相关的。法律是一整套普遍的法规，人人必须遵守。它规定了个人的权利、义务和不能做的事。司法是国家的公共力量，确保法律和法规的执行。"权利"（droit）一词与拉丁语词根 jus 有关，由这个词根还产生了"正义"（justice）一词，指的是给予或还给每个人他所应得的。但我们应得的是什么？谁来定义我们的应得之物？由只考虑自己利益的个人来定义吗？由法律和法规来定义吗？不应忘记，南非的种族隔离政策和许多其他地方的种族隔离政策已经是并仍然是一种法律。因此，有两类法权，传统上被称为自然法权和

---

1 "这台机器干掉法西斯"，美国民间歌手和吉他手伍迪·格思里（Woody Guthrie，1912—1967）刻在吉他上的话。
2 克罗斯比、斯蒂尔斯、纳什和杨（Crosby, Stills, Nash and Young），《俄亥俄》（"Ohio"），专辑《四向街》（*4 Way Street*），1970 年。

制定法权，前者对应于显然的正义，后者对应于技术的、制度的法律，从自然法的角度来看，人为法不一定是正义的。自然法包括自然赋予我们的，通常也不应被任何人剥夺的东西，例如，生存、思考、行动、从事某项事业或自我保护。这些是基本的、不可剥夺的权利，属于所谓的正式权利，即理论权利。人权就是从中演化出来的。第二类法权是在某一特定国家及其机构范围内施行的；"制定"意味着它在其法典化的文本中是客观可见的，例如《民事诉讼法》。它没有根据感觉定义什么是正确的，或者根据良心定义什么是合法的，而是严格指出什么是合法的、什么是非法的，即什么是允许的和什么是应受制裁的。虽然制定法可以体现自然法的制度化，但这两种法权可能会发生冲突。

因此，我们能够遵守以不公正为名制定的法律吗？

我们可以有两种态度：或者"恶法亦法"，不论我们认为它是好还是坏，都必须闭上眼睛服从；或者，我们也有权不服从，即便不服从的行为会将我们置于非法的境地，比如当法律和颁布法律的政府本质上是邪恶的时候。哲学上有两个主要概念来证明第二种态度的合理性，这两个主要概念源于洛克的政治著作，尤其是《政府论》，这两个概念分别是"反抗压迫"的权利和"公民不服从"。

> 立法机关制定的组织法是社会首要和基本的行为，它对人民在一些人的指导和法律的约束之下结合的期限做了规定，而这些法律的制定者是经过人民的同意和委派所

授权的一些人；如果没有人民的这种同意和委派，他们中的任何一个人或几个人都没有权力制定法律，并对其他人产生约束力。如果任何一个人或其他许多人没有得到人民的允许而擅自制定法律，那么这个法律就是无效的，人民没有义务服从；他们因此可以摆脱从属状态，随意为自己组成一个新的立法机关，对那些越权强迫人们接受某种约束力的强权，人民可以自由地反抗。如果那些受社会的委托要表达公众意志的人受到了排挤，人民的意志得不到表达，而其他没有权力或没有得到人民委托的人篡夺了他们的地位，那么人人就都可以随心所欲了。

洛克，《政府论》，第19章，"论政府的解体"，1690年

根据洛克的哲学和政治自由主义学说，公民社会的目标是保护财产和人的自由。社会团体的团结就是在这个共同要求的基础上建立起来的。立法机关被任命的职能在于为之提供保护手段。换言之，如果一个政府的行动违背了它被任命的职能，那么不遵守它的法律，甚至推翻它另建一个政府，是合乎逻辑和合法的。政治权力限度的界定，要看该政治权力有多大的可能性去摧毁它本应保护的东西。当共和变成暴政时，当一个腐败的政府只关心自己的利益而做出了专断、暴力、剥夺自由或危害公民的行为时，为了建立合法政府而发生的内战或有组织的叛乱在道德上便是允许的。

洛克的书催生了"反抗压迫"这一概念，1789年的《人权和公民权利宣言》第2条对这一概念有明确定义，将之视为

一项自然法权:"任何政治结合的目的都在于保存人的自然的和不可动摇的权利。这些权利就是自由、财产、人身安全和反抗压迫。"当然,若反抗与某一条表达普遍意愿的法律相冲突时,则反抗是不可能的。

"公民不服从"是指不服从人民认为不公正、过分或残暴的法律。这一概念产生于1849年,由亨利·戴维·梭罗(Henry David Thoreau)提出。梭罗拒绝缴纳为资助美国—墨西哥战争而征收的税款,提出了这个概念。可以说,公民不服从是一种非法但非非法的行为,它不符合制定法,但符合自然法。因此,公民不服从依据的原则高于被质疑的法令。它是一种蓄意的和协商一致的罪行,也是一种公开、可见并由大众传媒宣传的罪行。例如,马丁·路德·金呼吁不遵守种族隔离法,并呼吁黑人占领法律规定为白人专享的空间。公民不服从可以直接或间接地通过各种方式来实施:行为举止、和平游行、静坐、街头示威或者像俄亥俄州肯特州立大学校园的周末反越战活动……公民不服从的行为通常会受到政治当局的镇压。例如圣雄甘地的抵抗,通过不与英国定居者合作等方式,进行和平、非暴力地争取国家独立的斗争,虽然遭到了英国士兵的袭击,但抗议者却没有反击。"有很多目的可以让我愿意为之而死,但没有任何一个目的可以让我愿意为之杀人。"[1] 正是从这个意义上说,安提戈涅已经接受了死亡,因为她不服从克瑞翁,克瑞翁不让她安葬兄长波吕尼刻斯,克瑞翁的做法违背宗

---

[1] 甘地,《甘地自传或我体验真理的故事》(*Autobiographie ou mes expériences de vérité*),法国大学出版社,2007年。

教习俗。

关于"保护"这一概念,有两种相互冲突的论点:对抗议者来说,现任政府的不公正受到广泛的批评和谴责,没有人愿意为政府的非法行为辩护;对国家官员和公共当局来说,这些抗议活动都是非法行为,它们造成了混乱,损害了所有人的利益。每一方都以自己的方式解释"安全""共同利益"的概念,而且,他们都试图将不活跃的人群拉到自己一方……直至发生无法弥补的事件,比如俄亥俄州有四人死亡,没有什么为这场死亡正名,甚至连社会秩序的恢复也无法使这场死亡成为正义事件。

"抗议之歌"(protest song),即对某一事件提出质疑、有政治介入倾向的歌曲,这种音乐类型成了公民不服从的代言。鲍勃·迪伦追随伍迪·格思里和皮特·西格(Pete Seeger)的脚步,创作了《随风而逝》("Blowin'in the Wind"),这是第一首抗议之歌,媒体也认为这是一首抗议之歌:"他们要活多少年/才能获得自由?""一个人能多少次转回头去/假装什么也没看见?"

人们不禁要问:摇滚是不是一杆枪,它的子弹比铅弹的杀伤力更强?希格林(Jacques Higelin)唱道:"我的吉他是不是一杆步枪?"抗议之歌的代表作品之一是尼尔·杨的《俄亥俄》,由克罗斯比、斯蒂尔斯、纳什和杨演绎。尼尔·杨根据《生活》杂志(*Life*)封面上的一张照片创作出了这首歌。照片展现了1970年5月在肯特州立大学校园举行的反对美军入侵柬埔寨的周末活动的悲惨结局,1970年5月4日,在出现了小规模的骚乱之后，美国国民警卫队向示威者开了枪，造成四名学生死亡、九人受伤。俄亥俄州政府官员编造谎言来解释这场屠杀，称这是一个实施暗杀的恐怖组织所为。事件前一日，理查德·尼克松总统宣告说："他们是肮脏的嬉皮士。无论我们在哪遇到他们，都会把他们送进地狱。"这就是当时发生的事实。尼尔·杨根据这些事，写出了简短而有力的歌词：

> 锡兵和尼克松来了，
>
> 我们终于能敞开心扉
>
> 今年夏天我听到了鼓声
>
> 四人死在俄亥俄
>
> 得去看看
>
> 士兵们砍杀我们
>
> 早该如此
>
> 如果你认识她
>
> 发现她死在地上
>
> 你知道了怎么还会跑？

"锡兵"指的是盲目而机械地服从命令的警卫，与深思熟虑后的不服从形成对立。"锡兵"是权力的玩具，像木偶一样被尼克松这个傀儡师摆布。美国总统没有在现场，但被指名应对事件负责。"我们终于能敞开心扉"带有讽刺意味，强调了双方之间的分裂：当士兵到达时，抗议者可以说是在某种意义上获得了自主权，即在抵抗还是投降、反击还是逃跑之间做出选择的自由。正是在这样的时刻，康德的建议"要有勇气运用你自己的理智"[1]应该得到执行，康德的这个口号与鲍勃·马利（Bob Marley）《救赎之歌》（"Redemption Song"）中的"从精神奴役中解放你自己"不谋而合。鼓是军乐队的乐器，但军乐队中从不包括吉他，鼓声悲怆，宣告一出悲剧的发生，就像报纸标题或击中心脏的子弹一样直接而突然，学生们从生到死的过程如同一道几乎不可见的闪光，他们那天去上课，何曾料到会发生这样的事："四人死在俄亥俄"。

如果这段主歌揭露了胁迫性和致命的行为，那么副歌部分则批评公众对悲剧事件漠不关心，拒绝作证、害怕报复，整个悲剧事件被笼罩上了一层铅幕。"你知道了怎么还会跑？"这句话让人想到了午夜油乐队（Midnight Oil）的一个比喻："床烧着了，我们怎么睡觉？"午夜油乐队用这句歌词来批评人们在消费社会中比拼消费，同时还乐在其中、无忧无虑，根本意识不到消费竞赛无异于自毁家园。我们继续跑，好像什么都没发生。我们表现得好像之前没有人预料到"早该如此"，但没有人回应。因此，尼尔·杨通过呼吁同情心来提高人们的认识，这是一种精神上的行动，努力把自己放在另一个人的位置上（在这首歌曲里是把自己放在受害者的父母或朋友的位置上），以便理解他："如果你认识她 / 发现她死在地上"。

这首作品属于蓝调民谣，由尼尔·杨的吉他演奏而成，他的吉他音色特殊，介于清晰与饱和之间，这是他的典型特征。

---

[1] 康德，《什么是启蒙？》，1784年。

他还在吉他上做了一些游戏式的演奏，发出击打和半扭曲的声音，意味着恐惧和痛苦的混合。尼尔·杨的声音很特别，很尖，句子的结尾带有一种轻微的情感颤音，就像他的吉他演奏一样，处于做作和对做作的清晰意识之间，所以显得没有过分做作。他用嘴歌唱，就像他用手在吉他上演奏一样，带着一种愤怒。副歌部分由全体乐队成员一同唱出，让人想起抗议者的齐声高呼。打击乐增强了戏剧性，沉重而缓慢的鼓声和镲片声，像沉重的、走向死亡的步伐。

"士兵们砍杀我们"：13秒内67枪，9人受伤，其中1人终身瘫痪，4人死亡。这首歌的每一个版本都是向受害者艾莉森·克劳斯（Allison Krause）、桑德拉·谢尔（Sandra Scheuer）、杰弗里·米勒（Jeffrey Miller）、威廉·施罗德（William Schroeder）致敬。他们是公民不服从的代价。《俄亥俄》这首歌一问世就成了和平运动的赞歌之一。其他作曲家紧随其后，也创作出了同一类型的作品：例如特雷西·查普曼（Tracy Chapman）的《谈谈革命》（"Talkin' Bout A Revolution"）。摇滚比以往任何时候都更具有如下性质：抵制压迫、反抗、不服从合法化的不公正。而抵制压迫、反抗、不服从合法化的不公正又会导致惩罚性暴力，所以必须再次抵制和反抗。拒绝屈从于这种暴力，不让战斗变为仇杀。因此，格雷厄姆·纳什（Graham Nash）后来这样肯定这首歌的意义："确保政治家的权力不凌驾于合法抗议的权利之上。"这种抗议是唯一比任何其他反应，特别是暴力，更好的做法。但是，同等报复法，即"以眼还眼，以牙还牙"的报复法则注定要传播开来。可正如圣雄甘地所说的那样:"如果以眼还眼,世界最终将会失明。"

反抗和恐惧必须继续以反思和行动为基础。事实上,如果只有理论,那么理论将是迟钝的。而且,若为思想而死,你有时会白白死去。一个想法,值得我们为之而死吗?

🎤 为思想而死?/ 好的,但……要慢慢地死
——乔治·布拉森斯(Georges Brassens),《为思想而死》("Mourir pour des idées"),专辑《费尔南多》(Fernande),1972

马基雅维利与权力

——黑色欲望乐队,《匆忙的人》

爱我,我鄙视你!

🎤 我是焦点人物 / 我不仅仅是政治 / 我走得很快 / 我是一颗宇宙人类彗星 / 我穿越时间 / 我是参照 / 我无处不在 / 我变得无所不知 / 我入侵了世界[1]

正义既是一个政治概念也是一个道德概念,是法官执行立法者的决定时的正义,是普通人理性或心灵的正义。法律是实现正义、思考正义或感受正义的手段。但还有第三种形式的正义,即社会正义,指的是所有务实原则,这些原则保障集体公平,保障人人享有最低限度的自由和平等的机会,以及保护公共利益。但是,一个社会的持久稳固难道不在于特殊利益和普遍利益之间很好的平衡吗?一方面,特殊利益可以通过交税等方式助益普遍利益,另一方面,普遍利益有助于特殊利益,例如社会保障个人有接受学校教育的机会。因此,政治不应该也有利于特殊利益吗?但是,当社会成员的资源和机会多样且不均等时,我们如何平等地帮助他们?那么,如何避免利益冲突、结党营私和特权呢?政治活动是困难的:如只满足某些

---

1 黑色欲望乐队 (Noir Désir),《匆忙的人》("L'Homme pressé"),专辑《666.667 俱乐部》(*666.667 Club*),1996 年。

人的利益则会被指责搞裙带关系，若满足每个人的利益则会被说成是煽动人心。从严格意义上讲，裙带关系是指在政治、经济或宗教上赋予其后代或亲属权力。煽动人心是指采取主动行动，其唯一方法是使人民满意、迎合人民。"面包和游戏"（Panem et circenses），在集体娱乐的舞台上，哪怕要牺牲几个无辜者也在所不惜。那么，问题就成了道德和政治之间的联系。为了在政治上有效，我们是不是可以忽视道德，冒着被人指控受贿的风险，就像罗伯斯庇尔指控丹东那样；还是应该以道德为指导，不怕被人说自己冷漠……问题在于弄清楚目的是否能证明手段的正当性，还应当确定政治的目的是什么：是为尽可能多的人服务，还是不惜一切代价获取和维持权力？

政治实践必须符合道德要求吗？

对马基雅维利（Niccolò Machiavelli）来说，一个对自己的人民太讲道义、太公正、太温和的君主不可能长久地稳坐王位，他将成为自己盟友的猎物。马基雅维利的建议是：掩藏在正义假面下的不正义，仅在表面上将法律作为捍卫人民的工具。基本上可以说，他强烈建议领导者严格遵守后来被康德谴责的三条准则："做了再说"，迅速抓住机会夺取权力，即便是武断的也没有关系，事实会被接受为正当的，你的成功将成为你的辩护；"如果干了，就否认"，如果你犯了错，要否认，拒绝为你子民的苦难承担任何责任，并把责任推给那些揭露了苦难的人；"分而治之"，在掌权的领袖人物之间制造不和，这样你就不必应对任何联盟。马基雅维利写道：

如果某人使用不寻常手段来统治君主制国家或建立共和国，一个智者永远不会认为这样做是错的。如果事实证明他错，结果会为他辩护；如果结果是好的，他就是无罪的。

马基雅维利，《论李维前十书》，1532年

根据马基雅维利的说法，君主是至高无上的，是真正权力的唯一拥有者，国家是他的权力机构。他应当使用的武器包括处境，即复杂多变的环境因素，人必须根据环境调动自己所有的才能，采取大胆主动的行动，抓住机会。这就是我们所说的机会主义。雅克·迪特隆（Jacques Dutronc）唱道："我总是把夹克翻到对的一面"。另一个必要的品质是"virtù"，这个词指的是一种与计谋、决策和执行速度有关的价值，也就是我们所说的政治上的"聪明"。但还有另一种政治武器，正如这位意大利哲学家在《君主论》中指出的那样："恶行和重罪……我们在这个问题上不应从正义和道德的角度来考量。"因为……同样的原则：目的证明手段是正当的，既然道德不是手段（马基雅维利永远不把道德作为目的），那么就把道德放在一边。如果实现目的必须为恶犯罪，那我们就毫不犹豫地做骗子和罪犯吧。若为保存国家之需，君主不应拒绝为恶：

仔细观察，我们发现，有些品质似乎是美德，但会导致君主统治的倾覆，同样，有些品质似乎是恶习，但能维

护君主的统治和君主的利益。

> 马基雅维利,《君主论》,第十五章,"关于世人特别是君主受称赞或指责的原因",1532年

在金钱、财富和分配正义的问题上,君主必须对他的支持者足够慷慨,而对人民,只要给他们所需的就够了;君主必须过奢华的生活,给那些羡慕他的子民做榜样,同时也控制他们可能的僭越。在第十七章和第十八章中,马基雅维利讨论了政治中不公正和不道德的合法化,他解释说,被人惧怕比被人爱戴要好。理想的状态是既被人惧怕也被人爱戴,但是,人民天生愚蠢,而君主生性贪婪,所以,首先要表明他的残忍,以儆效尤。

> 有的君主出于过分仁慈之心,允许混乱继续下去,这样一来混乱将进一步导致谋杀和抢劫;而有的君主抓住作乱者中的一小部分进行惩罚以儆效尤。后一种君主比前一种更仁慈,因为混乱发展而导致的罪行通常会危害所有人,而实施刑罚只伤及一个人。

> 马基雅维利,《君主论》,第十七章,"论残忍和仁慈,以及被人爱戴是否好过被人惧怕",1532年

由于这种不公正和对法律的操纵,人民和君主身边的人都不愿与君主作对,而君主的慷慨大度往往起不到这样的作用。因此,残酷的正当性,一方面在于它的结果和有效性,另一方

面是因为人性本身使君主别无选择。然而，马基雅维利区分了恐惧和仇恨：君主不应引起臣民对他的仇恨，如果君主剥夺了臣民珍爱之人或财产，则会招来臣民的仇恨，除非是在非常特殊的情况下并有最合理的公共原因，即为了大家的生存。

马基雅维利还讨论了政治言论和政治承诺的经典问题，认为君主应当无视不遵守承诺所带来的不公正，并再次认为这是统治者的优势。

> 我们这个时代的历史告诉我们，只有那些不在意自己的承诺、懂得如何让人们对此失去警惕性的君主才能完成伟大的事业；他们最终战胜了那些诚实守信的君主。
>
> 马基雅维利，《君主论》，第十八章，"君主如何信守诺言"，1532年

时代几乎没有改变……两面性是政治家的品质，他在法律、强权和计谋之间选择后两者，并且将他的选择隐藏在明显的对法律和正义的尊重之下。君主是野兽，既是狮子又是狐狸："你要做狐狸，知道陷阱在哪里，又要做狮子，让狼感到惧怕。"你要有自己的军队，如果你的谎言激起了抗议，你要组织自己的军队来镇压。你要有自己的心腹，你要利用他们对付你的朋友，然后你还要能对付你的心腹，做法可以是这样的：你对你的心腹撒谎，让他们投票支持你在公共场合反对的措施。"君主永远不会没有正当理由来掩饰他的背信弃义。"即使是最庸俗的论点也很管用："只有傻瓜才言而有信。"背弃

诺言几乎成了一种美德！没有人需要拥有真正的美德；重要的是，君主要让人相信他拥有真正的美德。"如果他有这样的品质而且总是践行不误，那么这些品质就会伤害他；但如果他只是表面看上去具有这样的品质，则他会从中受益。"尤其重要的是要表现出宗教信仰，让人觉得自己不凌驾于神和神法之上。

权力的最后一个必要特征是暴烈，暴烈是激情和冲动的混合体，是审慎、思索和节制的反面。

> 此外，我认为冲动总比谨慎好；因为命运是女人，要使她顺从，就要粗暴地对待她；她屈服于那些使用暴力的人，而不是那些冷漠的人：她总愿意做年轻人的朋友，因为年轻人不拘谨，而是更暴躁、更大胆地发号施令。
> 马基雅维利，《君主论》，第二十五章，"命运如何影响世事以及如何抗击"，1532年

为了统治，你必须是一个不耐烦的人、一个暴躁的人。黑色欲望乐队的《匆忙的人》说："我是万王之王"。这就是马基雅维利所谓暴躁之人的当代肖像。他是民主国家的经济暴君。这幅"匆忙的人"的肖像与马基雅维利的君主有两个不同之处：一方面，"匆忙的人"使用计谋而不是强权，这是民主使然；另一方面，它与经济而不是政治的关系更紧密，与经济和市场主导的政府关系紧密（"我不仅仅是政治"）。在这里，我们可以看到马克思的观点，即经济决定着整个社会关系，尤其

是在劳动、思想和政治方面。但"匆忙的人"仍不啻为一个马基雅维利主义者,因为他是个战略家和操纵者,是个伪君子和世俗主义者,他厚颜无耻、处事不公。黑色欲望乐队的"匆忙的人"是经济领域的马基雅维利,旧的政治权力与其他强权、计谋和其他马基雅维利主义一起转化为现在的经济权力。或者说是以《人偶新闻》世界公司的方式重新阐释过的马基雅维利主义,即跨国的、全球化的马基雅维利主义。经济以极权主义的方式控制了一切。金钱取代了王冠。时代已经改变,政治不再付钱,宗教也不再付钱,今天的君主也皈依了经济,他"做房地产",他懂得"做生意",并且意识到有些人"可以付钱"。从前,政治家利用宗教界人士;今后,商人利用政治家,并且肆无忌惮。当一个国家元首的行动受到货币专政的指导时,他怎么能公正地捍卫法律?

这首歌由沉重的打击乐声开篇,好像在做预告。然后吉他弹出三个音符的固定音型,简单而有力。接着,贝斯和一把非常饱和的节奏吉他也响起,这把节奏吉他使我们意识到开篇的连复段并没有按节奏进行。两把吉他并行演奏,就像两个步伐错开的人。人声响起,加入正在演奏的乐器中,接下来是一段双和弦的主歌。演唱者不注重断句,整个演唱的节奏如一股巨大的、规则的、单一的,但越来越激烈的水流,像有什么在快速地移动,路线笔直,汹涌激荡,几乎不在意逻辑衔接和必要的停顿,例如,在"堕落匆忙的人"和"我最喜欢的蠢事"之间没有停顿,也不注意不应存在的停顿,例如"我最喜欢的蠢事"和"是世界的命运"是完整的一句话,中间本不应当有停顿，但这两个部分却被分别放在了两个段落之间，一个在前一段的结尾，一个在后一段的开头。

歌词整体是第一人称的，用了直接引语，风格是对自我的肯定。开头强调"匆忙的人"的美学，从各个方面把他描述得很清楚：在生意上，必须体面；他的演说引领世界；他上电视（"我是焦点人物"）；更重要的是，他拥有第四种权力（"我喜欢／电视节目／没时间看／这些节目是我做的"）。这第四种权力一方面可以理解为政治权力的延续，即立法、行政和司法权力，另一方面可以理解为对宗教、政治和经济权力至关重要的促进和补充。暴躁是他的武器。他是新来的阿提拉[1]，路过之处全部放火焚烧干净："我赶快走""我走得快很快"。接下来，"匆忙的人"从社会维度进入了宇宙维度（"我是一颗宇宙人类彗星"），然后进入历史维度（"我穿越时间"），继而是智力、科学、学术的维度（"我是参照""大的参照／我总是可以带回我的科学"），最后是神圣的维度（"我无处不在／我变得无所不知"）。掌握了时间，一切皆有可能，时间就是金钱。由于他的速度快，他将爱因斯坦的广义相对论付诸实践：宇宙中的物体速度越快，时间对它来说就越慢。并且，他占据的地盘就越多。无处不在。结果：我入侵了人类，但我不了解人类。可"了解不了解都没有关系"，最重要的是，他们认为我比他们强大。我看不起他们，他们是我的臣民、我的客户，我支配着他们，让他们依赖于我卖给他们的产品："有人匍匐在我脚下／潜在的

---

[1] 阿提拉（406—453）是古代亚欧大陆匈奴人的领袖和帝王。——译注

80亿/被奴役的白痴"。人天生愚蠢（暴君做出不正义的行为时也是这样给自己开脱的），不配得到什么好的东西，我给他们看的电视节目是对他们的轻蔑。黑色欲望乐队在短片中戏仿了男孩乐队的表演，男孩乐队的表演就属于这样的电视节目：

> 他们吐出食物
> 吐向那些饥饿的眼睛
> 你看他们在问
> 我们知道他们贪婪地想要
> 我们的腐烂物
> 比给猪的
> 果酱还好

为了满足他们的欲望，我制作电视节目给他们看，正义和法律本身就是电视节目展现的对象。在这首歌中，阶级斗争和不公正被重新考量：一方面是我，另一方面是他们，当然，"他们"中不包括"与我同在一个世界的我的一些朋友""巴黎上流社会"和……我的女人们。我在不了解人类的情况下统治人类，成了"不人道的日常活动家"。我是新君主，我的世界是媒体。我控制媒体，这样媒体就可以给我树立一个好形象。"炸掉收视记录器/消灭观众"。这是金钱的世界，"眼前利益"的世界。"我有钱很有钱"，我还控制着市场和外汇定价。

副歌部分，音乐不再如之前那样断断续续，吉他弹出持续和弦，歌词既讽刺又邪恶……

谁想要我

和我脑子里的碎片？

谁想进入

我的网络？

说它讽刺，是因为"匆忙的人"一直在自己和其他人之间制造对立；说它邪恶，是因为这是一个陷阱。这个网络是普通人梦想加入的 VIP 网络。如果有人邀请他，他会忙不迭地冲进去。但同样的网络也是并且尤其是一张蜘蛛网，我们通过互联网或其他途径都成了自愿的受害者。为了吸引愿意自投罗网的人，"匆忙的人"出卖了自己的一部分灵魂，把自己的做成样品的灰质作为诱饵送出去。最后一段主歌唱得越来越响亮，歌手的嗓音变得越来越狂暴和愤怒，连复段终于改变了旋律，并随着和弦上升到高音，水镲声不断响起，声音中带着恼怒，"匆忙的人"几乎要花很大的力气才能让人听他的话，承认他的荣耀，他匆忙，这就是他的荣耀。乐曲的结尾是一个彻底的突破：一个由年轻人组成的合唱团传达出爱和正义的信息，爱，把冷战的两个集团和人权之乡[1]法国团结在一起……

"匆忙的人"打败了君主。马基雅维利只是业余水准，"匆忙的人"远胜于他："匆忙的人是上帝"。君主至少还有分寸，说他屈服于上帝，给人一种他与其他人一样的错觉。我们在政治上仍然把智慧和狡猾混为一谈……智慧的行为总有道德相

---

[1] 因为《人权宣言》是在法国颁布的，所以作者在这里称法国为"人权之乡"。——译注

伴。狡猾的人永远不会如此。

🎤 不出力白挣钱 / 免费得到你的小鸡
——恐怖海峡乐队（Dire Straits），《白挣钱》（"Money for Nothing"），专辑《武装起来的兄弟》（*Brothers in Arms*），1985

国家

施蒂纳：无政府主义与政治虚无主义
—— 性手枪乐队,《天佑女王》

上帝拯救仇恨

> 当没有未来时 / 怎么会有罪恶 / 我们是垃圾桶里的鲜花 / 我们是你这架人类机器里的毒药 / 我们是未来你们的未来 [1]

国家一词的拉丁语是 status，意思是站着，这是很好的姿势，但是站着可能面临被推倒的危险。国家，一方面可以由制度来定义，这些制度包括学校、司法等等，也可以由宪法来定义，宪法是任何法律法规的强制性法律依据。国家是受公法管辖的法人，在其行使主权的特定领土上代表人民。其目的是确保所有人的权利，首先是所有人享有公共秩序和安全的权利。在这种情况下，我们谈论的是国家的主权职能，国家不应将其交给私营公司：在其地理边界之外（外交）以及之内（警察）确保国家安全、主持正义、发行货币、收税。它还负责个人的教育或健康，以更好地维护以上权利。一方面，我们认识到国

---

[1] 性手枪乐队 (Sex Pistols),《天佑女王》("God Save the Queen")，专辑《别管那些废话,性手枪来了》(*Never Mind the Bollocks, Here's the Sex Pistols*)，1977 年。

家在公民生活的重要方面都发挥着助益作用。另一方面，人们可能会问：国家为什么要参与公民生活？人类难道没有足够的责任感和自主性吗？为什么要有国家？国家对个人来说可能是危险的，因为国家会把它的触角延伸到我们最私密的领域，从而强加给我们某些东西或禁止我们做某些事，比如一种宗教信仰，或使性行为成为一种受谴责的活动。尼采的查拉图斯特拉[1]认为：

> 国家是所有冷酷的怪物中最冷酷的：它冷酷地撒谎。从它嘴里爬出的谎言如下："我是国家，国家就是人民。"

尼采在这里说的不是君主专制的国家，而是民主国家（démocratie "民主"一词来自希腊语 dêmos "人民"和 kratos "权力"）。为什么要这样指责民主？因为它给了我们一种错觉，即认为通过公民参与国家事务、投票和代表制，我们真正掌握了权力。但国家撒了谎，在上帝死后，国家成了"新的偶像"，代表着一种新的自由，但随着我们对它的信念更加强烈、更坚定，它变得更加虚伪和羞辱人。然而，如果民主国家应受谴责，那么任何类型的国家不都应该受谴责吗，因为丘吉尔说过，"除过去已尝试过的所有政府形式之外，民主是最糟糕的政府形式"。

国家应该被废除吗？

这就是无政府主义的要求。"无政府主义"（anarchisme）这

---

[1] 弗里德里希·尼采，《论新偶像》，出自《查拉图斯特拉如是说》，1883—1885年。

个词不应与"无政府状态"混淆，无政府状态具有负面意义，其特点是社会混乱和失范，所有社会规范的崩溃，一种向自然状态的回归，在这种状态下，人对人是狼。相反，-isme 这个词尾是指一种思想体系、一种学说。这个词由希腊词根 an-（失去）和 arkhè（命令，此处指政府）组成。无政府主义主张没有任何等级制度、没有任何权威，无论是宗教的还是政治的："没有上帝，没有主人。"人不需要国家。国家扼杀了我们，剥夺了我们主要的财产——自主权。与任何政治概念一样，这一概念是建立在对人性的某种描述上的：在这里，由于人的本性是负责任的，因此可以不需要更高的权威。更高权威的存在破坏了我们天生的责任感和任何个人和集体发展的机会。这一理论的最终结论之一是必须消灭国家及所有代表国家的东西。在俄罗斯，政治虚无主义或破坏性虚无主义运动把对无政府主义的信念推向了政治恐怖主义实践，以至于发生了沙皇亚历山大二世遇刺事件。

更一般地说（不那么激进地说），无政府主义建立在拒绝任何社会组织的统治原则的基础上。这种对权力的否定不一定通过破坏活动或恐怖主义的自制炸弹来实现。无政府主义可以采取极端自由主义的社会主义的形式，主张在政治和经济上实行自我管理和自愿结社，从而促进自由行动。它的实施离不开废除个人和私人财产的占有——"财产就是盗窃"[1]，是人类剥削人类的工具。

尽管施蒂纳（Max Stirner）不承认自己是无政府主义者，

---

[1] 皮埃尔-约瑟夫·蒲鲁东（Pierre-Joseph Proudhon），《什么是财产？》（*Qu'est-ce que la propriété?*），1840 年。

但他被公认为是极端自由主义的个人主义的主要代表之一。在《唯一者及其所有物》中，他认为我的意志和国家之间的战争已经开始。两者是敌对的力量。个人的意志不能掌握自己，只要个人相信国家、相信国家对所有人做出的幸福承诺、相信国家的天赋使命，他就可以被影响。"任何国家都是专制的"[1]，共和国家和民主国家都是国家，所以，斯蒂纳认为它们都是专制的。如果公民通过投票参与，这意味着什么呢？

> 想象一下，如果组成人民的每个人都表达了同样的意愿，假设他们达成了完美的"一致性"：事情仍会再次发生。我今天和以后岂不都会被捆绑在我昨天的旨意上了吗？在这种情况下，我的意志会瘫痪。总是这种可悲的稳定性！一个坚定的意志行为，我的创造，将成为我的主人！我有意志，我是造物主，我会发现自己被束缚在自己的奔跑中，却无法打破束缚吗？因为我昨天是个疯子，所以我应该一辈子都是疯子吗？因此，做我自己的奴隶是我对参与国家生活最好的期望（我也可以说是最坏的期望）。因为昨天我有意愿，今天我不再意愿；我昨天是主人，今天将成为奴隶。有什么解决办法？只有一个：不承认任何责任，也就是说，不束缚自己，不把我当作被束缚的人。如果我没有义务，我也就不知道法律。

---

[1] 麦克斯·施蒂纳，《我》，出自《唯一者及其所有物》（*L'Unique et sa propriété*），第二部分，1845 年。

施蒂纳指出民主国家忽视了一个因素：时间。我们是活的存在，我某一天的承诺只是我某一天的承诺，即便是对我选择的法规也是如此。换言之，这位德国哲学家针对的正是社会契约的概念，特别是卢梭重视的社会契约概念。社会契约概念基于这样一个错误，即通过一个行动（一个只在当下签署的契约，以期实现一种能够承受时间和变化的方法）引入了一个虚假的永恒元素（"我发誓永远如此"）。好似瞬间即是永恒。事实上，我不应该和任何人或任何事物联系在一起。卢梭自己不是用"疏离"这个词来指这种与他人的政治联系吗？虽然他赋予了这个词积极的意义。

施蒂纳发展了一种自我哲学，这是一种独特的哲学，建议每个人都要有自己的力量，忽视甚至抵制来自外部的压迫力量。他甚至提倡完全的利己主义："对我来说，在我之上什么都没有。"在这方面，他强烈反对任何声称必须要有国家的政治哲学，这样的政治哲学认为国家是一种一般元素，它管理个人，使个人脱离特殊层面。但是，国家管理下的社会仍然是平庸的。民主的价值观，例如人道主义，被批评为幻想。法律是看不见的牢笼。公民不知道的是，面对公民义务赋予他的良知，他已同意做出了多少让步。《唯一者及其所有物》反复重申"我的事业不建立在任何东西的基础上"。但其实，也不能说完全不以任何事物为基础，起码是以歌德的诗句为基础的[1]……

1　这句引文出自歌德的诗《虚无！虚无中的虚无！》。

朋克运动及其领导者性手枪乐队（The Sex Pistols）是摇滚的无政府主义者、摇滚的虚无主义者：他们的"没有未来！"成了一句标示身份的口号。他们的两部成功之作《天佑女王》（"God Save the Queen"）和《英国的无政府状态》（"Anarchy in the UK"）[1] 在音乐类型上是相似的，但歌词不同，所以能互为补充。《英国的无政府状态》明确主张建立无政府国家，以对抗英国的君主立宪制。我们可以批评约翰尼·罗滕（Johnny Rotten）和他的乐队，批评他们对整个政治权力，特别是伊丽莎白二世咄咄逼人、惊世骇俗的嘲讽，但他们的音乐仍然好过任何恐怖暗杀。他们在歌中称自己是无政府主义者（"我是一个无政府主义者"），甚至是无政府状态的化身（"我想成为无政府"）。这首歌中的"我"不知道自己想要什么，同时还说要摧毁整个文明，并要以暴力手段实现目标："我不知道我想要什么但我知道如何得到它／我想屠杀路人／因为我想成为无政府"。也就是说，在这首歌中，朋克无政府主义肯定了盲目毁灭的虚无主义。《天佑女王》是对英国国歌的讽刺性戏仿：

>天佑女王
>我们是很真诚的人
>我们爱我们的女王
>上帝保佑

---

1 性手枪乐队，专辑《别管那些废话，性手枪来了》，1977年。

这首歌也探讨了宗教问题，根据无政府主义的传统，它挑战了对至高无上存在的信仰：如果上帝保佑女王，那么就让他用他的仁慈来救赎英国的历史和英国犯下的罪行吧。尤其是，去救赎她极尽豪华的生活、奢侈靡费的游行吧："上帝拯救你的疯狂游行"。"游行"（parade）这个词的使用将庄严的皇家军乐队游行降格为滑稽的化装游行。事实上，这一措辞不无道理，英国皇家游行的状况也确实如此……

因此，通过突然的语义断裂，歌词经常能够展现它的真实意义，即实现直接的和指责性的攻击：王国被称为法西斯政权，女王被称为不是人。那么，她是神吗？还是魔鬼？这首歌还包含了个人的异化这个无政府主义主题（"它让你成为一个笨蛋 / 潜在的氢弹"），以及对自由的追求（"不要被告知你想要什么 / 需要什么"）。国徽不再被视为国家的象征，而是成了商业标志，不服务于王室的价值观，而是服务于资本主义和旅游经济的利益："天佑女王 / 因为游客是金钱"。人们向往一个美丽的乌托邦，但英国完全是这个乌托邦的反面，社会的理想幻灭了，看不到出路。英国梦破灭了：

没有未来

在英国梦里

没有未来

没有未来

你没有未来

"没有未来"是从"罪"的概念中演绎出来的:"当没有未来时／怎么会有罪恶"。这个想法很有趣。有人可能会说,如果罪是作为原罪和世袭罪的永久重复而存在的,那么就没有未来了,因为将来发生的一切都是已经发生的事情。然而,这首歌的作者在这句歌词中颠倒了因果关系,把"没有未来"作为第一原因,把罪作为一种后果。事实上,虚无主义源于一种不再知道自己是谁、不再知道自己的价值的感觉。我们是"垃圾桶里的鲜花"还是"你这架人类机器里的毒药"?不管怎样,我们想与众不同,我们不想看起来像你。并且,为更好地造成混淆,"没有未来"被"我们是未来／你的未来"抵消。"我们是未来／你的未来",是对社会的报复,社会迫于逝者的压力不得不接受我们的抗议。而约翰尼也在狂暴地重复"没有未来没有未来你没有未来"中结束了歌曲。

音乐并不像人们想象的那么简单。这是一个四重奏:一位主唱,从头至尾贯穿着的一把饱和电吉他、一把贝斯和一个鼓。整首乐曲以吉他开篇,吉他前奏是对经典摇滚歌曲,如查克·贝里的《约翰尼·B. 古德》("Johnny B. Goode")、《卡罗尔》("Carol")或《颠覆贝多芬》("Roll over Beethoven")中连复段的戏仿。但声音更沉重、更醇厚。鼓的节奏有时根据拍子,有时是以切分音演奏。演唱总是很有表现力,声音尖刻,又带一点懒散,这使它显得傲慢无礼。在演唱主歌部分时,人声盖过了吉他声;在乐句间歇时,吉他弹出刺耳的声音,同时伴有水镲和强音镲声。副歌部分变得疯狂起来,人声／吉他的衔接为它们的同时出现留下了空间。这首歌的和弦是蓝调摇滚中常见的，只是在声音上做了一些改变，节奏上变快，在主歌、副歌和吉他独奏之间有音调的中断，这给整首曲子划分了段落，就像话语结构的不同阶段和不同层次，几乎是一种辩证结构。演唱声有时会像"上帝拯救"这句歌词表达的意义那样，变得具有说教性，有时又是恶意刻薄的讽刺，然后器乐演奏全部暂停，似乎是为了更好地继续谩骂，或者对最后几句"这是我们的意思"和"英格兰的梦"表达愤怒。重复的"没有"和"没有未来"是以滞后的方式演唱出来的，这样的表现方式使得这几句歌词要传达的信息变得更加执着。最终版本是现场版，相较录音室版本来说相对罕见。

做朋克就要一以贯之，音乐必须与态度相一致。朋克的态度是一种设计好的挑衅，为的是制造不安全和不稳定感。正如施蒂纳所说："总是这种可悲的稳定性！"我们必须知道自己想要什么，我们不能是朋克，也不能吓唬路人。女王登基周年庆典当天，"伪《天佑女王》"[1]的连复段响起时，盖过了官方国歌的铜管乐声，这时，约翰尼·罗滕的脸出现了，十分骇人：满面怒容，鼻子扭曲，眼神憔悴，所有的牙齿都暴露出来，嘴唇上淌着口水，像只要扑上来咬人的疯狗。信任乐队（Trust）提醒道："反社会的人，你失去理智了！"吐痰、麦克风上的啤酒、背对观众、破衣烂衫、过长的衣袖、太多的别针，这些都说明你的破碎不堪；头顶手绢、满头红发、浑身像散了架一般，动作跌跌撞撞，像个酒鬼，这是一种做你想做的事的方

---

[1]《天佑女王》是英国国歌，作者在此处称性手枪乐队的改写版为"伪《天佑女王》"。——译注

式，你认为这样与众不同甚至是一种炫耀，可以让自己不受政治力量的影响，然后才能获得真正的自由。别人告诉你该做什么，你偏要反着做！

这首歌还以其单曲唱片的封面而闻名，封面上是女王伊丽莎白二世，她身后是英国国旗，女王的眼睛和嘴被唱片标题和乐队成员的名字遮住了，歌名和乐队名是用从报纸上剪下来的单词和字母拼成的，就像匿名信中常见的那样。人们可以批评审查制度，但不得不说受害者有时是自找的。每个人都知道审查制度有时可以成为宣传手段……

但是，正如柏拉图在《理想国》中所说的那样，"引入……一种新的音乐形式，这是一种必须警惕的变化，就像警惕一种普遍存在的危险：因为，在任何地方，人们都不可能在不改变城邦重大法规的情况下改变音乐形式"[1]。

🎙 你坐在椅子上 / 听的那首卑鄙的小曲 / 我把它吐在你脸上 [……] / 社会，社会你不抓不到我
——雷诺（Renaud），《你不抓不到我》（"Société tu m'auras pas"），专辑《巴黎恋人》（*Amoureux de Paname*），1975

---

1 《理想国》，424b—c。

霍布斯：战争与利维坦

——鲍勃·迪伦，《战争大师》

和平是两次战争间短暂的平静

> 🎤 我希望你死 / 你的死期已近 / 我会跟着你的棺材 / 在苍白的下午 [1]

国家暴力是最有组织性、最工业化、最罪恶深重和最可怕的野蛮行为。那么，这样看来，无政府主义似乎是有道理的，但是，无政府主义常常出于对个人主义的痴迷而忘记它必须以捍卫人的生命为最重要的事业。在人类历史上，有没有哪一年，地球上的任何地方都没有战火？很难说。没有什么比这个问题的答案更不确定的了。由此，我们就会认为暴力是人性的一部分，国家是暴力的官方表达方式。事实上，这里提出了两个问题。第一个问题是，暴力是否是人性的表现？如果是，那么就有了第二个问题，战争，即国家之间或国家内部的武装冲突，是否是暴力的合法表现形式？

国家的作用是制止暴力，还是通过战争而成为暴力的主使人？

在这两种情况下，战争似乎都不可避免，无论是出于对战

---

[1] 鲍勃·迪伦，《战争大师》（"Masters of War"），专辑《自由驰骋的鲍勃·迪伦》（*The Freewheelin' Bob Dylan*），1963 年。

斗和征服的渴望，还是出于防御的需要。人类会被分为无耻的人和道德的人这样两大类吗？前一类被他们的兽性本能驱使犯罪，而后一类注定要发展战术情报来合法自卫？但是，如果暴力是人天然的属性，那么它就是所有人的命运。有人能驯服它吗？在这种情况下，和平很可能只是历史的偶然，是人类本质遭到压抑的时刻，一种对自然天性的约束，它只会触发侵略性冲动的重新回归，这种冲动在我们内心沸腾，迟早会爆发……所有这些似乎组成了一个恶性循环：战争是一种方法，可以打发和平时期的无聊，因为和平是一种社会假象，掩盖了人类本性被压抑的事实；有些人满腔热情地出发去品尝英雄主义的滋味，载誉归来时少了一条腿或者毁了容，和平成了他们的庇护所，但他们的和平是一种虚假的和平，实际上只是冷漠和怨恨。什么是明智的？什么是残忍的？是通顿马库特[1]带来的和平还是抵抗军的炸弹？但是，如果人有天然的暴力倾向，而战争是这种暴力倾向的文明形式，那么这样解释战争是否就是在为它的正当性辩护，为与战争相关的任何军事政策和武器经济的正当性辩护？

在《利维坦》中，霍布斯（Thomas Hobbes）为政治科学和国际政治中的现实主义奠定了基础：政治单位（在这个表述中，"单位"的意义与"计量单位"中的"单位"一致）是国家；如果它是从内部组织起来的，没有一个比所有国家更高级别的政府，也即没有一个世界组织，那么这些国家实际上是竞

---

[1] 通顿马库特（Tonton Macoute），海地前总统弗朗索瓦·杜瓦利埃1957年上台后建立的秘密警察组织，用来维持杜瓦利埃家族的独裁统治。——编注

争关系，甚至是冲突关系；任何一方的目标都是安全和权力，这将使在其领土内对外部或内部侵犯使用武力的做法合理化。

矛盾的是，这位英国哲学家的现实主义建立在两个假设的基础之上，可以说，这两个假设等同于哲学上的预设：1）自然状态，2）社会契约。第一个假设是设想人类在没有国家时的状况，从理论上描述处于任何法律之外的人。它不是对我们真正的历史渊源进行反思的结果，而是一种假设，证明国家存在的合理性以及维护国家对人身胁迫（即对臣民使用武力）的垄断。这个想法的目的是展示国家和社会组织对人类的贡献，而这一贡献在霍布斯看来，就是人的生存。至于社会契约，它意味着个人同意摆脱自然状态，标志着他们摆脱了没有任何理性组织的状态，它是市民社会的出生证明。

霍布斯意义上的战争有四种表现形式：1）战争是个人的自然倾向，在有组织的社会中相当于个人犯下的罪行，这种倾向必须被消除、遏制和严惩；2）战争是国家的合法暴力，利维坦遏制和惩罚犯罪行为，目的是自卫；3）内战，霍布斯受到当时英国内战的启发；4）国家间的战争。

那么，这种对战争的天然倾向究竟是什么，又该如何抑制这种倾向呢？《利维坦》中十分重要的一部分是题为"论人类幸福与苦难的自然状况"的章节[1]，它将自然状态描述为"一切人对一切人的战争状态"。霍布斯引用了普劳图斯[2]的名言"人对人来说是狼"，说明人是在事实上自由和平等的，而不是

---

1 霍布斯，《利维坦》，第十三章，"论人类幸福与苦难的自然状况"，1651年。
2 普劳图斯（Plautus），古罗马的喜剧作家。——译注

"在法律上"自由和平等，不是像《人权宣言》第1条所说的那样：在一个没有任何法律法规的环境中，在一个所有人都在与所有人斗争的状态下，我们每个人都有同样的人身权利来确保自身的安全，也都有同样的自由来实施我们个人的保护手段，从欺骗到谋杀都可以。所有人都被生存的欲望所驱使。矛盾的是，为了保全自己的这一本能，自然的自由和平等成了暴力的根源。因为没有财产的概念，一切财产都既属于所有人，也不属于任何人。我用以维持生存和保存自我的东西，是我从别人那里夺走的，我从而将他人置于可能的危险之中。但曾经最强大的从来不会总是最强大的。我从不如我强大的人那里夺来的东西，可能被比我更强大的人夺走。所以人类没有出路，被困在暴力的恶性循环中，陷入集体的消沉。这就是我们的悲惨境地，我们不得不失眠，至少也必须睁着一只眼睛睡觉，以免在完全入睡后被人割断喉咙。自然状态使人类陷入矛盾中：每个人为自己的生存而进行的斗争，把所有人的生命都置于危险之中；既然所有人都处在危险中，那么每个人都为自己的生存担忧。

根据这一切，我们显然就可以看出：在没有共同权力慑服大家时，人们便处在所谓的战争状态。这种战争是每个人对每个人的战争。因为战争不仅存在于战役或战斗行动之中，而且也存在于战斗意志普遍被人认同的一段时期之中。因此，在考虑战争的性质时，就必须把时间概念考虑进去，就像把气候状况考虑进去一样。因为正如恶劣的气候不在于一两阵暴雨，而在于可能连日天气不佳，战争的性质也不在于某一场实际的战斗,而在于整个没有和平保障的时期内人所共有的战斗意图。所有其他的时期则是和平时期。

所以,要么是战争要么是恐惧。和平就是恐惧。是谁让我们如此害怕,以至于从此保持安静?是一个怪物,利维坦。我们将共同地、以契约的方式召唤它的到来,以摆脱自然状态。不是出于利他主义或集体意识,而是出于纯粹的利益和自私:为了我的安全,而我的安全又必须依赖于其他人的安全。不信任是一种共同的感觉,在我们之间建立社会契约是不够的。把自然本性赶走,它很快又会跑回来:即使国家和法律已经确立,你也会不顾我们所有的社会承诺,于我转身之际在我肩胛之间插上一刀。所以我们创造了一个冷酷的怪物,或者说是一架政治机器,也即一个国家和它的领导人,它可以制定强制性的法律,如果我们敢偏离正道,我们都会受到惩罚。霍布斯知道,尽管有法律和法官,我们也会锁上门和保险箱。这意味着我们需要一股超强的力量:"世间没有一种力量可以与它相比。"[1] 这句话出现在《利维坦》原版的封面上。

> 正如为了实现和平并通过和平来保存自己一样,人类制造了一个我们称之为国家的人造人,同样,也制造了我们称为国法的人造锁链。
>
> 霍布斯,《利维坦》,第二十一章,1651 年

---

[1] 《圣经·约伯记》,41XLI, 24。

换言之，霍布斯否认任何反叛的权力，因为反叛就是自相矛盾，就是推翻自己的决定，不服从领袖和我们想要的法律。反抗就是要回归自然天性的状态。若要回归，你必须知道要付出什么样的代价：不仅仅是给另一个人杀了我的机会，也给他杀了我的权力。

那么，霍布斯对内战和国家间的战争有何看法呢？他在"论国家致弱或解体的因素"一章中讨论了这个问题。历史上国家间的关系相当于自然状态下的个人间的关系。如果在自然界中，人对人是狼，那么在历史上，国家对国家就是狼。利维坦必须尽一切努力保护他的国家。

> 若在对内或对外的战争中，敌人获得了最后的胜利，以致国家的军队不能守住疆场，对效忠的臣民不能再加保卫，这时国家就解体了。

由于软弱是国家消亡的主要因素，因此必须为自己提供发动战争的一切手段，而真正地发动战争是生存的关键。国家的职能是打击危害国家的暴力行为。国家通过战争成为主人。战争的主人。再加上军火商，他们人会很多。"战争大师"……

鲍勃·迪伦的这首歌，在音乐上是由两个和弦和几个击弦，以及一段构成了口号式民谣的旋律所构成的。歌词较长，对战争及其主角，即军火商和国家提出了尖锐的批评。

话说回来，在摇滚、民谣、流行或说唱音乐曲目中，你也找不到一首为战争辩护且符合霍布斯思想的作品。迪伦就他的歌曲说:"这首作品批评了艾森豪威尔卸任总统时所说的军事—工业综合体。这个话题那时很热门,所以我就选了这个话题。"[1] 总的来说,"抗议之歌"表达了在霍布斯看来与社会的存在不相容的两种想法。从这位英国哲学家的角度来看,有两种说法是错误的:

> ……违背良知而做的事都是犯罪,良知建立在人对于是非的判断上。
> ……掌握至高权力的人应服从国法。
>
> 霍布斯,《利维坦》,第二十一章,1651年

而这正是迪伦所肯定的。一方面,公民必须是善与恶的道德评判者,必须能够利用自己的权利和言论自由,以自己的信念指导自己的决定和行动,例如拒绝参加战争。另一方面,那些统治我们的人必须采取行动,不是凌驾于法律之上,而是像任何普通公民一样服从法律;如果首领想要战争,就让他亲自去,不要把那些反对战争的人送往战场。国家强迫一个人参战,使他有可能无法享受最自然和最不可剥夺的权利,即生命权。

霍布斯在全书的导言和第一章中强调了利维坦、人和社会的物质性。利维坦"不过是一个人造人,尽管它的地位和力量高于自然人,但它是为了保护和保卫人而存在的。利维坦有绝

---

1 《今日美国》(*USA Today*),2001年10月9日。

对的权力,它是一个人造的灵魂,它赋予整个身体以生命和运动"。这个身体是由人的身体组成的政治身体,而人的身体只不过是由物质和肌肉力量组成的机器。炮灰吗?社会就像搭积木的游戏,我们是被搬动的积木。首领就像神一样从高处看着由他引起的人类活动,"你们拿我的世界做游戏/仿佛它是你们的小玩具"。搭好了就拆,真有趣:"建造了之后就摧毁"。

因此,利维坦本身是不可接近的东西,你不知道它在哪里,不知道它是什么样子:迪伦诅咒那些战争贩子("来吧,你,战争大师"),批评那些把武器放在年轻人手中的人是无耻的伪君子("你把武器放在我手里"),然后离开战场,留下他们躲在权力背后互相残杀:

> 你躲在墙后
> 你躲在桌子后
> 我只想让你知道
> 我能看穿你的面具
> ……
> 你扣上扳机
> 让其他人开火
> 然后你坐下来看着
> 而死亡人数却越来越增加

官僚主义是利维坦的新军事武器,现代版的利维坦与乔治·奥威尔(George Orwell)笔下的"老大哥"很相近。歌词使用了一系列首语重复的修辞手法:"你造了所有的枪……死亡飞机……所有的炸弹""你躲在墙后……桌子后……大楼后""我透过你的眼睛……你的大脑……看到水"。这些修辞手法强调了作恶的机制如何运作。但是,战争不符合公众利益吗?它不是由那些被选中保护我们的人发动和筹备的吗?他们不是答应过我们会胜利,会让我们活下去吗?但契约也无法终结谎言和背叛。"就像古代的犹大/你撒谎你欺骗/可以打赢一场世界大战/你想让我相信"。我们错了,我们面对首领时,没有体会到我们面对每个人时都体会到的那种感觉,即不信任。

但这首歌描述的国家权力的后果,使得霍布斯的理论显得自相矛盾。迪伦谴责了利维坦给我们带来的恐惧,即在一个非常不确定的,甚至残酷的世界里繁衍生息:

> 你引发最深重的忧惧
> 前所未有
> 怕把孩子
> 带到这个世界上来
> 威胁我那
> 未出生未命名的婴孩

霍布斯认为,拥有一个后代是一项自然和不可剥夺的权利,首领不能剥夺我们的这一权利,特别是因为家庭是社会的基础。但是,利维坦的恐怖导致我们在社会层面上是无后代的。在这种恐惧中,我们哪里还有生育的欲望?在一个充满炸弹的世界里,我们如何把生命强加给一个人?如果是为了杀人,为什么要生孩子?这样一来,不配拥有生命的是首领:"你配不上在你血管里 / 流淌的血液"。

最后几段主歌从宗教的角度讨论了战争问题。霍布斯把政治和教会的并置视为他那个时代内部冲突的解决办法。但迪伦拒绝给利维坦生命和天堂:"即使耶稣也永远不会 / 原谅你的所为""永远也赎不回你的灵魂 / 我希望你死去"。最后一段主歌祝那些买卖武器的人尽快死去。战争以最深刻和最恶毒的方式植根于人的本性中,首领要让人们战斗,只需唤醒他们真实的本性、调动他们的本能就可以。如同一大群走向死亡的僵尸……

🎤 他们的坦克和炸弹 / 还有他们的炸弹和枪 / 在你脑袋里在你脑袋里他们在哭
——小红莓乐队(The Cranberries),《僵尸》("Zombie"),专辑《无需争论》(No Need to Argue),1994 年。

第五部分　道德

自由

与斯宾诺莎一起感受自由
——埃尔维斯·普雷斯利,《监狱摇滚》

自由到永久

> 看守们在监狱里组织了一场欢庆 / 狱中人都在,他们开始吼唱 / 他们蹦跳,用膝盖演奏劲爆的爵士 / 你们真该听听这伙狂囚的歌[1]

道德是哲学中对行动的依据和价值进行思考的部分。道德处理的问题是:"我的实际选择应当遵循什么样的依据?"关于行动的思考通常发生在两难的僵局中。两难的僵局就是你必须在 A 或 B 之间进行选择,两个选项通常都一样有道理。但是我只能选择 A 而放弃 B,或者选择 B 而放弃 A。妥协有时候是不可能的。两难僵局的普遍公式是:是 A 则不是 B,是 B 则不是 A。我应该靠什么依据来决定和行动?我能否找到任何情况下都不用再改变的依据,哪怕一成不变会显得太过刻板?在哲学上,自由可以定义为凭借自己具有或能够获得的方法,尽可能地减少限制,从而进行决策和行动的能力。它属于独立自主

---

1 猫王(埃尔维斯·普雷斯利,Elvis Presley),《监狱摇滚》,单曲,1958 年。

和自由意志，是在自由的、无压力的、知情的情况下做决定的能力。自由这个概念是与决定论相对立的，决定论认为我们的行动被我们无法逃避的更高秩序所左右。自由也是不屈服。并且，自由对我们呈现为客观事实和内心状态。例如一个在街上散步的人是自由的，但罪犯不是自由的。然而，一个自由的人可能受困于自己的过失或者某种邪恶的情感，而一个政治犯可能相对于他被指控的罪行而言具有自由的灵魂。因而需要区分事实自由和意志自由。前者关乎行动的身体和道德可能性以及行动的具体实施：我有在海滩上奔跑的自由，只要条件具备，比如附近确实有海滩。当可能的自由变为实际的自由时，就是事实自由。第二种自由是意志的目标，例如我入狱了，所以不可能在海滩上自由奔跑，例如但我可以想象。你觉得想象没有用而且会更令人心酸？也许吧，但这种自由，即意志上自由地想要做某件事，可能会引发好的行动，从而获得减刑，最终可以更快地获得实际的自由。菲利普·凯特林的头发随风飘扬，他唱道："不，让我在海滩上光着身子吃香蕉吧。"自由的人要求自由，难道不是因为他觉得自己被什么东西囚禁了吗？如果让他在海滩上光着身子吃香蕉，他就真的自由吗？自由的身体可能性是自由的充分条件吗？如果是，那么鼻涕虫是自由的，因为它行动自如。但是，如果它不知道自己是自由的，那么它怎么能自由？意识难道不也是自由的一个必要条件吗？菲利普·凯特林知道自己在海滩上歌唱。但是，他知道自己为什么歌唱吗？他知道自己歌唱的深刻原因和终极目的吗？他只是歌唱。他歌唱为了体验自由，为了感到自由。

但是，感觉到的自由，是自由吗？

斯宾诺莎指出了自由的感觉和真正的自由之间的重要差异。他在《致舒勒的信》中区分了三种存在：上帝、石头和人类。上帝是唯一自由的存在，因为"他只因他本性的必然性而存在"。必然性是不能不存在的事物的状态。而且，"我认为的自由不是自由命令，而是自由必然性"。因此，自由不是出于选择，因为选择总是偶然的，即自由不是由我们无法掌控的因素决定，而是根据我们之所是而行动，我们之所是，即我们不是像物一样受到限制，因为物的"存在和行动都以一种被限定的方式受限于另一物"。除了上帝，还有谁能完全不受制于某种决定论？人不论多么有意识和主动，总是全部或部分地受限于某个可能不为人所知的因素。上帝是万物的缔造者而自身并非受造物，即上帝自身并非出自某个外部原因，或者说上帝唯一的原因是他自身的必然性，因而他自由地根据这个必然性来行动。而石头是受造物，因而是被石头之外的某个原因决定的。石头的运动不是由于石头自身的动力——更不是由于它自己的意志——而是由于外部原因，比如被人抛出、地面光滑、重力、上帝。因而，石头的运动对于石头来说是一种限制。石头不是自由的。石头的下落在物理上被称为"自由的"，但这里"自由落体运动"一词中的"自由"指的是惰性，是纯机械的运动，由它自身的重量产生。"对石头来说是如此，对一切特殊的事物来说皆如此，无论该事物如何复杂……无论其能力如何繁多。"人就具有繁多的能力，尤其具有意识。斯宾诺莎做了一个思想实验："现在请设想，那块石头在运动的时候想着并知道自己在努力运动。"在这个假设中，至少要明白：人是一块有意识和意志的石头。如果我坐着并且想站起来，我只要站起来就可以了；我清醒地意识到自己的决定并且我行动自由。斯宾诺莎就是在这一点上将感觉到的自由和真正的自由做了区分：

> 这块石头由于只意识到自己的努力，并且绝不是无动于衷的，所以它相信自己很自由并且相信只要自己愿意，就能持久运动下去。这就是人们自诩拥有的人类自由，这种自由只是因为人们意识到自己的欲望并无视决定这些欲望的原因。

此处的"欲望"指的是爱好、欲求。我们意识到了这些欲望，当我们终于满足了这些欲望时，我们也意识到这种满足。于是我们就觉得这是我们自己实现的，我们像上帝一样，可以根据自己的意志行动。但是这种想法混淆了意志和人的自然属性。依据自然属性行事不是自由，因为我们不是这个属性的原因。同样，当我们意识到自己的行动时，我们可以感觉自己是自由的，但是如果我们不知道决定这一行动的原因，则我们不可能是自由的。我们的意识在要弄我们，把我们沉浸在自以为是人间上帝的幻觉中。

《致舒勒的信》中的观点与斯宾诺莎的重要著作《伦理学》中的观点是一致的：

> 人们生来就昧于事物的原因；人们都有一种欲望要追求对自己有利的东西，并且自己意识到这种欲望。由此可知，第一，人们因为意识到自己有意志和欲望，便自以为是自由的，但同时对于那些引起意志与欲望的原因，却又茫然不知，甚且未曾梦见过。第二，人们尽都循目的而行，亦即以追求有利于自己的东西为目的。[1]
>
> 斯宾诺莎，《伦理学》，I，附录，1677年

距离无意识不远了：我们根据心灵中我们控制不了的深层决定来行动，我们意识到的只是行动的直接目的。我们知道目的，但不知道动力之源。那么，如果我们知道了行动的最终原因，我们就像神一样自由了吗？不是的，因为我们是受造物。但是，我们很可能会幸福。躁动中的菲利普是自由和幸福的吗？身体和疲劳是自由最常见的阻碍，菲利普的躁动最终必然耗尽他的精力。阻碍我飞翔的首先是我的身体。如果菲利普知道自己为什么歌唱，那么他会不会不等疲累便平静下来，停止歌唱？他找到了安宁，"灵魂中再也没有任何不确定"。焦虑促使我们行动，但毫无任何明确目标。这个模糊的目标是我们寻求的对象，是它在推动我们。自由的感觉让我们安心。理智能把我们从焦虑中拯救出来吗？能把我们从在行动中产生的对自由的幻觉中拯救出来吗？很有可能。斯宾诺莎写道："我们在被动的情感支配下采取的所有行动，理智可以支配我们采取，

---

[1] 译文参考斯宾诺莎：《伦理学 知性改进论》，贺麟译，上海人民出版社，2009年。——译注

而不依赖这一情感。"即便是精神分析对此也无能为力……

我们在沙滩上奔跑，使劲把脚踩进沙子里，而沙子就是对我们的限制；我们总是像自由人一样在自己的监狱里忙碌。那么，我们应当怎样看待这样的自己？"猫王"埃尔维斯·普雷斯利的监狱既是我们在其中躁动的这个世界的象征，也是我们躁动症的病灶所在。

> 摇滚
> 大家一起摇滚
> 所有牢房里的所有人
> 跳起监狱摇滚

《监狱摇滚》是一场狱中音乐节，是摇滚、气氛、音乐家的演出带来的身心解脱，所有人一起舞动、摇摆，如歌词所唱："摇滚吧！"歌名把我们带进某种属于摇滚的开端但并非起源、属于摇滚的本质但并非其专有的东西中。歌曲表达的想法有两个方面。一方面，我们虽然是囚徒，但我们从意志的角度而言是自由的，或者至少从感觉的角度而言我们是自由的。我们可以在狱中感到自由，通过摇滚，通过摇滚的歌舞，我们在精神上和在肉体上都能感觉到自由。另一方面，身处镣铐中感觉到的自由是一种短暂的幻觉，因为庆祝活动结束之后每个人都要重新回到囚室的孤独和空落中去。尽管这个例子证明了斯宾诺莎的说法，但摇滚仍然是一种有益身心的消遣、一种发泄、一种必要的娱乐活动。歌曲还包含了一个寓意：一个囚犯想要利用时机，趁群情沸腾、看守警惕性松懈的时候越狱，也即重新找回真正的身体自由，但是被狱友说服留了下来，在这里多开心，自由的感觉多么伟大。

> 鬼头亨利对臭虫说，"老天爷，
> 没人看着，正好可以溜"
> 臭虫转向鬼头说，"不，不，
> 我要在角落里待会儿，扭扭屁股"

如果逃走，他在外面能像在监狱里一样玩得这样高兴吗？监狱中的摇滚是一个既讽刺又滑稽的纯隐喻。"监狱摇滚"这个表述使用了矛盾修辞法，摇滚体现的是自由，而监狱却相反，若按斯宾诺莎的理论来解释，则这个矛盾修辞法本身就包含了一种相对性，因为摇滚的自由是感觉的自由而不是自由本身。

《监狱摇滚》的音乐与歌词形成了真正的配合。主歌与副歌部分形成对照。主歌中有两个挂留音，这两个音与器乐前奏部分的两个音相同。歌曲的每个乐句穿插在两个音之间，由简单的鼓点伴奏。这一原则给人一种悬而未决的启停感，如同前冲之后又回到初始位置，而并非真正的出发。主歌和副歌之间由一个断拍连接，首先是一个短暂的阿卡贝拉，猫王的声音和身体的性感程度都提高了一个层次，接着是贝斯、打击乐的切分音、钢琴发出的几个音符。然后，音乐就无间断地流淌开来，如同迟疑和延宕之后的精神解脱。总之，囚犯们放松了，他们起伏摇摆，朝各个方向扭转着身躯，仿佛努力要从身体中剥离出某种黏腻的物质，努力要摆脱锁链。他们像一群疯子，他们的动作初看起来没有意义，目的仅仅在于发泄过于旺盛的精力，并且是在一群男人之间，没有女性的参与。规律的节奏，吉他和贝斯弹奏出蓝调和摇滚混合而成的神秘和弦。

每段主歌都与其内容相关联：每个句子都是对一个狱中人的介绍，包括他的角色和他的活动。这个处理方法突出了在监狱这个去个人化的地方生活的每个个体。这是看守组织的一场欢庆活动。看守的职责本来是维持狱中的安宁，让他去组织一场闹哄哄的庆典，这个想法已经很出人意料了。气氛一下子变得欢快、热闹、疯狂："狱中人都在，他们开始吼唱/他们蹦跳，用膝盖演奏劲爆的爵士"。鸟儿在笼中陶醉地歌唱，就是对这种自由幻觉的象征："你们真该听听这伙狂囚[1]的歌"。第二段主歌介绍乐队，蜘蛛墨菲演奏萨克斯、小乔吹长号等等。拟声词"crash boom bang"是打击乐模仿出来的自由表达，就像抖动是舞者对自由的表达一样。在第三段主歌中，精神自由了，抑制消除了，47号囚犯似乎对3号囚犯进行了爱的表白："你是我见过的最可爱的犯人"。吉他独奏增加了气氛的狂热程度。第四段主歌着重刻画了一个人物：忧伤的塞克，他没有跳舞，显得很不合群，一副愁眉不展的样子，不理会"大家一起摇滚/所有牢房里的所有人"的命令。有人给了他个舞伴，一把木头椅子。最后一段主歌：臭虫不同意亨利越狱的打算。最

---

1 歌词原文是 jailbirds。这里使用了一个文字游戏，"jailbirds"字面意思是"笼中鸟"，也可以指"囚犯"。

后,歌曲重复着"跳起监狱摇滚",以渐弱的方式结束。

同名电影《监狱摇滚》中的著名桥段展现了猫王最主要的特色,即他的舞蹈。他的首要特质是性感,在这里通过对性行为的模仿体现出来,可以看出这已十分接近"歇斯底里"一词的本义了——"歇斯底里"(hystérie)来源于希腊语 ustera,意思是子宫。让-马丁·沙可(Jean-Martin Charcot)教授的研究问世之前,歇斯底里症被视作女性对性关系的病态模仿。"骨盆埃尔维斯"[1]揭穿了这个错误的解释。他那众所周知的、被大家委婉地称为"扭胯"的动作,既有骨盆的前倾,也有侧向或旋转运动,在扭胯的同时,腿部做出剧烈的反向摆动,使整个身体直到四肢末端都波动起来。这是通过舞蹈动作进行的对性的影射,而对性行为的模仿是对性行为缺失的补偿,以缓解剥夺所带来的痛苦。《监狱摇滚》不是囚犯的反抗,而是严苛的管理部门允许囚犯在受到管控的方式下释放自己过剩的精力,以防不可控的事件发生。这个方法十分奏效,臭虫和亨利没有越狱,影片结束时,他们各自乖乖地回到了囚室中。

自由是一个事实、一种状态还是一种能力?都不是。自由是一种本能。看看两只刚被关进笼中的动物,它们一心一意地想要逃脱。最不幸的是这种本能的缺失,是对囚禁和奴役的屈服,是对一切反抗的放弃。幸福是对理性和智慧的寻求,而自由是一种冲动。幸福是一个目标,而自由是一股推力(埃尔维

---

[1] 骨盆埃尔维斯(Elvis the Pelvis)这个称号既突出了猫王舞蹈的特色,即胯部灵活扭动,也利用了 Elvis 和 pelvis 两个词在拼写和发音上的近似,起到文字游戏效果。——译注

斯的骨盆扭动的推力），而且可能是我们行动背后深刻的、最初的原因，我们甚至都没有意识到的原因。我们不能不向往自由……

🎤 迪亚哥 / 他的精神是自由的
——米歇尔·贝尔热（Michel Berger），《精神自由的迪亚哥》（"Diego libre dans satête"），专辑《流氓》（*Voyou*），1982

巴什拉与想象的自由

——帕蒂·史密斯,《大地:马/千舞之地/大海(的)》

自由,一句诗的时间

> 那里有一片海洋/那里有一片海洋/那里有一片海洋/那片海洋就是可能性/没有土地,只有那片土地/(那里有一片可能性的海洋)[1]

自由是做一切我们想做的事吗?不是,社会法规、自然法则、物理规律阻止了我们。我没有自由去偷别人的财产,也没有自由在空中飞翔。如果我这样做,后果将不堪设想……自由是我的欲求和他人欲求之间的妥协,一方面是道德和法律明确规定的界限,另一方面是我的理智、身体和意志的可能性。换言之,自由只能是相对的。然而,难道没有一个世界,在那里一切都是被允许的,在那里,自由是没有限制,甚至是绝对的,而不是像希区柯克的《夺魂索》(*Rope*)或巴贝特·施罗德(Barbet Schroeder)的《数字谋杀案》(*Murder by Numbers*)那样构成一种无缘由的犯罪?两部电影有着相似的主题:两个学生想无缘无故地犯下一桩罪行,以证明他们有能力做到完全自

---

[1] 帕蒂·史密斯(Patti Smith),《大地》("Land"),专辑《马》(*Horses*),1975年。

由，不受任何原因的驱使，也不感到内疚。当如此多的生理、道德和法律障碍矗立在我们面前时，让我们试着潜入自己的内心，自己的思想，自己的想象，自己的幻想。毕竟，在精神世界里，一切都是允许的，可以遇见我们在现实生活中永远不会遇见的人，与柏拉图对话，让唐老鸭和玛丽·安托瓦内特[1]相拥，想象所有人都生活在和平与繁荣中。任何想法都是可能的，而且只要它停留在思想层面，它就不会受到责罚……但是，思想有这么自由吗？当我认为我可以想象我想想象的事物时，我难道不是被精神世界中的规律所引导吗？而且，我是在不知不觉中被引导的。我所谓的自由思想难道不是心理决定机制（也即无意识）的结果吗？如果不是这样的话，我的想象力会被我从外部世界感知到的一切束缚吗？也许我的个人意识是集体意识的产物，也许浪漫主义诗人的梦想取决于他面前的海景或山景，即先于我们而存在的物质现实。

所以，我们可以自由地想象一切吗？

精神分析认为，大多数形式的梦想、幻想或睡眠中的梦都是权宜之计，是对我们在现实中无法获得事物的补偿，也就是说，经过了欲望棱镜的折射变形。符号是人类精神的创造物，但即便是符号也非自由联想的产物。例如，梦中的飞行代表勃起、水代表子宫，这是普遍的现象。另一些思想较为朴实的人则把想象力简化为一种形成精神图像的能力，仅仅是感官感知的冗余。换言之，我所想象的不会是自由的，因为它是从现实

---

1 玛丽·安托瓦内特（Marie Antoinette）是法国国王路易十六的王后。——译注

中借来的。然而，加斯东·巴什拉（Gaston Bachelard）的阐释学介于世界的物质组织和精神想象的自由之间，他认为前者决定着我们，后者不具有繁殖力，但具有创造力，它们借助对物质（火、气、土、水）的感知而能够产生发明的冲动，通过梦想、诗或当下的直觉而创造一个新世界。创造性想象力的自由是存在的重量和可能存在的失重之间的间隙。

> 让言语变得不可预测，难道不是在学习自由吗？诗歌想象在藐视规范和禁忌中发现了什么魅力？过去，诗艺是规范的制定者[1]。但当代诗歌把自由放在了语言的本体上，诗歌是作为一种自由现象出现的。
>
> 巴什拉，《空间的诗学》，"导言"[2]

诗歌意象是一种意想不到的心理爆发，它在心理上创造了一座新的浮雕。是它在塑造我们。当然，语言是预先确定的（单词已经存在），并且语言的使用预先由语法和句法规则编码。但是，真正诗意地使用语言和写作，会产生一种自由的新事物，即"言说者的创造力""在自己的领域建立起来的创造性想象力"。自由就是"经历没有经历过的"。因此，不要让艺术家按照他生活的样子进行创作，而要让艺术家按照他的创造

---

[1] 西方古代的诗学论著，比如亚里士多德的《诗学》、贺拉斯的《诗艺》、布瓦洛的《诗艺》等都是教人如何进行文艺创作的，即作者在这里的意思，是为文艺创作制定规范的作品。——译注

[2] 加斯东·巴什拉，《空间的诗学》（*La Poétique de l'espace*），法国大学出版社，2004年（1957年第一版）。

来生活，他的创造能够把他从决定论中解脱出来。想象力把我们从过去和现实中解放出来，并且不因此使我们依赖于对未来的渴望，它为我们打开了未来，那是一扇通往各种可能性的大门，所有这些可能性都构成了同一个"不真实的函数"。

当下在创造性想象力中起着至关重要的作用，巴什拉在《瞬间的直觉》中借用马拉美的诗句强调了这一作用："贞洁、活力和那美丽的今天。"认为今天在重复，或者认为今天在更新，这是非常不同的两种看法。诗意地说，今天是新的。它是新的，所以它是白色的。它是白色的，所以需要着色。每天自由着色是我们活力的标志。它很美，因为它是第一次投掷的射程。任何事物自身都不美，任何事物自身都没有意义。所有的感官首先都是感觉的。为了让宇宙美丽和有意义，必须要有人。我们不能自由地接受我们面前的可能性，但我们可以自由地打破常规，让它给我们带来一系列可能性。让我们离开原因、离开现实的海岸，看看会发生什么。自由是思想的解放，是思想走向不可预知的事物。

> 那么，让我们试着把我们的思想从肉体的束缚和物质的囚牢中解放出来。随着我们的思想被解放出来，我们看到它会发生很多变化，它的梦想碎裂成无数个片段，悬挂在无数的峰顶。
>
> 巴什拉，《瞬间的直觉》，第一章 [1]

---

[1] 加斯东·巴什拉，《瞬间的直觉》(*L'Intuition de l'instant*)，法国大学出版社，1994年（1932年第一版）。

从某种意义上说，我们必须依靠偶然和运气："偶然会强迫我们，但与绝对必然性无关。"我们依赖于世界，而不是像笛卡尔假设的那样可以没有天空、没有大地、没有身体，只有一个思维着的我。有一个世界，我有一个身体，我是一个精神。这是我不能改变的。我也不能改变有运动这个事实。但这一运动带来了可能和偶然。在这一系列的决定中，我的自由在于我思考存在的能力，在于我想象存在的能力，在于我通过创造精神来延长人的生命的能力，在于我感知的能力。"是思想引导着存在。"[1]

巴什拉的著作是对鲁普内尔（Gaston Roupnel）的著作《西罗》（*Siloë*）的赞扬，同时也是对柏格森"绵延"概念的批评。柏格森认为，时间应被理解为一个持续不断的绵延，在时间里，过去、现在和未来形成了一个被意识感知到的统一体[2]。瞬间只是一个人工的、数学的时间计量单位，一个重复的点，等同于它自身。但是，每天太阳都以同样的方式升起，这使日常的时刻成为一种不幸的例行公事，这让我们同意巴什拉的看法："我们的动脉和我们的习惯同岁。"事实上，巴什拉认为，还有另一种习惯，每天早上起床的另一种方式，"开始自主进行自我重复的意愿"，这意味着与过去的决裂。直觉作为对连续性的直接捕捉，令我们窒息。我们决定让当下的直觉自由发挥作用，当下的直觉能使我们自由，因为它是不连续的，在这

---

[1] 加斯东·巴什拉，《瞬间的直觉》，第二章。
[2] 柏格森，《论意识的直接材料》（*Essai sur les données immédiates de la conscience*），1889年。

种不连续性中，当下的直觉可以打破日子与日子相似的苍白，它能每天早上都用新的天真、第一次的直觉和初稿的力量唤醒我们，使我们沉浸在对新事物的陶醉中，使现在成为对未来的承诺。自由是一个瞬间，它打破了进步的直线，把我们带回到萌芽状态，只待喷薄而出。今天的诗人明白，"在一个绝对的开始中有哪些自由是确定的"。因此，自由意味着更偏向于出生的不连续性，而不是生命的连续性，认为人不是事物发展或宇宙先定和谐的被动象征，而是这一切的作者、作曲者和阐释者。人很强大。这种强大的力量是"回到可能的自由，回到由存在的孤独所产生的多重共振"。

《诗意瞬间和形而上学瞬间》一文总结了巴什拉对"诗意瞬间"和"生命的瞬间"的讨论，指出"诗是瞬间的形而上学"。对巴什拉来说，诗意瞬间是时间的垂直爆发，而不是线性和扁平的流动。他主张打破三个框架：社会框架即他人的框架，现象框架即事物的框架，以及生命框架。例如，当你不知道现在几点，或者当你不看钟表，而是像波德莱尔一样，在猫的眼睛里看时间；当一个人不再按照现实时间来做事，不再等夜幕降临才睡觉、太阳升起才起床；当我们的心跳越来越快，越来越开心，而自己却没有意识到……在这些瞬间，自由就开始了。

2008年，帕蒂·史密斯在卡地亚基金会举办了名为"地205"（*Land 205*）的展览，展示了宝丽来相机拍摄的照片，这些照片都是旅行期间的影像记录。在这次展览上，帕蒂·史密斯说："摄影过程的直接性给了我一种解放的感觉。"[1] 照相机的底片是在拍摄之后瞬间、即时形成的，这对解释什么是诗意瞬间的内在自由，是一个很好的例子。

在帕蒂·史密斯的作品中，尤其是在实验朋克摇滚《大地：马/千舞之地/大海（的）》中，诗意瞬间是自由的，因为它不再指日常时间。这首歌在形式上和意义上都体现了具有创造性和启发性的想象力的理念。帕蒂·史密斯和巴什拉之间的关联之一，是他们对某些诗人的喜爱，比如兰波（Arthur Rimbaud）和威廉·布莱克（William Blake）。

在《马》这首歌的开头，帕蒂·史密斯以朗诵诗歌的语气说："男孩在大厅里喝着茶"。除了她的朗诵声之外，周围很安静。然后，她接着说："从大厅的另一端传来一种节奏"。这时，伴随着她的朗诵声，响起几声电吉他，就像准备开始演奏一样，帕蒂·史密斯的歌唱声变成了双重的，另一个声音时而构成她的回声，时而赶在她的歌声之前。吉他规律地演奏出同一个音符，为一种痴迷、一种重复的焦虑伴奏，这痴迷和焦虑是由一个男孩引起的，他像变色龙一样完美地在大厅和大厅的摆设中隐藏了自己：

>另一个男孩在大厅里滑倒了
>他完美地融进了大厅，
>他完美地融进，大厅里的镜子

---

[1] 2008年3月 Arte 电视台的节目《文化瞬间》（*Échappées culturelles*）。

第二段：朗诵的声音逐渐变成独白式的表达。现在我们知道，喝茶的人是约翰尼，另一个人想攻击他。"男孩看着约翰尼／约翰尼想跑，但电影按计划进行"。约翰尼认出那人是自己的一个对头，自己想躲避他，但没有成功。暴力场景略过。那家伙把约翰尼强摁在柜子上，说了一句话就消失了，然后约翰尼把头往另一个柜子上撞，发出歇斯底里的笑声。在这一部分中，人声和吉他演奏的强度和音量都在增强，让人想起大门乐队的作品《结局》中梦幻般的狂欢和其中的几个连复段。《结局》也是一个纯粹线性结构的作品，也就是说没有副歌部分。帕蒂·史密斯的歌唱声是重叠的，这是一个声音对自己的侵犯，制造出声音的混乱，声音的混乱加入到故事的混乱中，形成了难以控制的重复，类似于一个人在不正常状态下经历的意外事件。歌唱和乐器的节奏是有规律的，每一声的节奏都很准，就像马在小跑时蹄子有规律地敲击地面，或者就像即将全速前进的蒸汽火车上齿轮规律地咬合。

第三段：正是在这个节奏的基础上，在最后一个"何时"被说出之后，一段自由的旋律开始了。诗意的幻想还在继续。约翰尼感到被马包围了。马本身的形象取代了节奏飞驰的声音：

> 马马马马……
> 他看见了马马马马
> 马马

在诗歌中，总是同样的重复为语言自由铺平了道路：马很多，来自四面八方。马是一种痴迷的象征，它是自由和狂野本能的形象，是奔向空中或水中的动物，是一种超越，因为"想象就是现实的升调"[1]。这个调可以是色调，也可以是音调，或者是灵魂和世界的整体氛围。这首歌继续突出每一个语言原子，就像锤子钉钉子："白色/闪亮/银色/双头螺栓/用鼻子/在/火焰中"。鼓声在上一段已经加入进来，只是不太惹人注意。不再参照现实的时间，正如巴什拉所写的那样：不再"知道心是否跳动，快乐是否生长"。心在跳动，快乐在生长。踩镲的节奏响起，为即将到来的冲力做好了准备。

第四段：合奏开始了。全套的鼓、贝斯、钢琴，右侧吉他弹出的立体声的切分音和弦，左边吉他弹出的跳跃和弦，不间断的人声。我们在比赛中，在运动中，在一段如同摇摆舞的长独白中，这个独白的中心主题是动态图像的创作自由，因此，内容不可避免是有关空气的醇香和向婴儿期的退化。一场存在主义牛仔竞技表演在后背和膝盖上进行，我们享受着这场运动："你那么喜欢它/那么喜欢它那么喜欢它那么喜欢它"。这个想法被如下画面呈现出来：我们被摇晃，扭曲着身体趴在不同生物的背上，有小马、短吻鳄、瓦图西（watusi，这个词既指一种非洲的动物也指一种舞蹈，属于摇摆舞的一种）。我们被要求模仿这些动物，就像孩子对父亲喊道"骑马！"并跃上他的背，或者像甘斯布的旋律"驾驾驾/在你背上骑马"。

---

1 加斯东·巴什拉，《空气与梦》(*L'air et les songes*)。

第五段：梦想变得更平静、不再喧闹、更多几分思考。压抑的吉他声，低调的贝斯声，回到了独白。一个教训："生命充满了洞"。黑洞，存在的椭圆，健忘症，陷阱？死亡？我们发现约翰尼躺在一个装满精子的棺材里。在死亡中的生。他活在死亡中。坟墓是一个子宫。天使激励他活着，而不仅仅是生存。

第六段：矛盾的答案很快就出来了，人声又响起，音量恢复，约翰尼站起来，脱下夹克，开始说话。乐器在这一刻发生了变化："这就是答案"……自由梦想的峰巅。像马格里特（René François Ghislain Magritte）画作中一样将事物自由连接："笔、刀和镰刀式跳水""我用雪填满鼻子"等。超现实主义。这种自由是痛苦的："然后他喊，然后他尖声叫喊说／生活充满痛苦"。兰波拯救了约翰尼，诗歌是一种拯救，是超越痛苦的桥梁，一个新的空间："去吧兰波／去吧兰波／去吧兰波／去吧约翰尼去吧"。兰波（Rimbaud）这个词按照英语发音几乎很像rainbow（彩虹），彩虹是诗意的象征。

第七段：像环性人格障碍发作或者波动起伏的水面。平静、风暴、平静、风暴……再次恢复平静，清澈的钢琴声突出了这份平静，其中夹杂着吉他的几个闷音，展现出一种持久存在的被压抑的焦虑、持久存在的危险。帕蒂谈到一个形而上学的空间，超越了人类的轨迹。蓝蓝的天。风暴：重复——"你就喜欢那样／你就喜欢那样"，声音很快兴奋起来，变得孩子气，吐字不太清晰。平静："宝贝冷静下来最好冷静下来"。独白。夜里，在森林深处，我把手指伸进一匹金色母马的鬃毛里，这是一个神奇的举动，它向我揭示出通往可能之地的阶梯。

第八段：双声再次出现，这是与自己的对话。双重自我。这是一段混合唱段，一个声音唱，另一个声音说。

> 我径直走过去，看到那里有一片海洋
> 那里有一片海洋
> 那里有一片海洋
> 那片海洋就是可能性
> 没有土地，只有那片土地
> （那里有一片可能性的海洋）
> 那里没有海，只有那片海
> （那里有一堵可能性的墙）
> 那里没有看守只有钥匙
> （那里有好几堵可能性的墙）
> 除了抓住了可能性的人，抓住了可能性的人
> （那里）
> 我明白了第一个可能性就是我周围的大海

大海是可能性。唯一的可能性。可能性是可能存在的现实，也仍旧在现实性上享有自由。即使面对真实的大海，即使我在梦见大海之后，赤脚走在沙滩上面对真实的大海那一刻，我仍然像在做梦。它仍然是我想象中的一种可能性，它仍然是自由的。大海是一把无人看管的钥匙。欲望的话语通过声音来

表达，一个声音描述想象的地方——"在屏幕上""在人的心里""勺子里""静脉里"，另一个声音描述在这些地方发生的事。大海的可能性是它的欲望："我感觉到欲望之箭"。大海用它的爱抚把我包围。入侵。进入。塞满，吐出来。它的浪是种马，它的浪是刀锋。厄罗斯[1]和塔纳托斯[2]。"它"在我手中开始变硬，我的手伸进约翰尼的脑袋里搅拌他的灰质。关于"哦，我们有这么聪明的爱"，声音变得遥远、沉浊，突然没有了混响效果，就像被困在大脑里一样。然后，疯狂逐渐恢复："去吧约翰尼去吧"。

第九段：从大脑中出来，混响再次出现，瓦图西的愤怒。勉强的、嘶哑的独白：对拥抱的隐喻，我的手指在你的头发和神经中，"一"，原始阴阳人的再生，"我"（两次）不再存在，我死于与世界的融合。

（我感觉到它了我感觉到它了我感觉到它了我感觉到它了……）
头发就像电线穿过我的身体
我我就这样
就这样
死了

声音断断续续，好像带着抽泣。我的血、大海、沙子、我

---

[1] 厄罗斯（Eros），古希腊神话中的爱神。——译注
[2] 塔纳托斯（Thanatos），古希腊神话中的死神。——译注

的动脉、我的手指、你的眼睛、他张开的喉咙、他的脑垂体、我的心脏、他绷紧的声带都是一体的。一切都融合在一起,音乐的和谐逐渐消失。

第十段:仍然是贝斯声,以及吉他弹出的闷音,然后只听到鼓的节奏。回到一个人工建造的地方,一条漆黑的走廊,约翰尼在那里感觉到自己的蜕变,同时看到外面有一座浮雕,然后在树叶之间有一个男人和着摇滚乐跳舞。歌声消失。心跳声减慢、停止。最后两次心跳。空无。

9分25秒,做梦的时间?

在这种活跃的诗意意象中,我们感到自由。然而,斯宾诺莎不是说自由的感觉不是自由,而只是自由的幻觉吗?那么,我们认为的自由(比如上帝的自由)对我们来说又是什么呢?自由不是我们意识的状态吗?自由不是与我们的意识一致吗?不用任何感情、感觉或想法来表达的自由本身存在吗?如果有这样的自由,我们这些对自由深切渴望的人,难道不是注定要远远地看着它,不幸地体味着自由不属于我们这个事实吗?因此,如果说感到自由就是自由,精神能够产生一种诗意意象来激发这种感觉,那是因为我们有自由的精神。无限自由……

🎤 设想所有人都生活在和平中
——约翰·列侬,《想象》("Imagine"),专辑《想象》(*Imagine*),1971

责任

托马斯·阿奎纳：服从的责任与犯禁
——BB布鲁内斯乐队，《尼科少年之恋》

如果用力过猛……

> 🎤 囚犯，手腕上戴着手铐/很疼，美丽梦想和荣耀/但我不是看到/装甲车，他们的旋转木马来了吗？[1]

传统上，人们认为自由和责任是对立的。责任被定义为道德义务。道德义务往往伴随着对法律法规的遵守：在某一特定日期向老师提交哲学论文既是道德指令，是我必须做的，也是规定，是进入中学学习、接受了中学内部规章制度的人必须做的，该规定要求学生必须按时完成老师指定的作业。法规又是以一般法律为基础的。首要的行为规范难道不是遵守法律吗？当然，并非所有合法的东西都是道德的，比如，种族隔离就是一项法律。但是，一般来说，一项法律是建立在道德基础上的。例如，在公共场所赤身裸体行走就是犯了猥亵罪，因此必须穿上最必要的衣服，将这一行为规定为犯罪，就是把对赤身裸体的道德谴责正式化、官方化了。

---

1 BB布鲁内斯乐队（BB Brunes），《尼科少年之恋》（"Nico Teen Love"），专辑《尼科少年之恋》（*Nico Teen Love*），2010年。

任何义务都等于是禁令，因为必须做某事就等于禁止自己做相反的事情。不允许欺骗别人就是迫使自己对他忠诚。尊重他人就意味着不羞辱他。红灯时要停车意味着你没有通过的权利。应向处于危险中的人提供援助，这就使得袖手旁观或趁机牟利成为非法的。然而，一项法规的颁布，无论是道德的、民事的还是宗教的法规，一般来说都应该足以使人们服从它，而不必总是具体说明禁止做什么。但是，我们对于什么是被禁止的总是理解得更清楚，而对于什么是必须做的则理解得没有那么清楚。这一事实促使人们明确禁令，并明确规定对违反禁令的处罚。

那么，不服从是最严重的错误吗？

托马斯·阿奎纳在他的《神学大全》中提出了这样一个问题："不服从是最严重的罪吗？"[1] 这是我们刚才提出的问题的宗教版本。

为什么不服从？一方面，当法律不公正时，为了公正，所以不服从。另一方面，由于义务和对道德法则的服从有时与快乐和自由的感觉不相容，选择后者则可能会引发不服从。但它也必然导致人们不仅接受将因此受到惩罚的风险并承认惩罚的必要性，而且还导致这样一种观念的产生，即惩罚带来的不利将小于享乐带来的收获。所以你必须聪明，这样你就不会被抓。享受需要一些特殊的理智能力。服从可能更容易……小偷，无论是迫于需要（比如冉·阿让因为饥饿偷苹果[2]），还是因为顽皮［如《十一罗汉》(*Ocean's Eleven*)、《十二罗汉》

---

1 托马斯·阿奎纳，《神学大全》，第二集第二部第 105 题，"论服从"，1274 年。
2 维克多·雨果《悲惨世界》(1862 年) 中的情节。

（*Ocean's Twelve*）和《十三罗汉》（*Ocean's Thirteen*）中的无赖]，总是能得到公众的同情。而宪兵和警察却被视为坏人。电影嘛，就是如此。事实上，根据托马斯·阿奎纳的说法，不服从是一种致命的罪恶。就像艾迪·米切尔唱的那样："做了晚祷，才能布基伍基[1]！"因此，如果"现在爱变成了致命的罪"，那么，为了对灵魂有益，我们必须遵守神的法律和神的意志，以及遵守托马斯·阿奎纳所说的"上级"的意志，"上级"包括牧师、父亲和长官，他们是精神权力、家庭权力、所谓的"世俗"政治权力的代表。托马斯·阿奎纳引用保罗的话："精神是神法的奴仆，肉体是律法的奴仆。"即使是一个服从神圣戒律的人，也必须同时服从人类权威的命令，比如说，"你今晚不许出去""我禁止你吸烟"或"我不想让你和这个男孩约会"。即使是信奉上帝的人，也需要借助仁慈的眼睛和保护者的声音来帮助自己抵抗身体的诱惑。

因此，托马斯·阿奎那认为服从世俗权力与服从上帝是一致的：

> 因此，这种信仰并没有废除以正义为基础的秩序，而是加强了它，即：让下级服从上级；否则将是人类社会的毁灭。因此，基督教信仰并不免除对世俗权力的服从。
>
> 托马斯·阿奎纳，《神学大全》，
> 第二集第二部第104题，"论服从"

---

[1] 布基伍基（Boogie Woogie）是20世纪20年代蓝调摇滚的一个重要的支流。——译注

托马斯·阿奎纳继续引用保罗的话："提醒信徒有责任服从当局。"彼得也这样说："所以你们要为主的缘故服从一切人类的制度，无论是对君主，还是对君主委派的长官，都要服从。"因为所有合理的和更高的意志都是根据这项法律确定的，所以服从这样的人是合乎逻辑的。托马斯·阿奎纳认为，《德训篇》[1]中的话，"上主在起初就造了人，并赋给他自决的能力"，决不是否定保罗的话："服从长官（引路人）的话，服从他们。"

> 因此，正如上帝在自然界中建立的秩序那样，低等的人必须接受给予他们的冲动，同样，根据自然和神圣的法则，服从上级是人类的责任。
>
> 托马斯·阿奎纳，《神学大全》，
> 第二集第二部第104题，"论服从"

但服从不是羞辱。相反，它培养了人的灵魂。托马斯·阿奎纳引用格列高利的话："我们谦卑地服从上级的声音，就是在内心深处超越自己。"

从基督教道德的角度来看，服从道德法则、服从代表道德法则的上级是一种强制性的义务，这种服从源自"诫"的概念，既是《旧约》的"十诫"，也是《新约》中的主要规定"你要尽心、尽性、尽意、尽力爱主你的上帝"，源自七宗罪的禁忌。这些义务是上帝规定的。神的旨意是最基本的、首要的

---

[1] 《德训篇》(*Sirach*)，古时犹太人称为《息辣书》或《息辣箴言》，我国根据该书的内容译为《德训篇》。——译注

法则。履行义务是最大的美德。托马斯·阿奎纳引用《出埃及记》中的话："主所说的一切话，我们都要遵行。"

不顺服是一种罪："人不爱上帝，而爱上帝的受造物，就是罪。"我们必须服从上帝，不是通过牺牲，而是通过意志，因为牺牲是放弃受造物和物质财富，这种放弃的感觉令我们痛苦，表明了我们对受造物和物质财富的看重。事实上，神学美德（即托马斯·阿奎纳意义上的美德，我们因之而服从上帝）比道德美德（即那些让我们鄙视受造物和物质财富的美德，我们因之而避开受造物和物质财富，全身心地爱造物主）更重要。因为上帝是上帝而服从上帝，或者因为权威是权威而服从权威，这就是真诚服从，强迫自己服从或因为要远离罪恶而服从都是强迫服从。真诚服从比强迫服从要好。相反，罪是一种双重的错误，因为1）它是对法律的不服从，2）它使我们陷入邪恶。例如："人不爱上帝，而爱上帝的受造物，就是罪。"在这里，受造物的概念指的是所有被创造出来的东西，因此不是上帝，上帝是造物主。托马斯·阿奎纳认为，你必须鄙视财富，"财富"指的是物质和享乐意义上的财富，即感官愉悦的来源。

> 可鄙视的财富有三种类型：身外财富，身体财富，灵魂财富。

示例。"身外财富"：香烟。"身体财富"：性快感。"灵魂财富"：对自由的渴望。每一种对受造物的喜爱都是大错或罪恶。烟草被引入欧洲后，教皇乌尔班八世在1642年的一次谕旨中禁止烟草消费，涉事者一经发现将被逐出教会。在性快感方面，单纯地追求性享乐即构成一种致命的罪恶，即好色与淫秽。最后，灵魂的罪恶之一是傲慢，傲慢是一切邪恶之父，是一切邪恶之源，傲慢是对自己过分尊崇、对他人蔑视，甚至想超越上帝。这就是撒旦的罪恶，他想要与上帝并驾齐驱，并挑起了最初的战争。因无知或软弱而犯下的轻微罪行，是可以原谅的。但这是在完全知情的情况下犯下的致命之罪，应当受到上帝的惩处，或者至少要被代表上帝力量的机构惩处。在世俗文化中，不法行为是由立法者界定的，由法官定性，并由执法人员惩办。从某种意义上说，基督教的罪就像世俗社会的违法犯罪行为一样。

BB布鲁内斯乐队的《尼科少年之恋》是对古罗马诗人贺拉斯（Horatius）"把握现在"（carpe diem）这一思想的演绎，这一思想导致违反禁令、违反道德规范和法律，从宗教意义上来说，就是导致罪恶。在这首歌中，透过香烟、肉体之爱和不受限制的自由这三种诱惑，我们可以看到托马斯·阿奎纳所说的三种应受鄙视的财富，即物质财富、身体财富和灵魂财富。乐队主唱阿德里安·加洛（Adrien Gallo）谈到这首歌和该专辑时，解释道：

> 爱会产生一种依赖，就像尼古丁对身体的作用一样。人离不开它。这张专辑探讨了这种"主情感"和它可引发的所有"副情感"，比如仇恨、嫉妒、依赖、性欲。这张专辑展示了爱可以多么美好和有益，以及它可以多么有害和有毁灭性。

因此，烟瘾象征着由爱产生的依赖，就像那个常用表述所说的那样"对爱情上瘾"（addict to love）。吸烟致死，爱也一样。歌词这样写道："我吸烟最后我相信我像这支黑色的香烟一样伤害了你美人"。警察是我们应当服从的权力机关的象征，也是惩罚性镇压的代表，它标志着冒险和不服从的结束，是对你应当担负的责任的提醒。最后，终极的惩罚是死亡本身。致命的！是的，尤其当你犯下了致命罪恶的时候。

歌词语气既狡黠又凄惨。是狡猾孩子们的恶作剧，他们做了蠢事，却没有被抓住。同样，这群孩子其实也没有那么狡猾，这是他们的悲剧，他们的愚蠢变成了犯罪，他们被抓了，他们的存在变成了噩梦。被禁止的东西总是很诱人，这一点众所周知。说"不要吸烟"的效果恰恰相反；禁止就是激起人们对犯禁的渴望，把我们无权得到的那个东西变得神秘和诱人。性和任何自由的诱惑也是如此。拉伯雷说："为你所欲为。"[1] 是的，但是做我们想做的、我们喜欢做的，享受当下，难道没有限制吗？这些限制不是公民社会或生活施加给我们的限制吗？或者，简单地说，是责任施加给我们的限制？

享受还是服从，你必须做出选择。BB 布鲁内斯乐队〔值得注意的是他们有一首作品的歌名是《BB 相吻》（*BB baise*）〕做出了选择，带着一种悲惨的清醒，给欢愉打上了忧愁的印迹，他们知道，即使诱惑的满足总是大于对履行职责的满足，即使犯罪所获总是大于要承担的风险，总有一天也要为欢愉付

---

1 拉伯雷，《巨人传》，第 57 章，1534 年。

出代价。被托马斯·阿奎纳谴责的不服从的喜悦是什么？不服从的喜悦本身，就是当面说是背后说非、冒犯权威，或者暂时忘记权威及其影响时，从行为中获得的快乐吗？为了不服从而不服从是很滑稽的事，这样做不是因为这件事令人惬意（第一次抽烟感觉不可能很好……），而是因为这是被禁止的。同样，愚蠢地生活是多么令人愉快的事，无论是当人们（为了享乐而享乐）忘了这种行为是被允许的，还是当享受行为本身构成了一种应受谴责的错误。感觉真好……再来一次，偷偷地："我发誓，我们抽一支烟，然后就离开车站"。尼科（Nico）是个少年（teen），喜欢（love）尼古丁。但grillés（烘烤、抽烟）这个词适用于香烟，也适用于吸烟者："烧死警察！他们一现身就会检查证件，哦，妈的"。被看到，被抓走。被发现的罪行。虽然感到不快，但我们必须知道如何自嘲：我们所经历的快乐不会因此而消失。经历过的就是经历过的，作为美好的回忆留在我们心中。当然，吸烟会导致严重成瘾、堵塞动脉、诱发癌症，因此会导致缓慢而痛苦的死亡，更不用说它那些不那么严重的后果，比如导致阳痿和牙齿发黄。

> 但是干净的肺还是黑色的肺
> 有什么要紧既然明天就是结束
> 夏天的结束

接下来表达的还是享受之美好，和对死亡的不在意：

我到处跑玩得很开心
想想那个老龙沙[1]
我们的牙齿变黑了……

我打了个嗝我很开心
我在想伊卡洛斯[2]那个笨蛋
还有我们燃烧的翅膀

吐烟圈是一种漫不经心式的挑衅，一种无用的技术，但在某种程度上是自由的，这种态度可能会激怒权威，尤其是激怒那些不会这么做的人。托马斯·阿奎纳批评这样的开心取乐，认为是虚张声势、傲慢、狂妄和讽刺最极端的表现[3]。若在托马斯·阿奎纳看来，龙沙的情事就是过失。龙沙给海伦、给卡桑德写了很多情诗：

遗憾你竟骄傲地蔑视我的爱。
谁能说出明天会是何种光景？
生活吧，趁今朝赶紧采下那世俗的玫瑰。

龙沙，《致海伦的十四行诗》，1578 年

……赶紧采摘你的青春吧：

---

1 龙沙（Pierre de Ronsard，1524—1585）是法国文艺复兴时期的诗人。他的诗反对禁欲主义，体现了对现实生活的热爱。——译注
2 伊卡洛斯（Icarus）是希腊神话中的人物。他与父亲使用蜡和羽毛造的翅膀逃离克里特岛，但因飞得太高，双翼上的蜡遭太阳融化，落水丧生。——译注
3 托马斯·阿奎纳，《神学大全》，第二集第二部第 112 题"论服从"，1274 年。

因为衰老将毁损你的美貌

就像毁损这花朵。

龙沙,《献给卡桑德的颂歌》,1552 年

你就像一朵玫瑰,在你枯萎而遭人嫌弃之前让人将你采摘。让我们在想吃苹果的时候吃苹果吧。抓住这个瞬间,抓住这个机会,它可能不会再来。尼科对邦妮(Bonnie)、贺拉斯对鲁科诺(Leuconoé)说着同样的话:"当我们说话的时候,嫉妒的时间飞逝。让我们享受今天,不要过多地想明天。"享受吧,不要考虑未来,不要担心你行为的后果,不要担心责任、道德或死亡。尽情地享乐。我们不知道未来将给我们带来什么。或者更确切地说,我们知道得太清楚了:它将给我们带来死亡。所以,尽管享受当下可能会加速死亡的到来,但是,人生宁要浓烈而大胆,而不要漫长而乏味。这至少是阿喀琉斯的选择。我们不愿想象阿喀琉斯老去以后的样子。毕竟,享受难道不是维持生命吗?吝啬鬼比一掷千金的大赌棍活得长吗?所以 BB 布鲁内斯打了个"hic"。"hic"?打嗝?是犯错的征兆吗?表示有问题、有困难吗?Hic et nunc(此时此刻),是我们享受的当下。最终,如果说伊卡洛斯是个"笨蛋",是因为他的做法太不明智,他居然把蜡制的翅膀那么近地贴着太阳,他陶醉在飞翔的享受中,就这样落入了自设的陷阱。那么,死亡,难道不是逃脱罗网吗?死亡难道不是逃脱了折磨和刽子手吗?除非我们必须忍受地狱的折磨……

不服从的后果:"囚犯,腕上戴手铐 / 很疼"。梦想变成了

一种逃避的方式——"美丽、梦想和荣耀"。但遗憾更强烈："但我不是看见 / 装甲车和旋转木马来了吗"。第二段副歌提供了另一条出路："我很快就会厌倦我们会永远逃离 / 他们再也不找不到我们"。逃往哪里？逃去一个没人找得到我们的地方：死亡。在尤瑟纳尔的短篇小说《王福是如何得救的》("Comment Wang-Fô fut sauvé")[1] 中，画家王福从皇帝和士兵手中逃到他画的河边。而在歌中，邦妮·帕克（Bonnie Parker）和克莱德·巴罗（Clyde Barrow）从警察手里和监狱里拼死逃脱。邦妮和巴罗的首字母缩写就是 BB。狄德罗（Denis Diderot）有个心上人叫索菲（Sophie），但是他已经结婚了，他服从道德义务而与索菲分开，他认为死亡是他合法和永久地找到索菲的唯一希望。死亡并不能阻止他们的爱。香烟会加速这个"亲和力定律"[2] 发生作用的过程，让我们期待两具尸体燃烧成骨灰和灵魂的混合体，正如狄德罗写给索菲的信中所说的那样："当我们不在世的时候，我会和你合为一体。"

谁更强大？责任还是快乐？是与死亡联结在一起的爱和自由吗？情侣落入陷阱，麻雀被击中，直落入网中。沉醉在不服从中，无忧无虑，就像伊卡洛斯在暖洋洋的空气中飞翔，"在夏日的飞行中被捕"。被包围和枪杀，就像在一部动作片兼爱情片中，他们只能通过疯狂的行动逃脱，如英语谚语中所说的那样："像一只被逼得走投无路的老鼠一样战斗"。剩下要做的就是用

---

1 玛格丽特·尤瑟纳尔，《东方故事集》(*Nouvelles orientales*)，1938 年。
2 丹尼·狄德罗，《致索菲·沃朗的信》(*Lettre à Sophie Volland*)，1759 年 10 月 15（？）日。

最后一个绝望的手势来引爆一切:

> 我看见眼泪从你的脸上滴下来
> 在车灯的映照下亮晶晶
> 被困住了,娃娃抓紧——把打火机递给我
> 他们再也找不到我们。

死亡是出路。"有什么要紧既然明天就是夏天的结束":这是生命的结束。在"尼古丁和灵车"的最后一个动作中,我们曾尽情享受过的欢乐飞得无影踪。最后一次:

> 让我们吐烟圈让我们读龙沙,金色的烟雾,黑色的烟雾
> 微笑吧我的邦妮
> 因为他们再也找不到我们

歌曲开头部分的喧嚣是一种挑衅:打火机点燃的声音和香烟燃烧的声音、吸入和呼出烟雾、被损坏的肺部。有点像一个学生在课后拿出一根火柴或香烟,老师走了过来:"请把它收起来。""可是先生,我并没有点燃!"乐器敲击出四个相同的音符,然后敲击出第五个音符,类似于乐曲的收尾。然后,吉他在两根弦上滑动弹出连复段,越来越尖锐,营造出充满悬念和逃跑的氛围。鼓的节奏就像一个很长的断拍。演唱开始了,从头到尾都是无忧无虑的,其中有很多顿挫,而且人声的节奏总是不规则的。例如:"我们抽一支烟并 / 离开 / 这座 / 车

站"。我们在夜里奔跑，停下来，看……我们又跑……停下来，看……然后又出发……就像夜里进行的一场阴影和灯光的游戏。不连续性突出了行为的矛盾性，这种行为由一个人享受的快乐和一种不可忽视的内疚感组成。

在那个时代，吸烟被认为是不对的，一切矛头都指向吸烟者。因而出现在那个时代的《尼科少年之恋》是一首关于过错的歌。那时候，即使死刑犯想最后抽一支烟也是不可能的："对不起，现在禁止吸烟。这是规定！"为什么不用"抽烟有害健康！"[1] 来回绝他呢？因为直到最后，我们都必须尽职责。

别管他们，邦妮，别管他们，让他们去负责吧。不管怎样，他们永远是对的。他们人多……

🎤 即使是道德也替他们说话
——弗朗西斯·卡布雷尔（Francis Cabrel），《你眼中的墨水》（"L'Encre de tes yeux"），专辑《脆弱》（*Fragile*），1980 年

---

[1] 法语中关于吸烟有害健康的警示语是"Fumer tue！"，直译为"抽烟杀人"。——译注

尼采与有罪的道德

——电台司令乐队,《爬行》

美女与爬虫

> 🎤 我不在乎疼不疼 / 我想要控制 / 我想要一个完美的身体 / 我想要一个完美的灵魂 [1]

从表面上看,尽自己的职责意味着放弃欢乐,也就是禁止自己享受欢乐。反之亦然。这意味着,任何欢乐,若不是过错,至少也是一种不道德的行为。但另一方面,若把欢乐当作一种责任,把责任当作一种欢乐,以此来调和两者是否是明智之举?没有人会相信快乐的责任这一说法,人不可能因为得到了命令所以强迫自己去欢乐,也没有人会接受责任的快乐这一说法,因为若感觉到自己的意志被强迫、被压制,则不会感到快乐。哪有什么强迫的快乐呢?在胁迫之下的快乐怎么能持久?当然,在服从和享受之间,你必须做出选择。但道德和享乐主义之间的两难境地是一种奢侈:它预设了责任的可能性和欢乐的可能性。然而,我们有可能两者都做不到。欢乐:我可能被禁止享受欢乐,因为我可能在身体上或心理上没有欢乐的能力。责任:"随时随地想要就有",真的如此吗?设想我们的

---

[1] 电台司令乐队(Radiohead),《爬行》("Creep"),专辑《亲爱的巴普洛》(*Pablo Honey*),1993年。

职责是拯救世界……但意志不是道德的尺度。一个人渴望欢乐却无法获得欢乐,渴望承担责任却无法实现责任,人面对这种双重的无能,变成了一个痛苦和沮丧的怪物。身体的美,英雄主义,我全都无法企及……

履行自己的职责一定是受苦吗?

责任被定义为一种命令,一种根据道德、宗教或社会规则强加给我的命令,无论是从超越的角度,即从外在于且高于人的角度(上帝的角度)或外在于并超越于自我的角度(即另一个人的角度),还是从内在的角度,也就是说,根据我内化的道德。无论我被人命令还是自我命令,都有一个命令和一个被命令者。

道德最初并非个人的,而是在群体历史中产生的,但个人可以将这种道德同化为自身的道德,尼采看到了这个过程。他还研究了人类的矛盾心理,即人类必须遵守道德规范,但因为缺乏信念而永远无法完全遵守,同时也意识到我们的道德迫使我们放弃某些欢乐,但我们自身并不真的想放弃。

不管怎样,什么让我们脆弱?对美德、道德和责任的依恋。《论道德的谱系》如书名所示,从历史的角度分析了道德诞生["诞生",在希腊语中是 genesis,由这个词产生了 gene(基因)和 genèse(起源)]的原因、形成及其对个人精神的影响。尼采想弄清楚,我们是如何按照义务、道德法则或爱邻居等价值观生活的,这些价值观构成了对生命本身、自我肯定、权力意志和生命本能的否定。我们究竟是通过什么机制作用而变成了道德的绵羊,从而摧毁了我们从狮子身上得到的东西?这本书的第二篇文章题为《坏良心》,该文回答了这个问题。社会的生存需要一个条件：人与人之间的团结，特别是当人弱小的时候就更需要人与人之间的团结。换言之，人人靠人人，没有什么比承诺更让人感到安全了。道德责任的出现是为了"培养和训练一只**会承诺**的动物"[1]。承诺要被遵守，前提是要被记住，于是就需要记忆；承诺还涉及契约，涉及我的责任，这就需要意识是对这种责任的意识，同时也意识到道德责任是对契约的尊重。必须通过一种实际上表达"残忍、暴政、愚蠢"的行为，来使得表面上显得"正常"和"可贵"，自我压制他的原始本能，遵守道德规则，将原始本能视作邪恶。意识，这个"黑暗的东西"，从一开始就以邪恶意识的形式出现。任何意识都是对某事物的邪恶意识。所有的感觉都变成了恐惧。我们有什么可以指责自己的？要么不遵守社会承诺，要么害怕不遵守。恐惧就是对惩罚的恐惧：集体通过惩罚那些不履行职责而破坏集体稳定的人来获得补偿。至少这是官方的原因。事实上，惩罚是原始残酷性以一种被认可的形式重新回归，这种形式是弱者给予自己的，目的是对拒绝被囚禁的强大意志施加一种违背自然的力量。对尼采来说，残酷是"原始人类最喜欢的享受"。法官和刽子手的暴行是罪犯的暴行，是教育者的暴行，是他们实施管教的工具。正义及其制裁实际上掩盖了弱者的怨恨，这怨恨是弱者因本能得不到满足而产生的，并允许弱者对那些有力量和勇气追随自己意志的人进行发泄。弱者的复仇将自己最低贱的需要隐藏在道德责任背后，它的最

---

[1] 弗里德里希·尼采，《论道德的谱系》，第二篇，1887年。

低贱的需要是：塑造肤浅的人、迫害强大的人，以此来作恶。因此，没有什么比在公共广场上戳死小偷[1]的场面更能震慑人心，更能培养对惩罚的记忆和鼓励合法的罪行了。但是，离开了道德形成的史前阶段以后，文明在制服人类的阶梯上走得更远。因此，道德教育可以说是允许了一种经济原则的使用：由于不可能在每个人背后都设立一个监护人或审查员来提醒他共同的法律和他的特殊责任，因此每个人都被灌输了价值观，以便他能够将这些价值观带在自己身上，成为自己的向导、自己行动的预警器、自己的法官。责任的内在化是我们将残酷指向自己，这种"自我折磨的倾向，藏于内心的动物—人那隐匿的残酷"就是道德意识，也就是罪恶感，在我们真正犯下错误之前，我们就用这种罪恶感来惩罚自己，所以仅仅是想一想，感觉到自己身体的倾向，就已经触发了罪恶感和自我惩罚，包括鞭笞以及其他方式作用在肌体和心灵中的自我驯化。我们不再需要一个看守者来鞭笞我们：我们用自己的方式压制我们的力量和活力。不再需要收税官，我们会自动偿还欠别人的债务。我们不再需要牧师，我们会反思自己的亏欠和罪孽。如果一个老师向我们展示罪恶和惩罚的例子来教育我们，我们就会牢记这种惩罚并将之内化。惩罚性自治……勇敢地用自己的棍子惩罚自己。勇敢地为自己的错误而受苦。

道德从内部咬噬我们，让我们觉得自己是个混蛋、无赖。社会压力使人变得脆弱和失去自信。我们的力量和激荡的、动

---

[1] 这是古代的一种刑罚，即木桩刑，将囚犯戳死在尖桩上。——译注

物性的青春正在减弱，这种朝着欲望的目标前进的自然正在瓦解，因为它没有问自己有关价值的问题（我的行为是道德的吗？）或者身份的问题（我是谁？）。我们的力量正在逆转为自我压抑，把疾病灌输到生命和健康应该生长的地方。我们沉浸在我们内心的沼泽里，这是一摊混合了渴望和禁忌、欲望和恐惧的烂泥。我们不知道自己在哪里，分辨不出自己身上的善与恶。电台司令乐队的汤姆·约克（Thom Yorke）唱道："我是只爬虫，我是个怪家伙。"这是什么意思？"爬虫"（creep）是指一个觉得自己有罪的人，一个道德上令人厌恶的人。"怪家伙"（weirdo）似乎就是结果，即被边缘化的状态。"我是"意味着这不是对他者的判断，而是一种自我感觉。在《电台司令与哲学》（*Radiohead and Philosphy*）一书中，这些词被认为是自我贬低的表现，是与一个道德完美的"美好世界"背道而驰的，也被认为是疏离也即孤立的表现，这样的人完全听凭自己的喜好，完全依赖于自己是什么、自己讨厌什么和自己不能摆脱什么。这首歌有时也被解释为年轻人在身体发育过程中的感受，非常不舒服、非常复杂，甚至不敢接近自己喜欢的女孩。她，她是"如此特别"，但我是平凡的、丑陋的，甚至是畸形的。但身体总是在不断地变化，有时快些有时慢些，任何变化都是可怕的，因为它是身体的彰显，而身体是带着欲望的。我们所有人都面临着一对相互矛盾的压力，一方面是罪恶的欲望，另一方面是尊重社会规范和社会距离的责任。

格林伍德（Greenwood）兄弟——吉他手乔尼（Jonny）和贝斯手科林（Colin）说，汤姆·约克在上世纪80年代还是学生的时候，根据一则轶事写下了《爬行》这首歌。约克跟着一个女孩，窥视她，被她察觉了。有一次，她突然出现在乐队的一场音乐会上。盯梢的人反被人盯上。只有当我的过错必须面对社会（这里是乐队和观众）和受害者（这里是女孩）的目光时，羞耻感和内疚感才会出现。汤姆·约克证实说确实如此，歌曲讲的就是：一个男人在一个女人身边游来荡去，想要吸引她的注意力，但他对自己缺乏信心，并且总是跟不上她的节奏。好吧……这有什么好内疚的？甚至值得为这事写一首歌吗？如果我们把历史和经验看作是一种创伤原型，那么就值得写。

但我做了什么，让我认为自己的灵魂如此丑陋、自己的外表如此可怕？我做了什么，要忍受这种内心的痛苦？我为什么要自责？这份内疚可以分成不同的层面：1）后悔没有回应狮子的召唤；2）绵羊意识到自己的欲望，为此感到内疚；3）罪恶感，引起了一个女人的注意但没有把事情做到底，罪恶感源于在激起欲望之后放弃欲望；4）如果确实发生了关系，但这段关系难以启齿，那么这首歌就反映了一个人的悔恨和内疚，恨自己满足了欲望、违背了道德，女孩走了，他沉浸在痛苦的回忆中。

这首歌一开始很平静，贝斯和鼓的节奏很稳定。内疚正在发生作用，固定音型展现了这一点，和弦自始至终一直重复，遵循音乐强度要求，各个部分强度差异较大，所以让人忘记了和弦是重复出现的，但偷窥者的顽固、痴迷依然很明显。当吉他的琶音上升到最高音时，原本假装宁静的歌唱进入低音，总是遵循滞后的原则：当我走近时，她就远离，我越渴望她，我就越压抑我的欲望。在三个大和弦之后，一个悲伤、忧郁的小和弦的出现，表现出了一种不可能的感情和这种感情在心灵中掀起的波澜。这首歌开头的平静是相对的，因为它是从镲片声开始的，就像突然意识到了错误一样，或者像惩罚性的鞭笞。第一段主歌是对对方的主观描述，运用的是爱情歌曲的手法，痛苦的回忆、怀旧的抒发。"怀旧"一词在希腊语中是 nostéô，意思是"回来"，"痛苦"在希腊语中是 algos："以前，当你在的时候"。从一开始，她就是不可接近的，跟我太不同，我是一个"爬虫"和一个"怪家伙"。她是纯洁的（"你就像天使"），但我很脏、名声不好。我甚至承受不起她的目光（"我不能看着你的眼睛"），我很痛苦，因为我不能让这样一份美好属于自己。维斯康蒂（Luchino Visconti）在根据托马斯曼的小说《魂断威尼斯》改编的同名电影中说："看到美的人会死。"故事很相近：一位 50 多岁的德国作家在威尼斯遇到了一位波兰少年，被他的美丽迷住了，在城里四处跟着他，但不上前搭话。他的世界是纯洁的（"你像羽毛一样漂浮在美丽的世界里"），而我的世界是堕落的。然后是对希望的否定，总是她和我之间的对比，"你太太特别"和"我希望我是特别的"之间的对比，在对她的痴情中，我构建起了她的理想形象。而我，痛苦和内疚，希望自己配得上她，但却配不上。在对对方的描述中使用的"太太"一词不仅仅是一种夸张手法，它对于表达所犯的错误同样是必要的，即使只是为了把邪恶、把道德污秽传递给另一个人。

然后是感觉现象学和道德自我鞭笞的开始。首先，由主歌过渡到副歌部分：乔尼·格林伍德加入进来，他在吉他上拍打出闷音，分为两组，每组两次拍击，吉他发出干涩的饱和音，很强硬，节奏令人吃惊。就像把子弹推上枪膛的声音。这是不满的表现：是一个吉他手的不满，他最初认为这首歌太平静了，想打破这种平静；也是一个女孩的不满，她突然闯入音乐会，揭露歌手的行为。然后罪人开始自我扭曲。在副歌中，吉他弹奏出混乱和悔恨的调子，和弦的声音首先是通过持续效果来保持的，然后是在演奏过程中不断放大的颤音。

> 我是只爬虫，我是个怪家伙
> 我在这里干什么
> 我不属于这里

我是一只寄生虫：爬虫指昆虫或害虫，它也是动词，意思是"爬行"。我是个怪家伙，一个变态者在寻找伤害对象，一个僵尸在生命周围徘徊。我与这里格格不入，我不属于这里，我可能会污染这里的环境。

第二段主歌说："我不在乎疼不疼"。什么东西引起的疼痛？总是她的纯美，我无法触及。但无论痛苦还是引起痛苦的欢乐都无关紧要，因为能够看到她，就已经是更大的欢乐。我想相信自己，我想配得上她，达到他的身体和精神具有的完美之境："我想要控制／我想要一个完美的身体／我想要一个完美的灵魂"。不管怎样，让她注意到我，让她对我感到吃惊，就像她震慑我一样。我幻想着她会记得我。我幻想得太多了，以至于我不知道自己属于哪里。总体上说，这首歌描述了一种存在和缺席的游戏（"当我不在身边的时候"）、一种渴望亲近和疏远的游戏（"我不属于这里"）。

第一段副歌之后是桥段，表达了一种抱怨、一种高音弹奏出的哀叹："她又跑出去了"。声音大得像在呼喊："跑跑跑跑！"至此我们来到了绝望的顶峰、我们给自己造成的伤害的顶峰、道德良知对自己的残酷的顶峰。由此，又回到欺骗性的平静中，貌似要劝诫他走向救赎："无论什么，只要使你快乐／无论是什么，只要你想要……"但是，挥之不去的激情占了上风。你是那么的特别……这首曲子以副歌结束，戏剧性的强度逐渐减弱，吉他的饱和音效显得疲惫、沉重、喘息、冷漠、僵化。钢琴声出现了，但并没有使得整个乐曲振作起来，仿佛人们试图调动起一股新的力量，但这股力量很快就耗尽了。汤姆陷入沮丧中。这个年轻人失去了活力，失去了权力意志。道德再一次发挥了作用。但如果女孩不想要他、道德谴责他，只有游戏人间才能拯救他。

🎤　别让你的冷漠影响我 / 我完全可以没有你 / 就像可以不需要墙上的血迹

——马诺·内格拉（Mano Negra），《你不够》（"Pas assez de toi"），专辑《普塔的发烧》（*Puta's Fever*），1989

幸福

斯多葛主义者的冷漠

——鲍比·麦克费林,《别担心,开心点》

面带微笑,做最坏的打算

> 听我的话 / 在生活中你要做好会发生麻烦的准备 / 当你发愁时 / 你要做好双倍的准备 / 别担心,开心点 [1]

即便不关心别人的事、不关心发生了什么似乎是不道德的,但也必须承认,从心理学的角度来看,自我封闭有时利于心灵的平静。快乐难道不就是摆脱掉任何问题吗?不就是对什么都不担心吗?不就是不亏欠任何人吗?

无动于衷是幸福的关键所在吗?

斯多葛哲学家爱比克泰德(Epictetus)说:"Anechou kai apechou"("屈服和克制"或"忍受和克制")。这句话构成了斯多葛派哲学的关键,尤其构成了它的行为准则。忍受发生的一切,不要气愤,不要动怒。如果一件事让你不幸,你的愤怒会让你更不幸。相反,如果你接受所发生的一切,你的灵魂不去理会外界的要求,你最终会在人们的喧嚣中找到安

---

[1] 鲍比·麦克费林(Bobby McFerrin),《别担心,开心点》("Don't Worry, Be Happy"),单曲,1988 年。

宁。你就达到了不动心的境界。"不动心"（ataraxie）这个词包含 alpha（去除）和 taraxis（麻烦）两个部分。因此，它表达了精神层面的不紧张，灵魂绝对平静的状态。希波克拉底（Hippocrates）也在医学意义上使用 taraxis 这个词，指肠道疾病；盖伦（Claudius Galenus）用它来指眼睛的炎症。

爱比克泰德的一件轶事表明他把自己的哲学付诸实践。总的来说，古代哲学不仅仅是一种理论知识，更重要的是，它是一种生活方式，努力按照理性本质行事的生活方式。爱比克泰德是奴隶（他的名字希腊语 epiktêtos 的意思是"买来的人"）。一天，他的主人埃巴普罗迪图斯（Epaphroditus）用刑具折磨他的腿，以此取乐。爱比克泰德忍住疼痛，多次平静地对他说："主人，你要把我的腿弄折了。"埃巴普罗迪图斯把刑具收得更紧了。奴隶仍然用平静的语气说："主人，再多一会儿你就把我的腿弄折了。"埃巴普罗迪图斯继续用刑。这时传来骨头折断的声音。爱比克泰德冷冷地说："我告诉过你，你会把它弄断的。你瞧。"后来，爱比克泰德成了自由人，住在一座简陋的小屋里，屋子破败不堪而且没有门，但他是自由而快乐的，跟另一个斯多葛主义者皇帝马可·奥勒留一样自由而快乐。不是拒绝财富，而是不在乎财富。因此，无论你贫穷还是富有，无论你是走在泥地上还是走在大理石上，都无关紧要。重要的是灵魂的生命。幸福是精神的事。

爱比克泰德的学生阿利安（Flavius Arrianus）把爱比克泰德的谈话记录下来，整理成了《爱比克泰德语录》，这本书的开篇如下：

在所有存在的事物中，有些取决于我们，有些不取决于我们。取决于我们的有思想、冲动、欲望、憎恶，简言之，就是一切由我们采取主动的事物；不取决于我们的有身体、钱、名声、公共职责，就是一切非由我们采取主动的事物。

取决于我们的东西天然就是自由的，不会遇到障碍或束缚；不取决于我们的东西是软弱的、奴性的、会遭受障碍，是我们自身之外的事物。

所以，记住，如果你把天然就是奴性的东西当作自由的，把身外的东西当作自己的财产，你就会生活在烦恼和悲伤中；你会怨天尤人。但是，如果你只把真正属于你的东西看作是你的，把其他一切都看作是身外的，那么没有人能强迫你或阻碍你；你不会责怪任何人，也不会指责任何人，做任何事都不会违背你自己的意愿，没有人能伤害你，你也不会有敌人，因为他们永远不会强迫你做任何对你有害的事。

所以，你应该寻找伟大的财富，记住，一旦你开始行动，你不该东奔西突，而是把你的全部精力都投入你选择的目标，把剩下的一切都暂时搁置一旁。但如果你同时追求权力和金钱，你可能会失败，因为你追求了其他目标，而只有第一个目标才能确保自由和幸福。

外部世界取决于必然性，所谓必然性，即指不能不存在的事物的状态。取决于你的东西在你自己身上，比如你的欲望（你可以控制它）或者你追求幸福的能力。还有一个例子是思想。它可以赋予事物重要性、严重性、悲剧色彩，但这都只是你表象的结果。你应当改变你对事物的看法，把它们看作无关紧要的东西，你的精神将不再被无用的烦恼占据。当一个表象搅扰你的灵魂时，你必须对它说："你只是一个表象。"不要混淆真相和它的外表。

爱比克泰德的哲学还有比这更进一步的内容。甚至可以很简单粗暴、很直接：

> 如果你喜欢一只土罐，就对自己说："我喜欢的只是个土罐。"如果它坏了，你不会因此病倒。把你的孩子或妻子抱在怀里，对自己说："我抱着的只是个人。"万一他们死了，你不会感到特别受打击。

你必须区分存在和拥有。我爱我的妻子和孩子。但我不是我的妻子也不是我的孩子。因此，不在意就是对待他人和物质财产时情感上的超脱。依赖赋予了生命和事物它们并不具有的价值，一个人不可能在依赖中得到幸福，更不可能在被剥夺了自己珍视的人或物时感到幸福：

> 有人糟蹋你的油，偷你的酒？你告诉自己说：这是换取安宁的代价，是换取一个无忧的灵魂的代价。任何事物都不是免费得来的。当你需要你的奴隶时，记住他可能不会来，如果他来了，他可能会错误地执行你的命令。但你的安宁不取决于他，他没有那个能力。

也就是说，对斯多葛主义者来说，幸福不是快乐叠加的结果，更不是肉体放荡享受的结果。它的定义很简单，是做减法：快乐就是不受苦。但这并不容易：你必须学会避免痛苦，学会明智。如果你去公共浴室，你知道孩子们会把水溅到你身上。如果你想学哲学，你知道傻瓜们会取笑你。我们必须采取明智的行动。去公共浴室而不想被溅到水，是不可能的。学习哲学而听不到贬损的话语，也是不可能的。保持冷静，假装没有被溅到，完成你的哲学研究，就像没有人要分散你的注意力一样。那些想激怒你或看到你失败的人有一张不安的脸，不要看他们。如果你失败了怎么办？别担心……

> 记住要表现得像在宴会上一样。盘子在客人中传送，来到你面前时，伸出手去取餐，该怎样就怎样。如果没人把盘子递给你，不要强求。

尤其"不要流着口水显出一副馋相"，你的敌人会很高兴。相反，我们必须如其所是地接受生活中发生的事，无论是幸还是不幸。该发生的事总要发生，快乐就是接受发生的事情是不可避免的。有命运，有天意。

> 不要期待事情如你所愿；欲求已发生的事，你就会幸福。

后来，笛卡尔认识到斯多葛主义的全部价值，提出了以下建议："战胜自己而不是战胜命运""改变自己的欲求而不是改变世界的秩序"[1]。培养你的不在乎。《爱比克泰德语录》中的"这不关我的事"这句话让人想起摇滚歌词中的许多关于漠不关心的表述,从涅槃乐队的"别在意"到电台司令乐队的"我不在乎疼不疼",再到鲍勃·盖尔多夫的"我不在乎"。

鲍比·麦克费林的《别担心,开心点》的歌词在信息和类型上更接近于爱比克泰德的语录。这首歌的开头是"听我说":歌手给我们提供了一套生活建议,教我们如何生活,就像《爱比克泰德语录》一样。这些有关实践的建议需要时间和耐心去学习,一步一步地学会控制自己的激情,切忌仓促,必须一条接一条地学习:

> 这是我写的一首小曲
> 你可以一个音符一个音符地唱
> ……
> 此时此刻,是我写了这首歌
> 我希望你一个音符一个音符地记下来
> 就像个乖孩子一样

就像爱比克泰德一样,鲍比·麦克费林也通过具体的、教育性的例子来说明这些道理的意义……你害怕被人欺骗吗?你是一个商人,你从报纸上了解到一个对你来说是灾难性的金融事件?有人插足你的婚姻吗?你不能按时付房租吗?你喜欢的

---

[1] 笛卡尔,《方法论》,第三部分,1637年。

那个女孩连看都不看你一眼吗?"别担心,开心点……""没有风格吗?"你跟谁都不像?要快乐,你的风格并不是你,它只是你给自己的一个外表。如果这个外表不适合你,那就换一换吧。这首歌的开头是"每个人的生活,都会遇到些麻烦",结尾是"在生活中你要做好会发生麻烦的准备"。生活是由烦恼组成的。你不应该试图改变生活,消除每个固有的问题,这样的事超出了你的能力,不取决于你。取决于你的,是如何控制这些事给你的心灵造成的混乱。

由此,问题便是:如何将这些原则应用于我们的行动?我怎么能相信发生的事并不严重?你怎么能轻松地对待一切?《别担心,开心点》这首歌的短片展示了一种方法,让人想到某些行为心理学。你得假装你很平静,然后你就平静下来了。先消除症状,然后再消除引起症状的疾病。这是一种自我调整或通过姿势实现的方法:意识要求身体必须有快乐的态度,身体做出反馈,将快乐的姿势定格在意识中。所以,一定要微笑、开玩笑,就像短片中的三个人那样。诚然,强迫微笑的策略本身是做作的,甚至几乎可以说是虚伪的。但这是礼貌和友善的证明。对比让人发笑:鲍比·麦克费林很伤心,但他突然笑了,挤出来的笑;他的服装是黑色的,突然间变成白色;他穿着人们通常在城里穿的鞋,脚紧紧挤在鞋里,突然变成了赤脚。因此,幸福、快乐、平静是社会的要求,是礼貌的基本形式:"因为当你发愁的时候,你的脸会皱起来/这会让每个人都感到沮丧"。一个人不应该用坏脾气、不愉快的表情和无休止的抱怨来搅扰别人。幸福在这里被定义为一种社会命令。你缺少什么吗？"没有地方躺下"。你不知道什么是安宁吗？你想要得到什么财富？你想占据一个你没有或被人夺走的位置吗？这是因为命运和上天没安排你拥有你想要拥有的东西，也没有决定你将成为你想成为的人。接受并保持冷静。屈服，理智，在上天为你保留的位置上站好。给你留了一个位置，你应当为此感到高兴……

《别担心，开心点》这首歌以阿卡贝拉的方式演绎。音乐风格（雷鬼、冷爵士）和传达的信息之间的和谐，只通过歌手的嗓音表现出来。因此，所有的音乐安排只依赖于自然属于我们的器官——嗓音和手指拍打皮肤的声音，而没有任何乐器，不依赖任何"存在"层面或者说物质层面的东西。用斯多葛主义的话说，就是没有任何不取决于我们的东西来干扰歌曲要传达的信息。口哨声萦绕着整首歌，象征着被忽视的舒适，和对人云亦云和外部世界的漠不关心。以阿卡贝拉的方式演绎这样一首歌，可以突出从奴隶到皇帝各色人等之间建立起的和谐统一，也可以突出斯多葛主义的普遍适用性。

最后，"别担心，开心点"这句话出自印度的智者和神秘主义者梅赫尔·巴巴（Meher Baba）。这首歌具有斯多葛主义的内涵就不奇怪了，因为斯多葛主义和印度哲学（如启发了梅赫尔·巴巴的吠陀教）之间的共同点很重要：一个人不能通过某种物质生活条件获得幸福，而只有通过一种自我达成、不假外物的正确心态，通过傲慢地蔑视财富才能获得。幸福唯有通过精神获得。放手。随它去……

🎤 我不在乎你是生是死/不在乎你笑还是哭/我不在乎你是撞车还是飞/我一点也不在乎……/我不在乎政府倒台/或颁布更多无用的法令……/我不在乎他们把树砍倒/我感觉不到更热的微风

——鲍勃·盖尔多夫（Bob Geldof），《不在乎的伟大之歌》（"The Great Song of Indifference"），专辑《爱的素食主义者》（*Vegetarians of Love*），1990

音乐词汇表

阿卡贝拉（A capella）：无伴奏的单人或多人演唱。

和弦（Accord）：不同的音构成和谐整体。例如：fa、do、sol# 三个音构成 fa 小调和弦。有些和弦是大调，有些是小调、变调、升调或降调。

多音和弦（Accords plaqués）：同时弹奏出的和谐音的整体，尤指钢琴演奏。例如披头士乐队的《随它去》（"Let It Be"）的钢琴部分。

自由演奏（Ad libitum）：当乐曲的结尾无限重复时。

低音、贝斯（Basse）：就人声而言，指最低声；就乐器而言，指电吉他家族中声音最低的乐器贝斯，该乐器通常有四根弦。例如：保罗·麦卡特尼那把著名的 Höfner 500/1。

弯音（Bend）：一种指法，把吉他上的一个或多个弦向上或向下弯曲，使其发音更尖锐。

滑棒（Bottleneck）：字面意思是"瓶子的颈部"。一种玻璃管、金属管或塑料管，套在使用者左手手指上（如果该使用者惯用右手），以便弹奏出滑弦效果并使吉他发出金属声。例如：ZZ Top 乐队的比利·吉布斯（Billy Gibbons）。

断拍（Break）：乐曲中旋律或／和节奏的间断。

小军鼓（Caisse Claire）：同时发出皮质音和金属音混合声响的圆筒鼓，在四拍音乐的第二拍和第四拍中经常使用。

踩镲（Charleston）：一种双镲，两个镲互相击打；用脚操作。

强音镲（Crash）：镲类打击乐器，发出的声音很响。

渐强（Crescendo）：一首乐曲或者一个段落的强度逐渐上升。

闷音（Dead note）：吉他上弹出的音符，在没有任何共振的情况下产生冲击，手柄上的琴弦不受挤压。

下行（Descente）：从高音到低音的一系列音符。

嘟-喔普（Doo-wop）：拟声词，用以指称一种美国音乐流派，该音乐流派是节奏布鲁斯的变体，通常由五位歌手演绎。独奏者唱这首曲子，男高音和男中音跟着唱"ooh"和"aah"，中间插入简短的"wop-wop"，还有一个低男中音加上"doop-doop"的声音。例如：金门四重唱（Golden Gate Quartet）。

反向回声（Écho inverse）：录制一个吉他乐段，然后将其进行反向混合，使回声出现在音符之前。例如：齐柏林飞艇乐队的吉米·佩奇在《全部的爱》（"Whole Lotta Love"）中采用的方法。

淡化（Fade）：声音在逐渐增强中进入（淡入），或在逐渐减弱中退出（淡出）。

反馈（Feed-back）：也叫拉尔森（larsen）。当扩音设备（例如一个吉他扩音器）位于收音设备（电吉他）对面或近邻处时，扩音设备发出的声音又被这个收音设备接收了，此时形成了重复循环的回路，产生了尖锐声音。这个现象是由丹麦科学家拉尔森（Søren Larsen）发现的，因此音乐史上也用他的名字来命名这种现象。

芬达（Fender）：著名的电吉他品牌。出产的产品型号包括 Stratocaster、Telecaster 等。例如：吉米·亨德里克斯、埃里克·克莱普顿和他们标志性的 Stratocaster 吉他。

和弦网格（Grille d'accords）：乐句中的一组和弦。例如蓝调和摇滚中的传统 mi 和弦 mi/la/si，或者涅槃乐队的《少年心气》中的和弦 fa/si/sol#/do#。

大鼓（Grosse caisse）：最粗大的圆筒鼓，竖直位于支架前部。

击弦（Hammer-on）：一种左手技术，在右手弹奏完琴弦后，以左手击打手柄侧的琴弦。

音高（Hauteur）：声音的基频，以音度命名，音度可以为锐、中、重音。音符具有时长、强度和音色三方面特征。

即兴表演（Jam session）：即兴音乐。法语称为"bœuf"，古巴人称为 descarga。

主唱（Lead）：主要的演唱声，与和声相对。

拨子（Médiator）：用来夹或刮吉他弦的塑料片。也叫"plectra"或"plectrum"。

中音区（Medium）：中频区，介于低音区和高音区之间。

小节（Measure）：基本拍结构的第一级，由一系列循环重复的拍子组成，每一系列的第一级通常比下一级强。例如：扎吉（Zazie）的《赶走》（"J'envoie valser"）基于三拍子，如同华尔兹。

八度音阶（Octave）：两个相同音符之间的间隔，其中最高的那个音符的频率是第一个音符的两倍，例如从低音 do 到中音 do，或从中音 do 到高音 do。

固定音型（Ostinato）：在一首曲子中，对某个旋律或节奏一直进行重复。例如：吉他的连复段。

叠录（Overdub）：在录音棚中进行的混合，可以把不同的录音叠加到同一个录音中。

踏板（Pédale）：一种由脚操纵的电子装置，能对吉他、贝斯或任何其他乐器被扩音器放大后的声音产生特定影响。

相位效果（Phaser）：一种吉他音效，通过在频谱上制造一系列变化的高低音，产生出气流的音效。例如平克·弗洛伊德的《墙里的另一块砖》（"Another Brick in the Wall"）。

桥段（Pont）：意外的过渡，很短的独奏，通常用于连接一段主歌和一段副歌。

雷鬼（Reggae Ragga）：一种起源于牙买加的音乐流派。例如：雷鬼歌手黄人（Yellowman）。"雷鬼"一词在牙买加语中本义是"赤脚"。

反转（Reverse）：乐器声音的反转效果，从回声开始，到起奏结束。

混响（Réverbération）：根据场地的空间大小来产生的回声效果。

节奏镲（Ride）：因敲击强度不同而共振强弱不同的镲片。

连复段（Riff）：rythmic figure 的缩写形式，即"节奏修辞"。由一件节奏乐器或者独奏乐器重复演奏出的乐句、短动机、和弦和音符。例如莱尼·克拉维茨（Lenny Kravitz）的《你会走我的路吗？》（"Are You Gonna Go My Way"）。

饱和（Saturation）：一种音效，扭曲效果，尤其用在电声吉他的演奏中，由 crunch（相当于嗓音的嘶哑，与清脆相反）和 sustain（持续）组成；声音的饱和程度越大，则越猛烈或激烈。

搓盘（Scratch）：手动由前至后或由后至前改变黑胶唱片拾音头下黑胶唱片的转速，这一手法尤其使用在嘻哈音乐中。

静止（Silence）：无声的时刻，延留的效果，指的是音乐中的停顿。例如：粉红佳人的作品《清醒》（"Sober"），静止出现在第二段主歌的第一句之后。

滑弦（Slide）：在一根或多根弦上，向下或向上滑动手指的技巧。例如：在老鹰乐队的《加州旅馆》中，独奏开始的部分，使用的是向下滑动。

独奏（Solo）：在爵士乐中叫作"chorus"。指的是在某个段落中，某一种乐器的演奏突出。

水镲（Splash）：由于体型小，能够将共鸣音立即变饱和。

立体声（Stéréophonie）：由希腊语 stereos 和 phonos 组成，stereos 意思是指在空间的三个维度上都是强有力的，phonos 意思是声调、声响。使用两个麦克风进行录制时产生的声音效果，或是由两个扩音设备放音时产生的听觉效果，这样可以增加声音的音量和传播广度。这种手段能够将音乐中的某些部分分离开来，使之"忽左忽右"，产生披头士很多歌曲中的那种效果。例如在《一起来》的主歌部分中，吉他音为左侧的主音，打击乐是右侧的主音。

持续（Sustain）：使声音持续的效果。

切分（Syncope）：指的是改变乐曲中强拍上出现重音的规律，使弱拍或强拍弱部分的音，因时值延长而成为重音，这种音称为切分音。

拍子（Temps）：音乐时长的度量单位，表明乐曲的速度。例如：三拍圆舞曲。

音域（Tessiture 或 Ambitus）：一种音阶，可以很容易地通过人声发出，或者通过乐器发出。例如：三角钢琴的音域在 30 到 4200 赫兹之间，即 7.5 个八度（所谓"八度"，或称"八度音阶"，例如，一个 do 和下一个 do 之间的差距），人类的声音平均为 2.4 个八度。

嗵鼓（Tom）：架子鼓中的一种鼓。

音调（Tonalité）：属于大调或小调的音调。大调：以无变化为特征的一类双音音阶。例如：钢琴上的七个白键，每个音之间的音程大小，依序为全全半全全全半。小调：以变化为特征。例如：全半全全半全全。

颤音（Trémolo）：在吉他上用右手弹奏出的一种音效，方法是用右手弹奏一个或多个音符，次数尽可能多，且速度尽可能快。

哇音（Wah-wah）：一种吉他音效，产生类似拟声词"哇哇"的声音。例如平克·弗洛伊德的《回声》（"Echoes"）。

图书在版编目(CIP)数据

摇滚与哲学/(法)弗朗西斯·梅蒂维尔著;赵英晖译.—上海:复旦大学出版社,2024.6
ISBN 978-7-309-17012-2

Ⅰ.①摇… Ⅱ.①弗… ②赵… Ⅲ.①哲学-通俗读物 Ⅳ.①B-49

中国国家版本馆 CIP 数据核字(2023)第 183192 号

Rock'n philo by Francis Métivier
Copyright©2015 Les Éditions J'ai Lu
Published in arrangement through The Grayhawk Agency Ltd.
Simplified Chinese edition copyright©2024 by Fudan University Press Co., Ltd.
All rights reserved.

上海市版权局著作权合同登记号　图字 09-2019-778 号

摇滚与哲学

[法]弗朗西斯·梅蒂维尔　著　赵英晖　译
责任编辑/方尚芩
封面设计/周伟伟

复旦大学出版社有限公司出版发行
上海市国权路 579 号　邮编:200433
网址:fupnet@fudanpress.com　http://www.fudanpress.com
门市零售:86-21-65102580　团体订购:86-21-65104505
出版部电话:86-21-65642845
上海盛通时代印刷有限公司

开本 890 毫米×1240 毫米　1/32　印张 12.25　字数 254 千字
2024 年 6 月第 1 版
2024 年 6 月第 1 版第 1 次印刷

ISBN 978-7-309-17012-2/B·790
定价:88.00 元

如有印装质量问题,请向复旦大学出版社有限公司出版部调换。
版权所有　　侵权必究